Boys Adrift

浮萍男孩

心理學家薩克斯醫生增訂最新資訊，
說明男孩子學習上的差異性和解決良策。

Leonard Sax 著
洪蘭 譯

目錄

推薦的話

重新認識身邊的男孩

邢小萍 台北市永安國小校長

我是位小學校長，最喜歡觀察校園中孩子的各種學習活動，當孩子們走進我的辦公室，最先看到的一定是書，然後小男孩就會關注到我辦公桌上的彈珠台、扭蛋機和機器人，確實和小女生不大相同！我自己有兩個女兒，雖然沒有教養兒子的經驗，但是從心理學家薩克斯醫生的筆下，讓我得以應證教學近四十年的觀察——性別差異是真實存在的！

一開始，相信很多讀者一定跟我一樣好奇，這本書的書名是《*BOYS ADRIFT*》洪蘭老師翻譯成《浮萍男孩》。原來是因為許多父母感覺到男孩像浮萍一樣到處漂泊，好像缺乏強烈的動機，隨著生命的潮流把他帶到天涯海角。家庭醫師暨心理學家薩克斯則認為是社會和生物兩方面因素的共同影響，造成了讓男孩漂流的環境。如果你以為這是一本醫學理論的書，那就大錯特錯了！

本書的作者像說故事一般，將他引用的研究報告、理論基礎和醫學臨床上的觀察結合案例，讓我們明白：男女生大腦在生物基礎上根本就不同，要了解彼此的差異才能提供孩子合適的教養與教育。

當我們閱讀這本書時，經常會有「啊哈！」的驚呼聲，尤其是教育現場的高年級老師總是抱怨班上的男孩子人際互動不佳、生活自理能力差、挫折容忍力不足、自我管理能力缺乏……；原來是因為：父母、老師對性別差異的迷思。我們應該認清男生和女生在遊戲時的不同、在學習優勢的不同，他們面對衝突的型態不同、辨識方位的策略不同、看待外界的方式也不同、連聽覺敏感度都不同。

作者也歸納出五個導致男孩缺乏動機的原兇：像是在學校裡，太多講述取代動手做的經驗、從競爭的形態移轉到大家都是贏家，造就許多男孩不喜歡到學校。其次是手機或電玩遊戲的過度使用，讓男孩對真實世界的成功和成就不再有興趣。還有過動症的過度診斷和用藥，其實許多被誤診的男孩，只是需要一個適合他們發展的課程表，和一個懂得如何教男生的老師。當然環境中雌激素干擾內分泌平衡，嚴重打擊男孩的內分泌系統。最後是流行文化對男性氣概的貶抑，性別角色認同在男孩轉變成男人的過程中需要適當引導和有成熟的男性角色典範，讓他們學習如何成為真正的男人。真的是一針見血！

如果我們想讓男孩學習獨立負責，薩克斯醫生也提醒我們在教育上，老師父母需要為孩子量身打造，設計適合男孩女孩不同的學習環境。就像是男孩眼睛就自動會聚焦機器人、彈珠台是很自然的。父母也必須清楚知道孩子現在正在玩的遊戲，而不是放任！

恭喜你打開這本《浮萍男孩》！我們要一起用正確的方法來引起孩子的動機，用適合的方式來陪伴男孩的成長！適性發展，天賦展能，當然也包含你我身邊正在成長的男孩！

導讀

男孩的成長需要適當的教育與引導

洪蘭

以前我做學生時，班上沒有一個同學是過動或注意力缺失，現在幾乎每一班都至少有一個，有的班還高到四、五個。頑皮的孩子自古至今都有，男生沒有調過皮、挨過打，好像就不可能長大，但是皮到要帶去給醫生看、要吃藥，好像是沒有。所以這個注意力缺失過動症（Attention-Deficit Hyperactivity Disorder, ADHD）就變成了二十一世紀非常引人矚目的疾病。本書作者是個家醫科醫生，又在賓州大學念到心理學的博士學位，手邊有臨床門診的資料，又有作研究的訓練，加上「好奇」是人的本性，他就開始去研究為什麼本世紀有麼多過動／注意力缺失的孩子，而且為什麼男生居多。

疾病是不分性別一律肆虐的，如果分性別，那麼可能有基因上的原因，使某個性別容易受疾病的侵害；也可能有社會的因素，對某個性別特別不利，所以值得研究。他發現真正應該吃藥的過動兒不多，許多是誤診，吃了不該吃的藥，因為父母的期待和老師、醫生的方便（沒有父母能接受我的孩子功課不好是他比較笨的關係，如果是疾病，那麼父母顏面沒有失，畢竟人要生病是沒有辦法的事；服了藥，孩子安靜下來，可以坐在課堂上聽講了，對老師是個很大的精神壓力解脫；很多醫生是只要病人不抱怨，老師、父母都要求用藥時，開了藥皆大歡喜，所以治標的各種藥物就越開越多了）。但是基本上，這是鋸箭療傷的方式，並不能解決問題，本書的作者在門診繁忙之餘，費心找出該現象的社會原因，解除孩子的痛苦，是很令人敬佩的。

過動／注意力缺失是男孩、女孩都有的毛病，為何本書只偏重男生的現象和發生原因呢？這是因為男生情況比較嚴重，先從嚴重的救起。在大腦的發展上男生成熟得比女生慢。美國國家衛生研究院（NIH）曾經做過一個大型的大腦發展造影研究，掃描了一千七百多個從幼兒園到青春期孩子的大腦，結果發現男生與女生在大腦不同區域成熟的順序和時間不同。一般來說，女生早熟，甚至可以早到兩年的差距，所以有些六年級的女生看起來像高中生，有些國二的男生看起來像五年級小學生。最近比較人類學的基因研究發現，男生與公黑猩猩有百分之九九．四的基因相同，比與人類女性的共同基因還多一些。所以男生在看、聽、嗅覺方面與公黑猩猩的相似性大於人類的女性。這一點對了解性別差異很重要，男女在處理事情上的不同是來自大腦結構與神經迴路活化上所造成的功能上的不同。

在台灣談性別差異是件危險的事，我曾因為談到男女在同一件事的處理上大腦有不同之處，而被猛烈攻擊，甚至黑函說我政治不正確。但是在實驗上的確有看到差異，所以必須要講。其實每個人有每個人擅長的地方，真正的男女平等應該是每個人去做每個人擅長的事，不論它是刻板的男生的事或刻板的女生的事。法律要保障的是機會的平等和薪水的平等。作者也看到了男女大腦上的不同，所以他認為男生需要適合男生天性的課程表，從他們的長處切入，去開啟教導他們的心智。他說男生需要常常去戶外活動，在大自然中觀察，從實際動手操作中學習（其實女性也是需要）。如果孩子花很多時間在電腦螢幕前面而不在戶外，會有所謂的「文化自閉症」（**Cultural Autism**），最後形成被孤立、牽制、阻遏的那種「隧道感官」感覺（**Tunneled Senses**），他們抓不到概念或問題的重心。因此，從本書中，你可以強烈感覺到作者贊成男女分校或分班，男生需要競爭才會有動機。作者舉了很多例子來支持他的看法。我來自女校，回想自己的成長過程，我承認他講的有道理。

由於全球競爭激烈，每個父母都希望孩子及早學習，忘記了學習有「成熟」這個條件。現在幼兒園做的是小學一年級的工作，美國從幼兒園開始教認字、寫字（台灣也是），假如男生成熟得慢，還不能讀和寫，這時，他會討厭上學，因為上學是挫折，是去做一件他能力還做不到的事。其實北歐很多學校是七歲才啟蒙上學，他們的國力發展也沒有比我們五歲就學寫字的差。太早要求孩子去做他還沒有準備好、還未成熟到可以做的事，對孩子的身心都不好。

讀者可以想像馬路上有個裂縫，大人一腳就跨過去了，孩子則必須蹲下來爬過去，爬時還得戰戰兢兢，生怕掉下去。但是等孩子長大一點，腳步變寬時，他也一步就跨過去了。小時候看希臘神話金羊毛（Golden Fleece）的電影，巨人一腳就跨過了博斯普魯斯海峽；或是《格列佛遊記》裡的格列佛一把就把船抓起來，多麼輕而易舉。看到台灣的父母，孩子才三歲兩個月就送去學國文數學，真讓我心痛。這本書有很多篇幅是為了這樣的父母寫的，作者從大腦的觀點來勸告父母不要揠苗助長，每個人大腦的成熟時間不一樣，大腦同一區塊男女成熟的時間也不一樣，不必心急，晚一年上學沒有所謂的面子問題，幼兒園本來就是個學習與別人相處的遊戲地方，沒有「被當掉」的面子問題。

至於為什麼白人小孩被診斷為ADHD的比例高，這是社會偏見的關係。一個白人小孩拿到C，而老師認為他應該拿A，老師就會懷疑他是不是注意力有缺失，上課沒有好好聽，回家沒有好好做功課；但是假如一個黑人或墨西哥孩子拿到C，老師可能認為他是能力所限，無法拿到更好的成績，就不會建議父母帶孩子去找醫生開藥。作者坦承美國有很多人，包括黑人老師在內，仍是對白人孩子有較高的期待，他們會認為這個白人小孩沒有發揮出他的潛能，應該尋求改進方法。想不到這反而使不需要服藥的白人孩子服了藥，變成白人ADHD的機率比黑人高出了許多。這也許是種族歧視者前所未料的吧！

那麼，如果孩子不是過動／注意力缺失，為什麼吃了藥就安靜下來，學習就進步了呢？麻省理工學院蓋伯瑞利教授的實驗回答了這個問題。蓋伯瑞利真是神通廣大，能得到父母的同意，給正常的孩子吃注意力缺失過動症的藥；他也得到病童父母同意，暫時給注意力缺失過動症的孩子停藥。他在這段期間測試兒童，看他們在有藥、無藥的情況下學習的情形。結果發現藥物會增進正常兒童的學習，增進的強度與有注意力缺失過動症的兒童的程度一模一樣。這些藥物都是促使大腦中血清張素的濃度增加，而血清張素跟記憶、注意力、動機都有直接的關係，難怪過動／注意力缺失的誤診率這麼高。很多人都認為吃了藥有效，就一定是這個病，其實不見得。路上很多人打傘時，陰溝的水會漲高，但是那是因為下雨的關係，雨水才是真正的原因，打傘只是個表象。

現在許多家長很短視，只要孩子功課好，什麼都可以犧牲。既然吃了藥記憶力會好，為何不給他吃？他們會要求醫生開藥。最近動物的研究發現這些藥物會影響大腦，尤其是伏隔核，會使動物失去動機：肚子餓，食物放在面前懶得吃，連敵人來都懶得逃命。在人類身上也看到同樣情形，最近腦造影研究發現，七到十四歲的男生如果玩太多電玩，會影響伏隔核和背側前額葉皮質（DLPFC）的平衡，伏隔核是把動機和驅力送到DLPFC去、DLPFC再給這個驅力回饋報酬的目標和情境，這兩個區域密切合作，這個人就有動機，朝真實世界的目標前進。但是如果電玩遊戲將血液引入伏隔核，使DLPFC的血流量減少，這時電玩遊戲本身就給了孩子達到目的的回饋報酬，而這回饋報酬並沒有連接到真實的世界，所以他們對真實世界的成就不再感興趣。電玩刺激大腦的伏隔核區，就跟吸食古柯鹼所影響的地方一樣，所以電玩會上癮。

其實男生和女生真的有不同，從孩子的行為上就可以看出。我和我妹妹都曾到動物收養中心去領養過流浪貓，我妹妹的兩個女兒會替貓洗澡，用洗衣籃替牠布置一個溫暖的窩；我的兒子就把貓塞到他的T恤裡假裝他在懷孕，結果貓逃出來時，在他胸前狠狠留下五道血爪印。男生闖了禍不敢說，等我替他洗澡時才發現，他怕我罵，還一直說不痛、不痛。

男孩並不會因長大就自動變成男人，他們需要被教導、被引導，需要藉由各種挑戰證明給別人看，他的身體、心智都已成熟，可以脫離父母保護，獨當一面，他才算成年。年齡跟成熟之間不是等號關係，古人十六歲弱冠，變成大人，現在十六歲男生還要媽媽叫起床才不會遲到，不但不能謀生養家，每天還要跟家裡拿零用錢。

男孩需要磨練才能成為男人，我很贊成作者說的讓孩子去勞動服務，從流汗中學到做為一個男人是什麼意思，當你自己可以種出米來吃、蓋出房子來住時，你就知道你可以獨當一面了。所以電視廣告說喝了某個牌子的啤酒才是真正的男人，勞動服務過的孩子知道不對，真正的男人跟喝什麼牌子的啤酒無關，跟你有無能力去服務別人有關係。

本書最好的地方是作者在指出所有造成孩子沒有動機的因素後，最後給父母指出一條生路，建議父母可以怎麼做去改變孩子，讓孩子重拾動機。他在書中所提的方法都很簡單，只要有心，便可以做到的：如盡量帶孩子去跟大自然接觸，在他背青蛙的解剖圖之前，先知道什麼是青蛙，並且摸過青蛙、玩過蝌蚪。作者說內布拉斯加的學校不再用紙筆測驗來評估小學生對電流的知識，而是要他們自己組裝一個電迴路，如果組裝正確，那麼迴路板上的馬達就會動，鈴聲就會響。孩子從鈴聲中，不但得到他的自信心，還確實把電流的知識學進去了。作者的話使我想起李家同教授對台灣電機系學生的批評，或許新任教育部長真的應該好好看一下這本書。

另外，作者建議父母一定要用心替孩子找一個適合他的學校，學校跟孩子的契合實在太重要了，孩子一天有八個小時在學校生活，如果老師的教學、校長的理念不適合他，而他必須每天去受八個小時的罪，實在太可憐了。很多時候，適合哥哥的學校，對弟弟可能不合。我很贊成德國人的話：「沒有什麼天氣叫不好，只有合不合適的衣服。」

作者特別強調不讓孩子走上歧路，必須替他指出另一條可行的路，行為才會改善。這點真是台灣父母最常犯的錯誤，我們常懶得說理，都用權威的命令方式說話：「我告訴你不行就是不行」，使得孩子陽奉陰違、親子關係疏離。其實教養孩子是個藝術，材料不同，雕刻的方法就不同，逆著樹紋雕刻會糟蹋了好木頭。教養孩子絕對不是科學，科學有重複性，甲做成功、乙用同樣方式也會成功，但是教養孩子不是，別人孩子打罵會成材，你家孩子打罵會離家出走，不可東施效顰，以免誤了孩子的一生。

世界變化的很快，二〇〇七年一月七日第一代的蘋果手機問市，在這十三年間，它整個革新了我們生活的方式，改變了我們對世界的看法。有鑑於此，作者花了很多時間和心血重新修訂這本書，添增很多這十年來大腦科學的新知識，以符合時代的需求。這增訂版比以前更像是一盞明燈，在父母走投無路不知該怎麼辦時，指出有效的親子教養方法和它背後的真諦，這真是一本難得的好書，誠摯的推薦給各位讀者。

第1章 謎團：缺乏動機的男孩

有比以前更多的年輕人倒在前進美國之夢的路旁，
這個結果就是驚慌的父母不知道為什麼他們的孩子
不能、不願獨立去過自己的生活。
他們像浮萍一樣，到處漂泊，
隨著生命的潮流把他帶到天涯海角。

為什麼有的男孩會成功，有的男孩卻毫不在乎地隨波逐流呢？
他要去哪裡？你能幫得上忙嗎？
這就是你和我要一起探討的核心問題。

我不知道該怎麼說。

我剛對加拿大阿爾伯塔省（Alberta）卡爾嘉麗市（Calgary）的父母成長團體演講完，我的演講題目是有關男、女生在學習上的不同，他們在遊戲上、動機上都有不同。我從二〇〇一年開始對父母團體和學校做系列的演講，已經很有經驗了。演講的部分很容易，後面與家長互動的部分比較困難。

「薩克斯醫生，我的兒子比利[1]非常聰明，」一個父親說：「我們帶他去檢查過兩次，兩次測驗的結果他的智商都到一三〇以上。但是他完全沒有學習動機。」

「你是什麼意思？」我問道。

「我的意思是他不肯做家庭作業，不肯為考試而讀書，也不在乎他拿到的成績是A或C或F。」

「他多大了？」我問道。

「六年級。」

「嗯，他空閒時喜歡做些什麼？」

「事實上，比利很喜歡閱讀，尤其是科幻類。他只是不肯讀學校的課本，我不曉得為什麼他這麼恨學校，他讀的是一所很好的學校。」

「他上哪一所學校？」我問道。

爸爸講了一所當地的私立學校，我知道那是該市最有名的學校之一，裡面的班級規模都很小，老師的素質很好，也很受尊敬。

我在拖延時間：「你有跟學校的人談過嗎？」

他點點頭：「學校裡的輔導老師認為比利可能有注意力缺失症（Attention Deficit Disorder, ADD），我不相信，他怎麼可能有注意力缺失症？他已讀過艾西莫夫（Isaac Asimov）的《基地三部曲》（*The Foundation Trilogy*）兩遍，他可以背出《魔戒》（*The Lord of the Rings*）裡整段的話，他甚至會背精靈語（Elvish）的一些詩。像這樣的小孩對我來講不像是有注意缺失症，比利很喜歡閱讀，他只是不喜歡上學。」

我停住了，我想說在沒有看到比利之前，我不能給任何特別的忠告，我需要自己去評估比利的情形，而且這個評估至少需要一個小時。這是真話，但是我知道這樣一說就會被認為是避重就輕，沒有給實質的幫助，因為我第二天一早就要飛回華盛頓特區。我知道在這次的旅行中，我沒有時間去評估比利。

正當我猶疑時，一位女士開口了：「我的兒子也是同樣的情形，不過他年紀小些，現在二年級。除了在學校，傑生跟天使一樣可愛，但是在學校裡他會打人，他已被送到校長室好幾次了。他說他只是在玩，他絕對不會故意去傷害任何人的，但是老師說他們必須把會打人的小孩轉介給專家，只要打人超過三次就必須強制帶去給醫生看，所以現在他們說我必須帶傑生去給醫生評估。」

我很想指出傑生與比利的情況是完全不同的，比利沒有打任何人，他只是缺乏動機可促使他在學校表現得好；傑生的問題則不在動機而是行為，但是我知道我不應該說任何話。

我真的不知道該如何說，所以我反問父母親一個問題：「有多少人是同樣的情況？你的兒子有學校的問題，但是你不知道為什麼？」

幾乎一半的家長舉起手。

「我想聽聽你們的意見，你們認為怎麼樣？有人知道為什麼你的兒子會有這些問題嗎？」

「學校太注重成績了，」一位父親立刻說：「幼兒園已經不再是幼兒園了。去年我的女兒、今年我的兒子在幼兒園上學第一週回家就有家庭作業，你可以想像幼兒園的孩子回家做家庭作業嗎？五歲的孩子每天做一小時的家庭作業，真是荒唐，難怪孩子不喜歡上學。」

好幾個父母點點頭，但我想問的是，為什麼這種情況對男孩的影響大於女孩？另一個父親說：「現在學校已經女性化了，在我兒子的小學裡，唯一的男性成人是校工，這些女老師都要學生坐得好好的，安靜地上課，這對有些男孩來說不是一件容易的事。」

「這不能怪老師，」一個媽媽溫和但堅定地說：「該怪的是孩子。對不起，我不是故意要跟你唱反調，但是現在的小孩太懶了，尤其是男孩，他們寧可坐在家中打電玩，假如由他們做主的話，他們根本不要去上學。我們家對面那個男孩一整天什麼事也不做，只是打電玩，他不做家庭作業，也不幫忙做家事，也不打球，只玩電玩。」

許多人點頭。

「當我在他們的這個年紀時，必須走路去上學，單程就三哩的路，而且不管颳風下雪都得走，」一個年紀大一點的男人說：「我們根本沒有你現在看到的那種學校交通車，我們必須走路。我告訴你一件事，當你在大雪天走三哩路去上學時，你會逼著你自己學到一些東西，你不願白走這三哩路，我想這是很好的動機。現在的孩子東西得來太容易了，要去哪裡都有父母開車接送，難怪他們沒有任何動機，他們根本不用幹活就會擁有所有的東西。」

沒有人回答。一會兒之後，有位年輕的女士說話了：「我在某個地方讀到塑膠好像跟這有關係。」

「怎麼樣的關係？」我問道。

「塑膠的什麼東西，還有牛肉裡的荷爾蒙，毒素，它弄糟了孩子的大腦，這是為什麼現在這麼多孩子有問題。」

我想說，這有點太離譜了吧！但是從過去的經驗中，我知道最好不要去捅馬蜂窩，我很有風度地表示懷疑。「為什麼塑膠只影響男生而不影響女生？」我很有禮貌地反問她：「難道女生不是和男生一樣接觸到塑膠嗎？」

「我不知道，但它就是影響男孩。」這位女士說。

我現在已經在美國、澳洲、加拿大、英格蘭、德國、義大利、墨西哥、紐西蘭、蘇格蘭、西班牙和瑞士演講了四百場以上。上面描述的場景重複出現過許多次，我跟那些想方設法鼓勵男孩子上進的父母、老師通信，當然我在馬里蘭州、最近更常在賓州的診所，也診斷治療有這些狀況的孩子。

我聽過很多的理由解釋男孩子在學校為什麼會惹麻煩。有些父母怪罪學校，有些母親認為是孩子的父親在孩子很小時即離家，所以他沒有一個很強的男性角色模範。更有人怪罪電玩遊戲或「社會」或塑膠或好萊塢，有父母甚至怪罪希拉蕊・柯林頓（Hillary Clinton），好幾個人則怪罪給美國出兵伊拉克。

「你的孩子在學校的問題跟伊拉克有什麼關係？」我問這位家長。

「我們國家花太多錢在打那場愚蠢的戰爭上，應該把那些錢花在學校教育上。」她回答。

但是為什麼花錢在公立學校上就能幫助你的孩子呢？我心中暗想。你的孩子上的可是私立學校啊！

不過我沒有說出來，我不想與她辯論。我只想找出一些答案。

我是家醫科的醫生，在華頓盛特區的近郊已經住了十八年，也在那裡工作了十八年，所以累積了七千多個病人。我看到幾百個家庭中，女兒勤奮好學，聰明有才氣，兒子卻懶散沒有動機，但是反過來的情況——兒子積極向上、功課一流，而女兒鬆懈、不在乎她的前途的——卻非常少。自從搬到賓州之後，我觀察到賓州郊區也有相同的模式。

這不是只有發生在我的社區，當你和我一起在本書中檢視這個問題時，你會看到它分布得很廣，全美國都有這樣的情形：男生對學校沒有興趣，不想去追求美國夢（American dream，譯註：任何人不論出身低賤或高貴，在美國，可以憑自己之力打出天下，圓自己的夢）。這種現象在每一種社區中都有，不論是都會、近郊、鄉村，不論膚色是白的、黑的、亞洲人、墨西哥裔，也不論社經地位算有錢的、中產階級的、低收入的，情形都一樣普遍。

這個抑鬱擴散的結果是我們越來越熟悉的：艾茉莉（或瑪莉亞，或黛絲特妮）去上大學，拿到她的學位，找到工作，有她的人生。賈斯汀（或卡羅士，或達米安）上大學上了一、兩年或六年，拿到或沒有拿到學位，回到家給父母養。他可能在大學時有極歡樂的時光，因為現在大學生中，男女的比例是二比三，每三個女生上大學，只有兩個男生上大學。在一些比較大的大學中，現在的男女比例是一比二，而且女生多半在讀書，男生多半在打混。[2]我認得一個家庭，女兒在四年內拿到雙主修畢業，一個主修是中文，另一個是國際貿易。她一畢業馬上就有好幾個工作等著她選，年薪都在十萬美金上下。她的弟弟也念同一所大學，念了六年才從人類學系畢業，現在在星巴克打工，住在家裡跟父母一起生活。

這個場景真正奇怪、也是前所未見的地方是：男生並不在乎他的情況，但是他的父母在乎，他的女朋友在乎，假如她還沒有把他甩掉的話，她至少會重新考慮跟他在一起的結果。他卻完全無視於別人的關心，他專注在他們買給他的電腦上流連網路，或是在他們買給他的大型平板電視螢幕上玩電玩遊戲。

但是，難道男孩過去不是一直都這樣的嗎？

在另一場專門針對男生問題的演講中，與家長互動時，有一位父親反對了：「薩克斯醫生，在這場演講中，我沒有聽到任何新的東西，難道男生在過去不是一直把學校當做一個無聊、浪費時間的地方嗎？這不就是《湯姆歷險記》（*Adventure of Tom Sawyer*）中湯姆（Tom Sawyer）的態度嗎？什麼改變了呢？」

他的話有道理，美國男孩討厭學校是有優良傳統的，從湯姆到菲利斯（Ferris Buelle，編按：電影《蹺課天才》〔Ferris Buelle's Day Off〕中的主角）都是，但是，雖然這些孩子都不喜歡上學，他們至少有很強的動機，希望成功——用他們自己的方法去追求他們自己的夢想。湯姆是決心要贏過印地安人喬（Injun Joe），他要跟哈克（Huck Finn）去探險，去贏得那個新轉學來的美麗女生貝姬（Becky Thatcher）的歡心。菲利斯討厭學校，因為他還有其他更重要的事情要做，在外面真正的世界中，他有任務要去完成；對他來說，學校以外的任何地方都是真正的世界。

在我執業中看到的這麼多男孩，或是在我演講中聽到父母、老師所談的這麼多男孩中，真正令我不安的是，這些男孩對外面的真實世界活動都沒有任何熱情。有些男孩選擇到電玩遊戲中，我們在第三章中會看到，這些男孩所說的電玩遊戲大部分跟真實世界是沒有關係的——除非你要賽車或開戰鬥機。我所擔心的這些男孩，並不是因為在外面的真實世界有更重要、更想做的事要做才不喜歡上學，而是因為他們不喜歡所有的事情，沒有任何東西真正令他們興奮。

更令人擔心的是，這些男孩似乎認為他們這種懶散、不在乎的態度是男兒本色。有一位母親告訴她的兒子：「你需要把你的成績弄好一點，它是很重要的事。」

「女孩子在乎成績，書呆子在乎成績，正常的男生才不在乎成績。」她十四歲的兒子用一副理所當然的口氣告訴她。對男生來說，事情就是這樣。對很多男生來說，不在乎成績已經變成男子漢大丈夫的指標了。這是一種新的態度，我們在下一章中會詳細討論。

在這些男生中，我所看到他們對學校的敵意也是新的。這個現象已不再限於低收入學區非裔或拉丁美洲裔的男生，現在在高級住宅區的白人和亞裔男生中也可見到。假如你接近我的年齡或甚至更老一點，你可能會記得四十年前，「海灘男孩」（Beach Boys）在他們唱紅的那首歌〈Be True to Your School〉中唱道：「*Be true to your school...just like you would to your girl.*」（真誠地對待你的學校……就像你真誠地對待你的女朋友。）這首歌描述了一個男孩以穿他印有校徽的運動衣為榮，一個男孩堅持對他學校的效忠應該與對他女朋友一樣的程度。這首歌並沒有絲毫諷刺的意味，假如你在我的年紀或更老一點，你會記得山姆．庫克（Sam Cooke）唱道：「*Don't Know much about history...but maybe by being an A-student, baby / I could win your love for me.*」（我的歷史不太好……但是或許當我成為一個成績A的學生時，我會贏得你的愛。）這首歌的名字是〈Wonderful World〉（奇妙的世界），五十年前的全美冠軍單曲。今天，我們很難想像任何一個有名氣的男歌星會唱這種歌詞，除非是當做笑話。你能想像阿肯（Akon），或阿姆（Eminem），或小賈斯汀（Justin Bieber）唱他們要在學校拿到A來討女孩的歡心而不語帶諷刺嗎？我不能。

這些改變單獨來看可能不重要，但我認為它們是一些更深層影響的冰山一角。我們在下一章會看到，有越來越多的男生與學校脫節，越來越多的人會告訴你，學校很無聊，浪費時間，是一個他們每天要忍受直到下課鐘響才得以解放的地方。對男生來說，他真正的生活——他在乎、想過的生活——是在下課鐘響以後才開始的，他終於可以離開學校去做自己想做的事。他真正想做的事可能是玩電玩遊戲，跟朋友在一起打混，或吸毒喝酒。它可以是任何事情，只要與學校無關。

「但是你要把成績搞好，不然你進不了好的大學。」他母親說。

「我恨學校，」她的兒子回答：「它像監獄一樣，我只是在服我的刑期，直到他們讓我出來。然後我就不要再上學了，我為什麼要再去蹲四年的苦牢？」

大學是性別差異——尤其是動機——真正表現出來的地方。在大學裡，男生變成少數民族，這情況已經三十年了。女生現在比她的兄弟更可能去上大學，入學後，女生也比她的兄弟可能畢業拿到學位。[3]在美國的研究所中，女生有百分之五十九想要念碩博士，而男生只有百分之四十一。[4]

過去五十年來，大學校園經歷了一場性別變化：從男性為大宗變成女性為大宗。以下是一九七〇到二〇一四年間、美國申請進入大學或四年制學院的男生人數變化：

一九七〇：百分之五十七・七的大學部學生為男性。
一九八〇：百分之四十七・七為男性。
一九九〇：百分之四十五為男性。
二〇〇〇：百分之四十三・九為男性。
二〇一〇：百分之四十三・三為男性。
二〇一四：百分之四十三・一為男性。[5]

把話說白一點就是，成功的年輕女孩不是問題，不成功的年輕男孩才是問題。更多女生順利地進入大學並畢業，這個事實是好消息，而我們的問題是：為什麼她們的兄弟辦不到？為什麼我們連保持在一半的比例都做不到？為什麼男生現在變成了少數分子？

大學和學院現在在努力招收合格（功課好）的男生。有一位媽媽告訴我，等到她兒子要申請大學時，她很擔心學校的註冊組會因為她兒子是白人男性而歧視他、不收他。她是根據她自己三十年前念大學時的經驗（譯註：美國法律規定女性和少數民族有保障名額，當時在加州大學柏克萊校區許多功課好的白人子弟，尤其是男生，都進不去，因為有些名額是保留給女性和少數民族的。中國人在加州不算少數民族，因為功課太好，不需保障便進得去，因此也和白人一樣，要讓出名額給其他少數民族）。後來她寫電子郵件告訴我，她完全多慮了。「我發現男生在今天是屬於被保障的人了，只要任何功課好的男生，幾乎都可以進入他們想進的大學。但這只是讓他們進了大學，並沒有教他們怎麼應付以後會碰到的更大的選擇可能性。」

今天進入大學或四年制學院的男生，比他們的女性同儕顯著地少拿到書卷獎或畢業。四十年前，這情況還是完全倒過來的，男生比女生更會拿到學位畢業。[6]今天賈斯汀比他的姊妹艾茉莉更不可能上大學，更不可能在大學中念到好成績，更不可能畢業拿到學位。[7]這與種族和階級無關，他們有同樣的父母、同樣的資源。

當然，不是所有的男生都被這種冷漠的新病毒威脅。有些男生和女生一樣用功，他們也一樣要經濟和其他方面的獨立，一樣為前途打拚。因為我們還是有看到一些成功的年輕人在我們生活的周遭，我們會忽略有比以前更多的年輕人倒在前進美國之夢的路旁，這個結果就是驚慌的父母不知道為什麼他們的孩子不能、不願獨立去過自己的生活。他們像浮萍一樣，到處漂泊，隨著生命的潮流把他帶到天涯海角。

為什麼有的男孩會成功，有的男孩——來自同樣的社區或甚至同樣的家庭——卻毫不在乎地隨波逐流呢？

他要去哪裡？

你能幫得上忙嗎？

這就是你和我要一起探討的核心問題。

在過去的十五年裡，我利用每一段空閒的時間來研究這個問題。二〇〇一年，我寫了篇學術論文，刊登在美國心理學會（American Psychological Association, APA）的期刊上，[8] 二〇〇五年，我出版了第一本書《養男育女調不同》，書裡有一部分是我研究這個議題的進度報告；在那本書裡，我也提到美國社會對女孩來說是有害的，並在我的第三本書《棉花糖女孩》中更加深入地探討了這個議題。

我除了有家庭醫生的開業執照之外，同時有心理學博士學位，知道如何做研究，所以我能夠系統化地量化我所看到的問題。我跟很多大城市的父母親和他們的兒子談過話，如紐約、芝加哥、多倫多、洛杉磯等大城，也去過小一點的城市，如俄亥俄州的克里夫蘭市、加拿大的卡爾嘉麗、田納西州的孟斐斯（Memphis）及德州的聖安東尼奧；我去過高級社區的學校，也去過低收入社區的學校與不同的鄉村社區學校。

本書第一版是二〇〇七年出版的，在那之後，我又從老師、父母、朋友和研究者處聽到了幾百個故事，因為他們都很關心這個議題，甚至有男孩自己來告訴我他們的故事。你會在本書中讀到它們，我也系統化地更新並擴充了學者們的研究報告。

我想我終於知道問題出在哪裡了，我找到這個現象背後的五個因素，也終於有立場可以與你分享降低你兒子屈服於這種冷漠流行病的可行策略。我有一些很實際的點子可以幫助你的兒子找到回頭的路——如果他已經與學校和社會斷了連結。

不僅僅是學校

本書首先討論教育的理論和實作在過去的四十年中做了怎樣的改變，這些改變又如何使男孩與學校脫節。這是第一個因素，我在第二章中會談到它，但是這本書不僅於此。在第五章中，我們會分析為什麼現代生活的一些特質對男孩會有去勢、被閹割的效果，這個跟我們吃的食物、喝的水中的毒素有關。我們會看到今天的年輕男子精子數目，比他的祖父在同樣年齡時要少許多；同樣地，今天的男孩骨頭也比三十年前同年齡男孩來得脆弱。我們會看到，精子數量的減少和骨頭密度的減低有很多原因，而且都很複雜。我們會發現前面那個提到「塑膠」的家長，可能沒有你我想像的那麼腦筋不正常。

在第三章，我們會仔細地檢視電玩遊戲。我們想了解為什麼這麼多男孩會對電玩上癮，為什麼女孩比較不會；我會把這些基於證據的指引與分享你，幫助你決定哪一些遊戲可以讓你的兒子玩、哪一些不可以，同時，告訴你玩多久是可允許的，超過的話就過頭了。

在第四章，我會詳細地討論現在開藥給孩子、尤其是大男孩吃的趨勢越來越明顯，最常開的藥有阿迪羅（**Adderall**，苯丙胺混合鹽）、利他能（**Ritalin**）、專思達（**Concerta**）、鹽酸醋甲酯（**Metadate**）、右哌甲酯（**Focalin**）、甲磺酸賴氨酸安非他命（**Vyvanse**），以及其他興奮劑。我們會談到研究顯示這些藥物可能有不好的副作用，你的醫生可能不知道，這些副作用影響的不是認知，而是動機。服用這些藥最嚴重的代價是失去動機。

在第六章，我們開始計算這四種因素的後果，不只是學業成就，同時也討論那些難以量化的因素，例如追求一個真實世界的目標，或是維持一段羅曼蒂克的關係。第七章會介紹第五個因素，我稱之為「被遺棄神祇的復仇」。在最後一章，第八章，我把這五個因素拉在一起，介紹一些策略，使父母、教育者、輔導員及其他和男生生活有關的人可以試用。我在每一章中也會推薦一些相關的策略。

請不要誤解我，當我說我在執業時所遇到的男孩問題時，並不是在說女孩就沒有問題，事實上，女孩也有問題，只是她們的問題不同。

● 「我告訴我十一歲的女兒，她父親和我絕對不會同意她買那種低腰的牛仔褲，我簡直不能相信任何一家好商店會有這樣的衣服賣給她這種年齡的女孩。但是她說我們根本不知道外面發生了什麼事。當我們堅決不肯時，她開始大叫：『你們毀了我的生活，你們為什麼要恨我？』我們該怎麼處理這個情形？」

●「我的莎曼珊從來沒有交朋友的困難，但是八年級時，某些事情發生了。她說她最好的朋友——或是她自認為是最好的朋友但別人不這樣想——背叛她，開始在別人面前說她的壞話，現在其他人都不理她。我聽到她晚上埋在枕頭裡哭，而這傷透了我的心，但是我不知道該怎麼做，因為她不讓我插手。」

●「凱特琳總是說她希望能穿二號或零號的衣服，其實她現在就很美了，完全不需要節食，她五呎四吋高，體重一百二十磅，穿四號或六號的衣服，看是哪一家的剪裁，每個人都說她是美麗的女孩，但是她一直嫌自己胖，需要減肥，我很擔心她會有厭食症。」

這些都是嚴重的問題，每一個都與我前面談的男孩問題一樣棘手，一樣有嚴重的後果。我在我的第三本書《棉花糖女孩》中詳細探討了這些問題。但是女生面對的問題跟男生不一樣，女生的問題和男生一樣重要，只是不同而已。

這本書是關於男生的——以及五個使他們越來越冷漠、越來越沒有動機的因素。

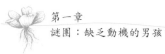

第2章

第一個因素：學校的改變

假如人是精密的電腦，學習就等於電腦程式，老師就是電腦程式設計師。

假如我們給老師一套正確的標準指示，

那麼只要按一下開關，小孩子就會學習了，

一種有效率、不可能出錯的學習。

只要老師依照指示執行命令，好的學習結果就指日可待。

完全不可能出錯。保證不失敗。只要學生和電腦一樣就行了。

但他們不是。

電腦不需要動機就能做你要它做的事，但是孩子需要動機。

你的兒子五歲大，他很聰明、很友善，但是在他第一次的親師懇談會時，幼兒園的老師告訴你說，你的兒子煩燥不安，無法安靜地坐著，他的表現不如應有的好，很容易被別的孩子吸引而分心。她建議你可能要帶他去檢查一下，做個測驗，看有沒有注意力缺失過動症（Attention-Deficit Hyperactivity Disorder, ADHD）的問題？「去年，我班上有個男孩就像你的兒子一樣，」她語帶肯定地說：「他很聰明，就跟你兒子一樣，但是他無法聽從指令。我們都知道他可以表現得更好，他實在很聰明，就像你兒子一樣。小兒科醫生建議給他吃阿迪羅，我告訴你，服了藥後，這孩子判若兩人，就像白天和黑夜一樣。他變成一個真的很傑出的學生。」

「但是我不認為我兒子需要服藥，」你說：「而且，他才五歲而已。」

「那我們可以先把他安排在遊戲組，」老師說：「那些是還沒有準備好要學習閱讀和寫字的孩子，每一個孩子都不同，我們了解這一點。在遊戲組，他可以跑、跳、玩積木而不會干擾別人。」

「遊戲組？」你說：「我以為遊戲組是給學習遲緩者的。我兒子不是學習遲緩者！」

「我同意，」老師說：「這就是為什麼我認為你應該帶他去做測驗。」

三十年前，有位叫做羅勃・傅剛（Robert Fulghum）的牧師寫了一本小書，叫做《生命中不可錯過的智慧》（*All I Really Need to Know I Learned in Kindergarten*，中譯本基督教橄欖文化出版），這本書賣得很好，長踞《紐約時報》（*New York Times*）暢銷書排行榜達兩年之久、賣出超過一千五百萬冊。這本書的名字強調他自己在幼兒園所學到的重要課程，就是「過一個平衡的生活」。他說每一天，一個人應該：「學一些新的東西，做一些思考，畫一些畫，塗一些鴉，唱一些歌，跳一些舞，遊戲一些，工作一些，每天如此。」

這是非常好的忠告。

傅剛牧師根據自己在一九四二至四三年，以及他自己四個小孩在一九六〇和七〇年代讀幼兒園的經驗寫出上述的回憶。儘管牧師這本書熱賣了幾百萬本，盛讚他和他小孩念的那種幼兒園，美國的幼兒園還是改變了。傅剛牧師寫道，孩子在幼兒園可以「畫畫、塗鴉、唱歌、跳舞跟玩耍」，但現在幼兒園已經不再是這樣了。今天，大部分的小孩在幼兒園中，既不畫畫，也不塗鴉，更不唱歌，也不跳舞玩耍，他們學習閱讀和寫字。我自己學區的總監（superintendent，相當於這一學區的教育局長）曾不無驕傲地寫道：二十一世紀的幼兒園需要「嚴厲的」、「學術的」東西。[1]傳統幼兒園的用手指畫畫、玩遊戲等活動，大多被整個北美的大部分公立與許多私立學校取消、以閱讀和寫字替代了。「幼兒園」已不再是幼兒園，它是小學先修班，如第一章中卡爾嘉麗市那個家長所觀察到的，幼兒園越來越像一年級。如今，大部分北美洲公、私立幼兒園的課程，看起來就像一九七〇年代小學一年級的課程。現在幼兒園全部在教閱讀和寫字。

為什麼這是個問題?

過去十年間，有無數的研究顯示男生和女生的大腦有很大的差別，男生和女生的大腦甚至在出生前就不一樣了，因為女生大腦的基因展現有所不同。[2]女生大腦的灰質發展得比較早、比較快，因此會比同年齡男生的灰質早熟兩年；[3]而男生的睪固酮（男性荷爾蒙）增加會導致視覺皮質變厚，卻會使女生的視覺皮質變薄。[4]大腦成熟的區塊先後順序也男女有別：在有些地方，如綜合各個感官所傳遞訊息的頂葉灰質（parietal gray matter），沒有女男的差別，但女生的發展一般來說比男生快了兩年。在別的區塊，如大腦負責處理空間知覺和物體辨識的顳葉灰質（temporal gray matter），兩性神經通路的投射路徑相同，但是男生的發展速度比女生稍微快一些。另外，在枕葉灰質（occipital gray matter）——視覺皮質——大腦的發展則很不相同，男生和女生的曲線沒有相重疊的地方：在視覺皮質區，六到十歲的女孩顯示出快速的發展，而同樣年齡的男生並沒有；到十四歲以後，女孩大腦組織的這個部位有點縮小，變小了一點，而男生在十四歲以後，這個區域則開始快速成長。[5]

> 很重要的一點是，大腦的成熟通常與神經的修剪有關。少女某一部分的大腦縮小一點、而少男這一塊在快速成長，並不代表男生比女生聰明，或女生比男生聰明，它只是說男生與女生不同而已。不同不代表優劣，蘋果與橘子不同，不代表蘋果比橘子好，卵巢和睪丸不同，不代表卵巢比睪丸好。

女孩的大腦不但在成熟方面跟男生不同，連功能也不一樣。賓州大學醫學院在核磁共振掃描了九百四十九名八到二十二歲間的男女之後，結論是「男生大腦的結構方式是為了促進知覺（**perception**）與動作協調之間的連接，而女生的大腦設計是為促進分析和直覺處理之間的溝通。」[6]

看過男女在大腦發展上有著巨大且強有力差異的研究，你或許期待老師和校長會努力去調整教學方式來適應男、女生在學習上的不同。假如這是你的期望，可能要失望了。大部分的老師和校長等行政人員並不了解這類研究，相反地，很多人認為性別差異只不過是「社會的結構」，就跟種族和社會階級一樣。

想像你去參觀一所二十一世紀的幼兒園，也就是說，在那裡孩子是被要求會讀和寫的，即三十或四十年前一年級小朋友所做的事：能乖乖坐好，做各種紙筆練習。老師把學生分成兩組也很正常：這邊跟老師在一起的，是已經準備好可以學習讀和寫的孩子，大部分是女生，有一、兩個男生。在房間的另外一邊，是老師認為還沒準備好要學習讀和寫的孩子，這組大部分是男生，有一、兩個女生。

有一件事情是五歲男生和女生一樣在行的：就是知道誰在傻瓜組裡。到十一月時，在傻瓜組的孩子知道自己比別人差，他們當然不喜歡被人嘲笑。

「媽媽，我痛恨學校。」布萊特對他媽媽說。

「為什麼呢，甜心？」媽媽問。

「我就是討厭學校，上學是件愚蠢的事。」

在反覆盤問之後，母親終於找出原因。「老師不喜歡我，老師恨我。」布萊特告訴媽媽。

母親採取行動了，她要知道老師有沒有不喜歡布萊特，如果有，她要知道為什麼。於是她要求到學校和孩子一起上課。兩次以後，她沒有發現任何證據顯示老師不喜歡布萊特。老師很和善，鼓勵所有的小朋友好好學習；事實上，她似乎真的很喜歡布萊特。「布萊特還沒有準備好要坐上幾個小時來寫字，所以我們沒有要求他這樣做。」老師對母親這樣解釋：「對有些孩子來說，字母的學習似乎很無趣，我們了解他們還沒有發展成熟，所以我們讓布萊特先到遊戲角落跟別的男孩子一起玩。」

老師的用意是好的，但是大部分五歲的孩子很清楚他們在大人眼中的地位。一個被老師分派到傻瓜組去的男孩會認為老師不喜歡他，畢竟，老師把她所有的時間都花在那些已經會讀、會寫的人身上。因為老師的注意力不在布萊特身上，布萊特就覺得老師不喜歡他。這不公平也不合邏輯，但布萊特還沒有長大，他才五歲，而大部分五歲的孩子，不論男生或女生，都會下結論說，如果老師把她大部分的時間花在聰明小孩的那一組，那麼老師一定比較喜歡聰明組的小孩。

史丹佛大學（Standford University）教育學院的院長史提派克（Deborah Stipek）發現，孩子很早就對學校形成他自己的概念。你可以想像問一個剛剛念完幼兒園的小男生兩個問題：「你喜歡學校嗎？你覺得老師喜歡你嗎？」我問布萊特這些問題，他回答說：「我不喜歡學校，我恨學校，老師也恨我。」

一旦孩子認為老師不喜歡他，史提派克和其他的學者就發現，他會把這個感覺「類化」（generalize）到其他的老師和其他的教室上。[7]他第二年上小學時，對學校就會有負面的感覺和態度。當他又被分到傻瓜組去時（這幾乎是不可避免的，因為聰明組的小孩現在已經比他快了一年），他就發現學校根本不適合他，他會說：「學校是個笨地方。」而他是真心這樣說的。你可以在他四年級時再問他一次，這時布萊特已經九歲了。當你再問他：「你喜歡學校嗎？你覺得老師喜歡你嗎？」得到的答案還是會跟以前一樣：「我恨學校，老師也恨我，除了凱司米勒老師以外，他是體育老師。」

對美國教育的批評者通常很正確地指出，美國花在每一個學生身上的錢比任何一個已發展國家都多，得到的效果卻較少。在全世界大部分國家都參與的國際測驗上，美國的排名是二十四，遠低於那些每個學生教育費相對低的國家，如愛沙尼亞（第十一名）、波蘭（第十名）和芬蘭（第六名）。[8] 芬蘭在所有參賽的項目中幾乎都持續地名列前茅；他們公立教育系統最突出的特點是什麼？很簡單，芬蘭的孩子直到七歲才開始上學。[9]

但是當芬蘭孩子長到十幾歲，成為青少年後，他們在同樣的測驗上依然遙遙領先美國的孩子。在最近一次的國際測驗上，芬蘭的十五歲孩子數學平均分數是五一九分，而美國同樣年齡的孩子，在相同的測驗上得分是四八一分。在科學方面，芬蘭的青少年得分五四五分，美國的青少年得分則是四九七分。我還記得美國學生在科學上的表現曾是世界第一，今天，美國學生落在澳洲、奧地利、比利時、加拿大和捷克、丹麥、愛沙尼亞、芬蘭、法國、德國、愛爾蘭、日本、拉脫維亞、列支敦斯登、荷蘭、紐西蘭、波蘭、新加坡、斯洛維尼亞、南韓、英國和越南之後。[10]

不過，我認為芬蘭的例子對我們特別有價值。為什麼比人家起步晚兩年的孩子，到青春期時表現會優於起步早的孩子？很簡單，假如這孩子晚兩年上學，那麼當老師在教同樣的教材時，他們已經準備好可以開始學了。孩子比較不會覺得挫折，不會恨學校。假如孩子不恨學校，他的學習就比較容易。假如像美國男孩那麼樣地痛恨學校，老師在還沒有踏進教室門之前就已毫無勝算了。

等孩子七歲再教他正式的、「嚴厲的」（rigorous）讀和寫（記得前面學區總監所說的話），可能可以減少前面所看到的男孩和學校的衝突。對許多男生來說，在準備好去學習閱讀方面，五歲與七歲之間有很大的差別，就像五歲和三歲的女孩在準備好去學習的差異一樣。（譯註：讀者可以想像：馬路上有道裂縫，大人一腳就跨過去了，小孩子腳步小，他要蹲下來爬才過得去。同樣的裂縫，幾年以後，孩子長大了，腳步變寬了，他也一步就跨過去了。太早要求孩子去做他還沒有成熟的工作，對他身心都不好。）

現在攔住他，將來他才能超越

很多家長已經看到，現在幼兒園這種加速的步伐對他的五歲兒子不利。尤其在高收入的社區，許多父母開始晚一年才讓孩子上幼兒園。你現在會看到很多孩子（一半或一半以上的男孩）六歲才上幼兒園，而不是五歲。在低收入的社區中，只有低於百分之三的男孩晚上學，這是因為父母都要工作，沒有辦法讓孩子在家中再待一年。[11]在小學教育一開始，低收入家庭的男孩就比中高收入家庭的孩子表現差，有一個理由是家庭收入好的孩子可以在家中多留一年。他們上學時，已經比低收入的學童成熟一點了。

紐約曼哈頓一間非常高級的私立小學註冊主任哈達特（Dana Haddad）在晚一年上學這個議題上說：「就像傳染病大流行似的。」所有她學校的家長都多等了一年才讓他們的兒子上幼兒園，有些人甚至也讓女兒晚一年上學。不怕一萬就怕萬一，安全一點比較好。曼哈頓另外一所學費昂貴的高級私立小學的校長紐渥（Betsy Newell）說：「我都是跟我的家長說：這是給孩子的禮物，讓他晚一年才上學，這一年是你可以給孩子最好的禮物。」[12]

回到二〇〇一年，當時我發表了一篇論文，建議只要讓男生比女生晚一年上幼兒園，就可以避免很多男生在過早的時候就認定學校不適合他。[13]早一點開始並不見得一定好，事實上，長期來看是更不好。

教育的步伐在加快，但是男孩的大腦並沒有比三十年前長得更快。這是使男生對學校產生疏離感的第一個因素的一部分。但是學校在其他方面也改變了。要了解其他的改變如何在不同層次上影響男生和女生，你需要了解女生在學校取得好表現的動機上，常常與男生不同。

小女孩是什麼做的？

第一個要回答的問題是：為什麼早期小學基礎課程的加速，對男生的影響與對女生的不同。我們已經看到，第一個理由是：男、女生在大腦不同區域成熟的順序和時間不同。因此，大部分的五歲女孩已經可以適應二十一世紀幼兒園「嚴厲的學業要求」時，男生還做不到。即使對這些女孩來說，我也不認為現在幼兒園這種加速的課程對她們有什麼好處——我認為它會窄化女生教育的視野，一如我在我的書《棉花糖女孩》裡提到的那樣，但是還不致使她們對學校產生疏離感，令她們不喜歡上學。許多五歲女孩可以做幼兒園老師要她做的事，她們可以安靜地坐著，可以幾分鐘不說話，不去打斷別人或動來動去、爬上爬下。她們比較可以控制手部小肌肉的運動，而這是寫出一個清晰、可辨識字母的要件。

第二個理由直接和動機這個問題有關，目前教育心理上最大的盲點就是女生與男生在取悅老師的欲望上有顯著不同：大部分的女生希望取悅老師，大部分男生沒有這個動機。

在我們介紹有關這方面的研究之前，讓我先和你分享一個中學老師告訴我的故事。那是開學的第一天，她到教室中歡迎她的學生：「早安，各位同學，我是傑克遜小姐，我想要歡迎你們進入八年級，我是你們的導師。」她轉過身在黑板上寫下要他們注意的班規。

這時，一個男生姜納森從桌上拿起一疊教科書，把書摔到地板上，發出巨大的響聲，有些男生發出咯咯笑。

傑克遜小姐嚇一跳，轉過身來，她看到姜納森桌子旁邊散了一地的書。

「啊，傑克遜小姐，我很抱歉，」姜納森很粗野，沒有禮貌地慢慢說：「我不曉得這些書會弄出這麼大的聲音。」

三個坐在後面的男孩笑了。傑克遜小姐不知該怎麼回答，但是坐在姜納森旁邊的艾茉莉不高興了。

「姜納森，你這個大敗類，」艾茉莉說：「你難道不能等個一、兩天才讓我們知道你就是個廢物嗎？」

當我聽到這個故事時，心中馬上想起最近在坦尚尼亞一個黑猩猩的研究。三個人類學家，蘭斯朵夫（Elizabeth Lonsdorf）、艾伯利（Lynn Eberly）和普西（Anne

Pusey）花了四年的工夫，在坦尚尼亞的森林中觀察黑猩猩在牠們自然生態的環境中是怎麼生活的。這些黑猩猩有牠們自己做事的特別規矩，例如，牠們喜歡把白蟻「釣」出來吃。成年黑猩猩先折一根樹枝，修到牠所要的長度，把葉子都拔掉，將樹枝伸進白蟻的窩中，等一、兩分鐘，然後小心地把樹枝抽出來，享受白蟻點心。

蘭斯朵夫、艾伯利和普西三人觀察到做這件事的性別差異。不論雌雄，年輕的黑猩猩都從年長的黑猩猩身上學習這項技術，但是年幼的母黑猩猩就會注意觀察大黑猩猩（通常是牠的母親）如何做，然後，牠會照著做一遍：她會折一根樹枝，修到理想的長度，把葉子拔掉，小心伸進白蟻窩等等。然而年幼的公黑猩猩就不理大黑猩猩的教學，牠們跑去玩，跟別的黑猩猩打架，或是在樹上盪鞦韆。結果就是：年幼的母猩猩比年幼的公猩猩早了兩年學會用樹枝把白螞蟻釣出來吃。[14]這群研究者現在在將這些公猩猩和母猩猩的性別差異記錄下來，並分類整理做成目錄，例如公猩猩比母猩猩喜歡亂走，會跑在牠媽媽的前面，而母猩猩則是緊緊地跟著媽媽。[15]

靈長類的性別差異是天生大腦設定的嗎？還是後天從社會線索上學來的？我們剛剛看到的性別差異，是來自基因對男生和女生大腦設定的不同嗎？我到現在還是會碰到有人堅持男、女生行為的不同來自社會對他們的期待不同，與大腦設定無關。我們認為男生應該吵鬧、隨便亂丟東西，而女生應該像個小淑女。

我認為我們應該研究我們的近親，如黑猩猩、大猩猩、紅毛猿及巴諾布猿（Bonobo）的一個原因是，它給出一個比較完整的情境來研究這個問題。假如性別差異是社會建構的關係——假設女孩子比男孩子文雅，是因為父母教她去玩洋娃娃，而男孩子被鼓勵去玩槍——那麼我們不應該會看到年幼的母黑猩猩行為與年幼的公黑猩猩有什麼差別。但是我們看到年幼的母黑猩猩與年幼的公黑猩猩在學習和玩耍上有巨大的差異，雖然這些母黑猩猩從來不曾玩過芭比娃娃，而年幼的公黑猩猩則從來不曾玩過槍。

做為一個人類的男性，我和雄性黑猩猩共享的基因大於我和人類的女性。最近比較人類與黑猩猩基因組的研究發現，我跟公黑猩猩有百分之九九・四的基因相同，比我與人類女性共享的基因還稍微多一點。[16]這並不表示我比較像公黑猩猩，而比較不像人類女性。但是在某些層面，例如我看、聽和聞的方式，與公黑猩猩的相似處便大於人類女性，[17]而這些共同點對了解性別差異很重要。

年幼的公猴像年幼的公大猩猩、像年幼的男孩，比同類動物的雌性更喜歡玩有攻擊性的摔角、追打遊戲。[18]同樣地，年幼靈長類的雌性比較喜歡照顧幼小的兄弟姊妹，[19]這在人類身上也是一樣，女生比她的兄弟較會照顧更年幼的嬰兒。[20]

女孩比較喜歡跟大人在一起，她們比較會採取大人的價值觀和生活的目標。另一方面，男生比較不認同大人的目標和價值觀，比較會從事違法犯紀的行為，例如打壞別人的信箱、在街上打鬧。問他為什麼弄壞別人的信箱，他的回答通常是「不為什麼，只是好玩。」他敢去做不法的事有助於提升他在其他男孩心目中的地位。但一個女孩如果為了好玩而把別人的信箱弄壞，不僅不會提升她在其他女孩心目中的地位，反而會使別人認為她太狂野，得離她遠一點。女生比較聽大人的話，做大人叫她做的事，尤其是旁邊沒有男生的時候（假如旁邊有男生在，女孩會變得比較不聽話，故意頂嘴等，或許女生知道對大人不禮貌，會提升她在男生眼中的地位。[21]）

女孩比較能從大人的觀點來看事情。一個研究發現，二十樁學生密謀要帶槍枝來學校殺人、但事機不密沒有真造成任何傷亡的事件中，有十八件是女生通知校方或告訴大人，阻止了流血的發生。所有預謀帶槍枝到學校殺人的都是男生，「男生覺得假如告訴別人，這就是告密，而女生會把她心中的憂慮跟大人說而不覺得自己是在告密。」這個研究的作者麥可基（James McGee）說。男生只在意自己對其他男生的忠誠，女生比較會從父母的角度來衡量事情的輕重。[22]

其中有些差異會在長大後消失，有些則否。女生比較會遵照醫囑，每天按時吃藥；男生比較不會按時吃藥，他們生病了也不肯看醫生。[23]大部分女生在迷路時會願意停下來問路；大部分男生寧可花幾個小時走冤枉路，也不肯張開嘴巴問人。[24]

為什麼大部分的靈長類，包括人類在內，年幼的女性都比年幼的男性更喜歡跟大人在一起？下面是一個可能的答案。在靈長類中，女性成年後比較會住在父母親的附近，而男性比較會搬離。「大多數的靈長類女性，終其一生住在她生長地方的附近，而男性在青春期以後就四處分散，轉而加入其他團體。」靈長類學家帕瑞拉（**Michael Pereira**）和費爾班克（**Lynn Fairbanks**）表示。[25]當然，這有例外：在毛蜘蛛猴（**muriqui**，又叫 **woolly spider monkey**）中，許多年輕的雌猴在青春期後會離開原來的團隊，而大部分的雄猴一生都留在牠自己的原生團隊不離開。但是現在這些蜘蛛猴只存在於巴西東南部靠近大西洋岸的幾個少數被孤立地區的森林裡，而巴西沿岸的森林一直消失，牠們的數量也急劇減少，最近估計，牠們的數量已少於一千隻。[26]

假如你預備未來的一生都與你母親住得很近的話，那你可能會想辦法與母親和樂相處。大部分的女孩長大後，會想辦法和她的父母親處得來。而且這種傾向不只是人類如此，大部分的雌性靈長類也是這樣。靈長類的雌性似乎有種天生的傾向，去做長輩要求牠們做的事，想去取悅牠們的長輩、適應長輩的文化。這情況也發生在人類身上，至少證據是這樣說的。小女孩比小男孩更會注意大人說的話，會遵守規則，會在乎大人怎麼想。同樣地，研究者也發現小女孩比小男孩更喜歡跟在母親身旁，做媽咪叫她做的事。[27]

你很容易看到這些性別差異與教育的關係。女孩會做家庭作業，因為老師叫她們做。男孩只有在家庭作業內容讓他有興趣時才會做，假如他覺得很無聊，或是覺得「愚蠢」，就會把它擺在一邊不理它。許多研究都一致地發現，女生比男生會去做老師指定的作業，[28]即使是表現最好的男生也比同樣表現的女生較少做家庭作業。[29]女生在每一個年齡層、每一科目上，都比男生的學校成績好。研究者發現這不是女生比較聰明，而是她們更努力。[30]大部分女生都盡量想取悅她的老師，大部分的男生則不在乎他有沒有讓老師滿意，或有沒有拿到全A，而那些想取悅老師也在乎成績的男生，則會被其他男生看不起、嘲笑。[31]男生不在乎老師怎麼看他的作業而女生在乎，這個差異得出一個弔詭的現象：在每個年齡層，女生的功課都比男生好，但是對自己的表現滿意度卻比男生差。[32]賓州大學的研究者指出，女生比男生對自我有更高的紀律和控制要求，是女生在二十一世紀教育加速情境中生存得比男生好，並且可以普遍成長最主要的原因，或許這驅力便是來自她們比較希望取悅老師。[33]

早期小學基礎教育的加速課程，以及它強調字母和字音之間的關係（phonics）及閱讀技巧的反覆練習，可能製造出教育上的性別危機。但不幸的是，這個課程加速並不是過去三十年教育的唯一主要改變。教育在另外兩個地方也有顯著的改變，於是更加擴大了性別差異。

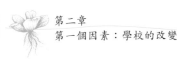

好和壞的知識之樹

在英文裡，動詞 to know 有兩個非常不同的意思，反映出兩種不同的知識。請看下面這兩個句字：

I know Sarah.

I know pediatrics.

說英文的人在這兩個句子裡都用 know，所以可能不完全知道這兩個意義的不同。我對我女兒莎拉的知識跟我對小兒科的知識是完全不同的，雖然莎拉是個小女孩，生病時應該看小兒科。我對莎拉的知識是經驗的知識，我知道莎拉喜歡在沙灘上跳海浪，但不喜歡雲霄飛車；我知道她喜歡花椰菜和甜菜，但不喜歡蜜桃派。

在希伯萊文的《聖經》中，know 這個字主要是指經驗的學習，當我讀到「Cain knew his wife」，這表示他和她有肉體上的關係，他們有性交。在英文裡，我們讀到「the tree of knowledge of good and evil」，但是希伯萊文的翻譯是「the tree of the experience of good and evil」，亞當與夏娃被禁止去吃那棵樹的果實時，他們是被禁止

英文	德文	西班牙文
I know Sarah	Ich kenne Sarah	Canozco a Sara
I know chemistry	Ich weiss um Chimie	Sé química

有邪惡的經驗。

大部分的歐洲語言都使用兩個不同的字來代表這兩種不同的知識。在法文裡，認得一個人的 to know 是 *connaître*，在學校裡，知道某一主題的 know 是 savoir。在西班牙文中，認識一個人是 *conocer*，書本學習的 know 是 *saber*。在德文中，認識一個人或一個地方是 *Kenntnis*，從 *kennen* 而來，*kennen* 是「由經驗得知」；從書本得來的知識是 *Wissenschaft*，從 *wissen* 這個字而來，*wissen* 是「to know about something」。

在整個歐洲的教學中，大家有個共識，即 *Wissenschaft* 和 *Kenntnis* 都很重要，兩種知道東西的方法應該要平衡。

七年前，我們夫妻跟隨瑞士三年級的一班學生來到蘇黎世山上的森林做戶外教學。老師把小朋友分成兩人一組，每組的一個小朋友把另一個的眼睛蒙起來，把他帶到離樹十步遠的地方，然後要他用手去感覺這棵樹，從根往上摸，同時去聞樹的味道（有些小朋友甚至舔了這棵樹）。然後這孩子被轉了幾圈，帶到離這棵樹十步遠的地方，把眼罩拿下來，問他：「你剛剛摸的是哪一棵樹？」老師告訴我：「Ohne Augen zu sehen.」也就是「不用你的眼睛去看。」（to see without your eye.）

對今天的美國孩子來說，這種經驗非常少。美國孩子偶爾有戶外教學，但幾乎全部是教誨上的，學生學習橡樹葉與桐樹葉的不同，它是課本上的知識，是 ***Wissenschaft***。美國的教育比以前更注重死的知識，它一直缺乏對 ***Kenntnis*** 的尊敬與了解。我很難再更強調歐洲人是如何看重 ***Kenntnis*** 的。當我看到孩子在摸、聞樹的時候，我笑了，老師對我皺眉頭，堅持也把我的眼睛蒙起來，把我帶到樹旁，要我摸它、聞它，然後把我帶到十步之外，要我轉幾圈，才取下我的眼罩問：「你的樹在哪裡？」我四處看一看，立刻從幾十棵樹中找到「我的」樹。那是一種從來沒有過的、極快樂、興奮的感覺。

現在已有超過六十年的研究告訴我們，與外面真實世界的互動對孩子的發展有多重要。這個研究開始於精神科醫生史匹茲（René Spitz）對二次大戰後，在醫院長大的棄兒其情緒和認知發展都停頓或遲緩的現象感到不解；深入研究後他發現，一切都消毒過、冷漠、隔離的醫院環境，對孩子的成長不合適。孩子需要豐富、互動的感官環境，觸摸、聞、看、聽到真實的世界，才能讓他大腦和心智健全的發展。[34] 缺乏這種真實世界的經驗，孩子的發展會受損。

孩子需要親身經驗真實的世界。一直到十年前，發展心理學家才發現這種過度強調 ***Wissenschaft***、為了它而犧牲 ***Kenntnis*** 的課程，會製造出與被忽略兒童一樣的症候群。《森林中最後的孩子》（*Last Child in the Woods*）作者羅浮（Richard Louv）創造出一個名詞：「大自然缺失症」（nature-deficit disorder），來描述一個被關在室內的孩子的各種徵狀。[35]你在現在美國高中生身上會很容易看到，他能夠對你侃侃而談環境的重要性、碳或氮的週期等等，卻從來沒有在戶外過夜的經驗。他們有很多的 ***Wissenschaft***，但是沒有一點 ***Kenntnis***。

對男孩一直強調 *Wissenschaft* 而忽略 *Kenntnis* 尤其會損害發展——不是認知上的，而是對事情有生動、熱情之好奇心的發展。「大自然是關於聞、聽、嚐的。」羅浮提醒我們。[36]一個孩子如果花更多的時間在電腦螢幕前而不是在戶外，就是羅浮所謂的「文化自閉症」（cultural autism）。他對此做了以下定義：「這個症狀是什麼呢？隧道感官感覺（tunneled senses）：感到被孤立、牽制、阻遏，以及被設定的、無所不知的心態，就是假如不能被 Google 就不算。」[37]

那些被剝奪戶外時間的男孩，當他與真實世界而非電腦互動時，有時會出現抓不到概念或問題重心的困擾。羅浮引用史丹佛大學神經學教授威爾森（Frank Wilson）的話，說美國的父母親被騙了，他們被告知電腦為主的經驗對孩子會有多好、多有價值。他說醫學院的教授發現，教現在的醫學院學生心臟像個幫浦般運作有多困難：

因為學生與外在真實世界的互動少得可憐，他們從來沒有虹吸過任何東西，沒有修理過車、加過油，甚至從來沒有接過花園的水管到水龍頭上。這整個世代的孩子，他們在後院、在工具棚、在田野、在森林中這種直接互動的經驗，已經被透過電腦間接的學習取代了。這些年輕人很聰明，他們跟電腦一起長大，他們本來應該更好、更強、更優秀的——但是現在我們知道失掉了某些東西。[38]

Kenntis 和 ***Wissenschaft*** 是兩種根本上很不同的知識。兩種都很重要。想像我的小女兒莎拉在哭，再想像一位世界級的嬰兒和幼兒發展專家——比如說布拉則頓（T. Berry Brazelton）醫生——正好走進她的房間。假如我把莎拉抱給布拉則頓醫生，你覺得他能多快使莎拉安靜下來？可能不會太快，因為他不知道莎拉喜歡左右搖而不喜歡上下彈跳；假如他沒有一些 ***Kenntnis*** 幫助他的 ***Wissenschaft***，他所有關於兒童發展的知識便完全無用武之地。這個原則在真實世界中隨時能獲得印證。我發現書本的學習的確很重要，但是如果沒有 ***Kenntnis***，你走不了多遠，至少在當醫生和做心理師上是如此。

羅浮提供了我一個研究的摘要，這個研究發現，當孩子早期的經驗有嚴重的不平衡時——當大自然被電腦螢幕和精巧的室內玩具所取代時——它的後果是注意力缺失症的機率升高。例如羅浮利用一個瑞典的研究，比較兩間托兒所的設備：一間托兒所四周都是高樓，走道是磚造的；另一個坐落在果園中，四周都是樹木，旁邊有個植栽很茂盛的花園，在這裡，孩子可以到戶外玩耍，不論氣候怎樣，老師都鼓勵他們出去玩。研究者發現「在有植栽的托兒所，孩子的運動協調能力比較好，也比較能專心。」[39]同樣地，伊利諾大學（University of Illinois）的研究者發現，把孩子放在戶外的環境，讓他們有機會玩泥巴，摸到、感覺到和聞到真的東西，可以幫助治療注意力缺失過動症。這個效果比精密的電腦模擬有效得多。[40]諷刺的是，戶外治療法比電腦程式便宜多了。

在注意力缺失過動症上，確診的男生是女生的三倍，而最近三十年來，被診斷為注意力缺失過動症的男生和女生比過去增加很多。[41]從 *Wissenschaft* 轉換到 *Kenntnis*，可能可以幫助治療注意力缺失過動症的孩子。

從動手做中得到心理健康的好處並不是一個新想法，就如羅浮所說的，簽署〈獨立宣言〉的拉許（Benjamin Rush）在兩百年前就說過：「挖泥土對精神心理疾病有治療的效果。」[42]

我們都忘記了我們祖先所知道的事：所有的孩子都需要 ***Wissenschaft*** 和 ***Kenntnis*** 的平衡。這是坐和站的平衡，教室功課和田野教學的平衡。這對男生和女生都一樣重要，但如果女孩被剝奪了這個平衡，如果女孩被我們今天的課程表所綁住，只有 ***Wissenschaft*** 沒有 ***Kenntnis***，她們還是會做家庭作業，因為我們前面說過，女孩認為取悅老師本身就是一個夠分量的回饋。但是大多數的男生不這樣認為，假如剝奪了男生 ***Wissenschaft*** 和 ***Kenntnis*** 的平衡，他們會對學校感到疏離。倘若你要學生去念蝌蚪變成青蛙的故事，假如這個男孩從來沒有摸過青蛙，從來沒有光腳在河流中跳著追蝌蚪，他可能就看不到文章的重點。課程從 ***Kenntnis*** 轉移到 ***Wissenschaft*** 有個讓人預料不到的後遺症，它使男生閱讀指定作業的動機消失了。

這種改變怎麼可能發生？一個聰明有智慧、受過良好教育的人怎麼會寫出這種課程表，把學生推到這種不健康的不平衡上？

答案很簡單：電腦。

孩子與一部可設定的電腦有何不同？

想像一具很好的機器人，金錢所能買到最好的那一種，有著最好的大腦和眼睛、耳朵。這具機器人與人會有什麼差別？

或是說，會不會有一天（可能是不久的將來），我們能製造出可以模擬人的行為，甚至模擬人的感覺與情緒的機器人？

娛樂工業提供了很多這樣的電影，如《機械姬》（*Ex Machina*）、《成人世界》（*Chappie*）與《變人》（*Bicentennial Man*），裡面的機器人和真人是分不出來的（當然都是由真人演員扮演的）。

這是時間早晚的問題而已，總有一天，現實會追上科幻，對嗎？可能不對。如中東的和平希望，又如自我維持的核融合反應器，從一再保證就要在我們的掌握之下，到現在越追越遠，即將消失在地平線上了。今天，一部完全機械化的機具要能真的感受到人的情緒，不只是模擬這種經驗而已，它與我們的距離似乎比三十年前還遠了很多。

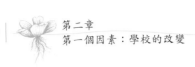

我在一九八〇年進入賓州大學心理所的博士班，從一九七〇年代末期到一九九〇年代末期這二十年，是認知心理學最受重視的時候。認知心理學是心理學的一支，它專注在人如何處理訊息，[43]而賓州大學正是認知心理學派的天堂。在這二十年間，認知心理學家很樂觀，認為他們的研究方法最能夠了解人的學習、發展和行為。

在那期間，認知心理學家堅持我們所做的每一件事都能用計算歷程來表徵，所以，在理論上可以被轉換成計算的設備或工具，也就是電腦。人只不過是複雜的電腦而已，心智則是電腦程式，它是靠神經元組成的電腦在計算而非微晶片。

這種把人腦想成電腦、把人類學習想成電腦學習的看法深深影響了教育者。假如人是精密的電腦，學習就等於電腦程式，老師就是電腦程式設計師。假如我們給老師一套正確的標準指示，那麼只要按一下開關，小孩子就會學習了，一種有效率、不可能出錯的學習。在一九九〇年代，教育界廣泛地採用「直接教學法」（Direct Instruction）的電腦程式，老師只要照腳本念就行了，學生自己會去回答問題。只要腳本正確，老師可以依照指示執行命令，那麼好的學習結果便指日可待。

完全不可能出錯。

保證不失敗。

只要學生和電腦一樣就行了。

但他們不是。

結果發現認知心理學把人想得太簡單了。這裡不是批評一九八〇與九〇年代認知心理學的缺失，只是要指出它最大的缺點是沒能抓住動機和情緒的重要性。

在你的網路搜尋引擎上鍵入一個網址，再按一下輸入鍵，只要你的電腦功能正常，它不會回嘴，只會做你要它做的事。你的電腦不會說：「我現在不想做。」或是

「幹麼去那裡？」或是「我們去外面玩一下如何？」

電腦不需要動機就能做你要它做的事。

但是孩子需要動機。

一九九〇年代，認知主義者巨大的錯誤，以及它所激發的教育策略——許多我們現在仍在延用——忽略了一個重要的問題：什麼使孩子有動機去學習？

當你要孩子去做一件他沒有興趣的事情，有個現象會發生：他不注意聽、不專心了。一九七九年時，研究者估計只有百分之一．二的美國孩子——一千人中只有十二個，有現在我們叫做注意力缺失過動症毛病的人，那個時候是叫做「童年過動能反應」（hyperkinetic reaction of childhood），[44]而根據最近美國疾病控制和預防中心（Centers for Disease Control and Prevention, DCCP）的數據，每一千個孩子中，已有一百一十個被診斷為注意力缺失過動症，這是幾乎增加了十倍，從一千人中有十二個到一千人中有一百一十個。[45]

我們會在第四章看到，今天許多被診斷為注意力缺失／注意力缺失過動症的孩子，其實是被誤診了：他們的確上課沒有注意聽，但不是因為注意力缺失過動症的關係，而是對課堂所教沒有興趣、缺乏動機。這不是注意力缺失過動症，這些男孩不需要藥物。他們首先需要的是一個符合他們發展的課程表，第二是一個懂得如何教男生的老師。我們在第四章會再回到這些要點。

你叫孩子做他沒有興趣的事時，第一件會發生的事便是不高興了。他們板個臭臉，退縮進入「我恨學校，學校最笨了」模式。只要跟學校有關的東西都是笨的、愚蠢的：閱讀很愚蠢，做家庭作業很愚蠢，喜歡學習、對學習有興趣很愚蠢。

電腦不需要在乎青蛙，它也不需要喜歡青蛙才能學得何謂青蛙；但是孩子需要，假如孩子沒有學習的動機，他們就不再注意你在說什麼。對男生來說尤其如此，我們前面講過原因了。電腦完全是 ***Wissenschaft***，它們不需要 ***Kenntnis***。但是真正的孩子需要——尤其是男生。過去三十年對 ***Kenntnis*** 的不重視，是以下這個問題很重要答案的一部分：「這麼多學生對學校感到疏離、沒有興趣，背後的原因是什麼？」

好消息：男孩危機是假的！

二〇〇六年，一個自稱「教育區塊」（Education Sector）的非營利組織發表了一篇新聞稿，根據這份刊登在《華盛頓郵報》（*Washington Post*）頭版的文章：「廣為流傳、有關男生危機的報告，其實是言過其實，太聳動了。男生在學校裡有很多地方其實表現得比過去更好。過去對男生的悲觀來自不當的研究、馬虎的分析，以及對於下面這個事實的不舒服感所得出的反應。這個事實就是：一般男生表現得比過去還好，但是一般女生表現得比男生更好。」[46]《紐約時報》的專欄作家華納（**Judith Warner**）寫了篇專文，題目是「什麼男孩危機？」（**What Boy Crisis?**），說研究顯示「男孩危機」是空穴來風、捕風捉影的迷思，男孩在學校測驗的幾個項目上表現得比過去都好，唯一可能的例外是低收入家庭的非裔和墨西哥裔男孩。[47]七年後，華納在她《時代雜誌》（*Time magazine*）的專欄中重複呼籲，「美國真正的危機是在『階級』（**class**），是收入和教育程度的階級，而不是性別。」[48]《時代雜誌》同時刊載了封面故事「男孩神話」（**The Myth About Boys**），裡面說「在社交上和學業上，現在的男孩比過去任何時候都表現得更好。」[49]

這是真的嗎？男孩危機真的只是神話嗎？社會階級真的比性別更重要嗎？

那要看情況。尤其要看你選擇測量的是哪方面的成就。假如你聚焦在高中的畢業率上，那麼社會階級的確比性別更重要。在低收入的社區，畢業率並不好，男生的中輟率明顯要比女生高。[50]在富裕的社區，幾乎所有的孩子都會讀到高中畢業，不論男生或女生。假如高中畢業率是你唯一測量的項目，那麼很容易得出性別只在低收入社區有關的結論。

但是假如你更深入一點去探討，性別的差距在任何一個社區都清楚可見，包括富裕的白人社區。例如白人父母皆為大學教育程度的十二年級孩子之間，性別差距已非常驚人：父母皆為大學教育程度的十二年級男孩裡，有四分之一無法熟練地完成基本程度的閱讀，相較之下女孩只有十六分之一。[51]

國家教育進步評鑑（National Assessment of Educational Progress, NAEP）是一九六九年設立的聯邦專案，目的是測量全美五十州的學業成就。美國教育部把NAEP稱為「我們國家的成績單」（Our Nation's Report Card），因為它是唯一全國性對四、八和十二年級的孩子，不論背景的成就評鑑。這個結果可以依種族、性別、是否吃免費的學校午餐來看。如果你來自低收入家庭，那你就符合免費午餐的資格，假如你的家庭比較富裕，那你就不符資格。這個測驗涵蓋許多領域，因為本書的目的，我們就只挑最近的書寫測驗成績來檢視。

先看十二年級符合免費午餐資格的白人女孩，和十二年級不符合免費午餐資格的白人女孩兩者的比較。不符合免費午餐資格的白人女孩，平均成績是一百六十八分，符合免費午餐資格的白人女孩平均分數則是一百五十三分，兩者相差十五分，相當於一個半年級差（譯註：一個是十二年級，另一個相當於十年級半）；[52]這是很大的差別。

為什麼有免費午餐資格的白人女孩表現比較差呢？那些不符合免費午餐資格的女

孩家境比較富裕（這是是否免費的定義），她們比較可能有大學教育程度的父母，家裡比較可能有書報雜誌，也比較可能是雙親家庭，所以課業上碰到問題時，比較可能有一個家長能夠幫忙，諸如此類（我的母親是單親媽媽，她幾乎從來無法幫助我和我弟弟做家庭作業，因為她必須去上班）。同樣的 **NAEP** 分數差別也出現在其他種族和民族（譯註：**race** 和 **ethnic** 中文都是種族，但是 **race** 是以外表來分，如黃種人、白種人；**ethnic** 是以文化認同來分，如漢人、客家人）上：

不符合免費午餐資格的非裔美國女孩：一四七分
符合免費午餐資格的非裔美國女孩：一三一分
一四七比一三一：相差十六分
不符合免費午餐資格的拉丁裔美國女孩：一四九分
符合免費午餐資格的拉丁裔美國女孩：一三四分
一四九比一三四：相差十五分

這是個很強的發現。不管種族，假如你來自低收入家庭，你的寫作分數就比同樣種族但出身比較富裕家庭的孩子少了十五到十七分。

現在讓我們回到不符合免費午餐資格的白人女孩，把她的分數與不符合免費午餐資格的白人男孩來做比較：

不符合免費午餐資格的白人**女孩**：一六八分

不符合免費午餐資格的白人**男孩**：一五三分

一六八比一五三：相差十五分

這個區分不符合免費午餐資格的白人女孩和男孩的分數，正好與低收入白人女孩和較富有白人女孩相差的分數相同，都是十五分。但是當我們比較不符合免費午餐資格的白人女孩，和不符合免費午餐資格的白人男孩時，我們其實是在比較同一家庭的兄弟姊妹；或是說，人口普查中同一地理環境、年紀、社會階級、宗教信仰等類別的這群人。

我在全美的座談會上碰到的就是這個問題。

在一次家長座談會之後，有對夫妻來找我，告訴我他們的女兒讀書很用功，成績很好，也很在乎成績，可是他們的兒子正好相反，只在乎能不能升級到電玩的下一關而完全不在乎他的西班牙文成績是A還是B。同一個家庭、同一對父母，同樣的資源，這對姊弟的學業成就卻是天差地別。

我們也在非裔美國人和西班牙裔美國人身上看到這個差別：

不符合免費午餐資格的非裔美國**女孩**：一四七分
不符合免費午餐資格的非裔美國**男孩**：一三三分
一四七比一三三：相差十四分
不符合免費午餐資格的拉丁**女孩**：一四九分
不符合免費午餐資格的拉丁**男孩**：一三六分
一四九比一三六：相差十三分

從全國來看，有三種人口在美國教育上吃虧：

- **種族**：身為非裔或西班牙裔美國人，比起白人或亞洲人，NAEP 的分數會差到二十分。
- **低收入家庭**：符合學校免費午餐資格者，NAEP 分數會差到十五分。
- **性別**：如果是男生，NAEP 分數比女生差十五分。

在美國，我們盡量以資源和研究來改善及補救種族與低收入造成的差異。作為一個非裔美國人或西班牙裔美國人不應該總在教室中處於劣勢，來自低收入家庭也不應該是教室中的劣勢族群。我們應該找出為什麼種族和低收入會造成孩子學習方面的障礙，替有色人種學生和低收入家庭學生尋求提升他們成功致富機會的方法。

但是政府卻沒有像了解低收入家庭孩子的表現那樣，花同樣的資源和努力去了解為什麼男生在教室中的表現就是不如女生，我覺得這很不公平。

不要期待聯邦政府或任何其他研究機構去啟動嚴肅的專案來了解為什麼男生的表現不及女生，不論他是什麼種族、社會階級。你和我只好自己來承擔這個責任。

我知道動機是了解性別學術成就的一個關鍵。如今有越來越多的證據顯示，現在小學所進行密集的閱讀能力增強訓練，可能會導致許多學生不專心，尤其是男生。神經學家威利斯（Judy Willis）觀察到，學習閱讀應該是讓學生不僅學習閱讀的機制，同時也要發展出閱讀的熱情。她覺得一直密集地訓練音素法（phonic），可能會對年幼的讀者不利。[53]

為了要使孩子了解許多議題，他們必須廣泛地閱讀。他們需要在休閒時間閱讀，讀他們喜歡的書。

過去的男孩可以讀他們喜歡的書。國家藝術基金會（National Endowment for the

Arts）的前任主任鮑爾連（Mark Bauerlein）和他的同事史托斯基（Sandra Stotsky）寫過一篇重要的文章，是關於青少年在他們休閒時間都做些什麼。這個基金會自一九八〇年起到二〇〇四年，持續調查全美的青少年，不論富裕、貧窮、都市、鄉村、白人、黑人、亞洲人和西班牙裔的孩子二十五年，結果發現女生比較會在休閒時間閱讀，因為閱讀很有趣，男生則比較不會。這個差距在一九八〇年到二〇〇四年間越來越大，現在大到成為性別的標記：「女生閱讀，男生不讀」。[54]

這個性別的差距並不是女生讀得多。事實上，今天的女生比起一九八〇年的女生，在休閒時讀得少一點，但是十個男生中，有九個已經完全不讀了。為什麼呢？

一個原因是過去三十年教育的改變，使男生對教育產生負面的態度。今天的男生讀得比較少是因為他們不想閱讀（they don't want to read），而這個動機的改變，至少有一部分是來自過去三十年忽略性別差異（gender-blind）的教育改變。

目前為止，我已指認出教育在過去三十年中所做的兩種改變，使得男生對學校的疏離感比女生更甚：

一、早期基礎課程的加速

二、從 *Kenntnis* 移轉到 *Wissenschaft*

我們現在來看看另一個重要的改變。

假如你是小豬，你會有什麼感覺？——對男生不友善的問題

你的兒子今年十二歲，他的成績單慘不忍睹，數學A，社會科和西班牙文C，閱讀和英文都是D。「你絕對可以表現得比這個好，」你對兒子說：「你的英文老師告訴我，你有一半的家庭作業沒有交；難道我必須一直監督你，確定你每天晚上都有做家庭作業嗎？」

「我不要做家庭作業，那些作業很愚蠢。」你兒子布萊特回答道。

「有什麼愚蠢？」你問。

「它從頭到尾都愚蠢。」布萊特說。

「你是什麼意思？舉個例子來聽聽！」

他聳聳肩，「你要看嗎？」他問道。

「當然。」你說。

布萊特在他的背包中亂翻一陣，拿出一張皺成一團的紙來。在把紙頭弄開以後，你讀到：

在《蒼蠅王》（*Lord of Flies*）中，一群男孩子發現他們被困在一座熱帶島嶼上，有個男孩綽號叫「小豬」（Piggy），因為他很胖，成了其他男孩霸凌的犧牲者。請用

第一人稱的方式寫篇短文，以小豬的口氣描述你對別的男孩找你麻煩、欺負你的感覺。記得：

- 要包括很多細節
- 描述書中的情境
- 寫出某些特定男孩的名字

「看懂我的意思了嗎？」布萊特以勝利的聲調說：「它從頭到尾都很無聊。」

「什麼地方無聊？」你問。

「用小豬的口氣寫短文，」布萊特重複家庭作業的題目：「那真是蠢斃了！」

「為什麼蠢斃了？」你再問。

「我不是小豬，我不是那個沒用的廢物，他可能連挖鼻孔都挖不好，假如我在那個島上，我會往他的臉揍下去！」

這個家庭作業的主題是「假如你是小豬，你會有什麼感覺？」當我與出這份家庭作業的老師談到這個問題時，她解釋道她要教孩子同理心。雖然我很尊敬老師，但我說這作業並不能教這個男孩（布萊特）任何有關同理心的事；相反地，這份作業更確定了他覺得家庭作業是女生的事，不適合男生。在這男孩的觀念裡，沒有任何有自尊的男生會去做這種家庭作業。

在哈佛大學醫學院（Harvard Medical School），尤季倫－陶德（Deborah Yurgelun-Todd）和她的同事發現：青少女大腦處理負面情緒的地方，與語言區域緊密地聯結在一起；相反地，同樣年齡的男生處理負面情緒的地方主要在杏仁核，相較於其他區域，它與語言區域的神經連接並沒有更密切。[55] 國中和高中女生可以很輕鬆地回答：「假如你是某某某，你會覺得怎麼樣？」這類問題，因為女生大腦處理感覺的地方，正好與處理語言的地方有緊密的連接。男生就不同了，像布萊特那樣的男生是不容易回答：「假如你是某某某，你會覺得怎麼樣？」這類問題，他可能會寫他認為老師想要聽的答案，但那是做苦工。對男生來講，比較好的題目應該是「假如發生某某狀況，你會怎麼做？」這問題看起來好像很類似，但事實上，它是不同的問題。對男生來說是比較友善的問題——至少對大多數的男生來說是如此。

學校對男生不友善

我讀的是俄亥俄州克里夫蘭市旁邊薛克高地（Shaker Heights）的公立學校，從幼兒園一直讀到高中畢業。冬天的時候，我就讀的洛莽小學（Lomond Elementary）會讓我們穿上冬衣去外面玩耍，多半是丟雪球，老師們也會出來跟我們一起玩，學生跟老師互丟。我記得一個老師的名字，他丟得超準，每次都擲中你兩眼的中間。

這是我對小學最好的回憶，但現在這種事再也見不到了。整個北美洲大部分的學校禁止學生在學校裡丟雪球，「雪就應該待在雪地上。」[56]假如有兩個學生在學校擲雪球，老師或校長會對他們大叫：「你們在幹什麼？不准在學校裡丟雪球，假如你們要丟雪球，回家去丟或找別的地方去丟！」孩子接收到的訊息很清楚：學校不是你該來的地方，去別處吧！

我了解為什麼今天的學校不允許孩子丟雪球：他們擔心被告。但是應該有一些方法來繞過或避開學校的責任（譯註：台灣也是一樣，現在很多學校不辦戶外教學，因為只要有人受傷，家長就告學校），而不犧牲學生在校內丟雪球的樂趣。我第一次看到這個兩全其美的策略是在安大略省（Ontario）的奧羅拉市（Aurora），即多倫多市以北的聖安德魯男校（St. Andrew's）。這間學校有個規定：假如你要丟雪球，就去足球場丟。足球場仍屬於學校，但它不在去任何地方的路徑上，這樣不想被雪球打到的人就不會被打雪仗的人誤擊，而足球場的界線很清楚。學校的職員告訴我，他們從來沒有接到任何抱怨，或對學校這個政策的任何質疑。

我把這個叫做界內（in-bounds）和界外（out-of-bounds）原則，在學校的範圍內，畫出一個地方使學生可以合法地丟擲雪球。假如你在這個學校規定的地方丟雪球，你是在界內，但是在其他地方丟，學校不管，那是界外。當我協助美國的學校發展這個政策時，很多學校的行政人員堅持要家長簽免責書（waivers），免除學校在任何受傷意外中的責任。我不反對這點，因為學校得保護自己，但是不要禁止學生丟雪球，只要限制他們在一個安全的範圍內即可。在界線內，不要在界線外丟。

這個原則可以適用在很多地方，不是只有丟雪球而已。我去過一間學校，它的十年級英文老師請學生自己訂題目寫個故事，一個名叫賈可布（Jacob）的男生選擇了一九四二年史達林格勒的戰役，從一個俄國士兵的角度來寫；他很仔細地研究了這場戰役，把細節都弄對。在他的故事中，這名俄國士兵在巡邏時遭德國士兵突襲，他近距離朝對方的臉開槍，接著描寫這名俄國士兵如何用來福槍對著另一名士兵的臉；當他的頭爆開時，一片下巴骨飛到這裡、另一片頭蓋骨飛到那裡，一個眼球滾到別的地方去了。

賈可布被學校處罰停學，不准來上課。學校的輔導員找他的父母來校，告訴他們除非一個有執照的心理醫生開評估診斷書，告訴學校和學區賈可布對自己或他人沒有危險了，否則賈可布不可以來上學。

當賈可布的父母告訴我這個故事時，它撥動了我一根心弦，因為在一九七七年，我在薛克高地高中念高三時，也曾寫過一篇類似的作文，最後也是以殘忍的死亡作結束。我的英文老師提名我和其他三個人去參加「英文教學國家委員會」（National Council of Teachers of English, NCTE）的考試。我們四個人坐在一間空教室裡，監考老師發下一本藍色筆記本，叫我們寫故事。

在我的故事裡，一個東德家庭想要逃到西德去（當我跟今天的高中生談這件事時，我得先提醒他們這是一九七七年，德國還被瓜分為東、西德的時候，東德的人不可以到西德去。許多美國青少年不知道有過東、西德的歷史），當東德家庭在逃過區隔東、西德中間的無人地帶時，這個父親踩到了地雷，左腳被炸飛、右腳只剩膝蓋以上，所以他用爬的，而不是走的，因為他已經沒有腳了。我描述血從他腿上的傷口湧出，東德的衛兵聽到了爆炸聲，把探照燈對著父親並且開槍，幸好子彈擦身而過，西德的衛兵大聲給他鼓勵，可是他們不准進入無人地帶去幫忙。這個人最後爬到了安全地帶，西德的衛兵要把他送去醫院，但就在他們把他從地上拉起來時，這個人死了。

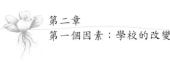

我的母親死於二〇〇八年，在她死後，我在她的文件中找到一九七七年 NCTE 頒給我的獎狀，給了我這個組織最高的創意寫作獎。我母親一直保留著這張獎狀。

男生都是寫一些斷手斷腳、不得好死的故事，在一九七七年，寫這種故事讓你贏到獎，今天，寫這種故事會被禁止上學；四十年前孩子可以在學校裡丟雪球，現在，在大部分的學校會挨老師罵。今天的男孩做男孩一向會做的事，會使這個男孩惹上麻煩，這就是我說學校對男孩不友善的原因。

暴力故事的標準是什麼？它的界線在哪裡？下面是我的回答：一般普通的暴力（generic violence）是界內。所謂一般普通是指對故事的本質而言。如果你寫的是戰爭的故事，當然會有血戰，尤其史達林格勒戰役是巷戰，是挨家挨戶搜索的血戰；假如你寫的是羅馬競技場的故事，那一定有斧頭、長劍砍來砍去，因為羅馬的勇士比武就是這個樣子，實在沒有任何證據說寫這種故事的男孩就比其他男孩更暴力。

但是個人的暴力和威脅，那就超過界線了。假如艾森（Ethan）寫了一個故事，說一個名叫艾森的男孩用刀刺了一個名叫諾亞（Noah）的男孩，而班上正好有一個學生叫諾亞，班上的艾森和諾亞又剛好合不來，那麼，這個就是個人化、有威脅越線的暴力。

什麼叫做「零容忍」（zero-tolerance）政策？當老師或校長告訴你，學校對學生寫暴力故事的政策是零容忍時，問他這個政策是否也適用在學生讀的東西上面。假如學生不准讀暴力的故事書，那麼圖書館員就必須把海明威、史坦貝克、杜思妥也夫斯基（Dostoyevsky）、托爾斯泰（Tolstoy）和其他很多人的小說下架；假如學校真的要禁止海明威和杜斯妥也夫斯基的小說，那這個學校就有很嚴重的問題。假如他們不禁止海明威和杜斯妥也夫斯基，又有什麼理由禁止學生去寫跟他們可以被允許閱讀同性質的故事？

現在沒有任何證據指出零容忍政策對減低暴力有任何實質的效益，相反地，這個政策只是增加學生被警告、被處罰的機會。57 更多的停學、更多的開除，更多的男孩就合理地下結論，相信學校不是他們該來的地方。

正確的競爭方式

我已經指出用電腦來比喻人腦如何運作，沒有辦法抓住動機的重要性。它在另一個重要的地方也不行：無法照顧到學生間巨大的個別差異。在比較玩每一種競爭性運動的布萊特，和偶爾陪他看美式足球賽的妹妹艾茉莉時，每次球賽有人輸，她都要難過個半天，因為「輸是件很痛苦的事」。他們兩個的差別就像PC和Mac電腦的差別，前者是大巫，後者是微不足道的小巫，你就知道人的個別差異有多大了。

有些孩子，不論男生或女生，喜歡競爭的環境，越競爭越有勁，哪怕他常常輸。有些孩子在競爭的環境下則會枯萎、崩潰或退縮。競爭是好還是不好？這要看你的孩子。這正是為什麼沒有所謂的「好學校」這回事。對艾茉莉好的學校，對布萊特可能是場災難；布萊特合適的學校，對艾茉莉來說，也許是最糟的選擇。

停下來想一想那些在競爭下活躍成長的男孩（不是每個男生都如此），想想過去三十年，我們學校和社會的改變對他產生怎樣的影響。以前的體育課給孩子很多機會體驗勝利的興奮和失敗的傷心，即使玩的不過是躲避球或其他踢球；但是在過去的三十年裡，許多學區禁止打躲避球了，認為躲避球會鼓勵暴力。同樣地，競爭性球賽也被剔除了，因為競爭會傷害學生的感情，使學生因球隊而分裂。或許它們會，但是你的兒子可能需要競爭的熱情做為他的動機啟動器。

一個家長最近告訴我，他兒子在讀二年級時的經驗。體育老師宣布下週五學校有比賽，每個學生都要跑學校操場四圈，他的兒子聽到後就開始鍛練，每天的下課時間和午休時，他都去跑操場。當星期五那天終於到來：「各就各位，準備，起跑！」他的兒子拚命地跑，結果在全班三十五人中名列第二。他非常高興，直到老師發給每個學生第一名的獎章。他回家後非常憤怒地哭個不停，「老師欺騙我們，」他對父母抱怨，「老師說這是一場真的比賽。我永遠不要參加比賽了！」

在高年級，不同的問題出現：空間不夠，不是所有想參加的學生都能參加。學校在過去的三十年間擴張了很多，我常去訪視兩千人以上學生的中學和四千人以上學生的高中。對有四千人以上學生的高中來說，有個問題是：只有極少數的精英可以進入校隊。在大部分都會區的學校，五個男生中至少有一個想加入美式足球隊。在一所四千人男女合校的學校中，這兩千人裡，至少有四百個男生想加入美式足球隊，但即使是很大的學校，也只有一部校車載運動代表隊（Varsity，美國是十一和十二年級，也就是高二、高三的學生參加的），另外一部校車載 **JV**（**Junior Varsity**，九和十年級的學生）隊，這表示只有三十六個學生可以加入運動代表隊、另外三十六個學生加入 **JV** 隊，其他三百多個學生只能望之興嘆，徒感生不逢時。大部分的學生可能連試都不試，因為他們知道只有最好的運動員才選得上校隊。他們不想讓自己難堪，所以選擇留在家中。

假如你的孩子是這種喜歡競爭的小孩，一打球就生氣蓬勃，但是無法選上校隊，你該怎麼辦？以目前來說，你或許可以把兒子轉到小一點的學校去，或是幫助他轉換到另一種運動。我認為比較根本的方法是改變美國人對運動的心態；我認為每一個想加入學校校隊的孩子都應該有機會加入。

我知道你在想什麼。「我孩子的高中有三千名學生，假如有兩百名學生想要加入校隊，請問教練怎麼可能讓每一個人都上場比賽？大部分的孩子只能坐在板凳上看。」這是真的，假如只有一個正牌校隊、一個副牌校隊，或許加上一個備用隊（譯

註：很多學校的校隊有一隊、二隊）的話。但是我去澳洲學校參觀時，發現可以有不同的方法來解決這個問題。在規模大的澳洲學校，他們不是只有一個校隊，或三個，他們有五個、七個甚至十個校隊；他們怎麼辦到的？很容易，他們在上課的時候練習：一個隊在第一節課時練習，另一隊在第四節課時練習，再一隊在放學後練習。從美國人的觀點來看，更不敢置信的是：他們不是每天練習。他們的練習一週不超過三天，澳洲人的共識是學校為主的運動應該提供給廣大想要運動的學生，而不是聚焦在最有天份的少數幾個人身上。在美國，運動員是每天密集的訓練，但是廣大的其他男孩則完全沒有機會參與這種有組織的運動。結果就是這些男孩回家去玩電玩遊戲。

我認得一個男孩東尼，他在生活的每一個面向都很有競爭性。他才十一歲，可是把每件事情都當成比賽，都是競爭。在夏令營時，他組織所有的男孩，看誰可以小便得最遠。像東尼這種男孩，通常面對任何挑戰都會表現得很好，只要：

- 有贏家和輸家，而且
- 結果是不確定性的：每個人都可能贏，每個人也可能輸，看誰下的工夫大。

只要符合這兩個條件，東尼就會參加；假如有一個條件不成立，他就看不出為什麼要玩。他會失去興趣、疏離，望著窗外發呆。

美特戴（Mater Dei）是離我家不遠、在馬里蘭州蒙哥馬利郡的一所私立小學，只收男生。它的校長對這一點了解得非常透澈。開學時，每個男孩都被分配到藍隊或白隊：隨機，而且是永久性的，一旦你是藍隊，永遠是藍隊。這個隨機只有一種例外：假如你的哥哥是藍隊，那你自動歸到藍隊，永遠跟你兄長在同一隊。這兩隊在學校的所有項目上相互競爭：打美式足球時，藍白對抗；考試時，藍白競爭，分數考得高的隊得分；在感恩節時，能夠捐出最多食物給窮人的隊伍得分。一學年結束時，分數最高的隊會有公開表揚，隊長的名字將列在木牌上、掛在走廊供人欽佩讚嘆。對有些人來說，可能覺得這個做法很傻，但對許多男孩來說，這提供了非常強的動機。

團隊競爭對男孩來說還有另一項好處，就是使孩子社會化。它教導孩子團隊的榮譽高於個人的榮譽，並壓抑一些孩子的自我中心感，不論你在家中多麼受寵，在團體中你與別人一樣。

我看到團隊競爭的原則，使一些本來不在乎學校的孩子對學校有了向心力。個人競爭沒辦法這麼成功，而且它幾乎一定會使許多無力競爭的人對學校產生疏離感。

為什麼是這樣？記得我們剛剛談到的第二個原則：比賽的結果必須是不確定性。

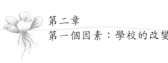

假如是學校的個人競賽，丹尼也許會認為他不可能贏，一旦他覺得自己不可能贏，就失去了參加的興趣。「你以為我會在乎這一科嗎？哈！我才不在乎，要當就讓你當，誰管你這個愚蠢的比賽。」

但是假如丹尼是大團隊中的一分子，任何事都可能發生，哪一隊都可能贏；假如班級考試是公開的，那麼丹尼的表現可能可以決定勝負。例如班級作業是讀《魔戒首部曲：魔戒現身》（***The Lord of Ring: The Fellow ship of the Ring***），考試的方式是口頭問答，分成藍隊跟白隊，丹尼必須能回答問題；所有的學生都被告知，答案必須來自書本，不能出自電影《魔戒》。

他們的老師霍夫史塔特女士說：「這次輪到藍隊開始。卡洛士，這一回合，你代表藍隊回答，請聽你的問題：在佛羅多被戒靈所傷後，那個將他帶到瑞文戴爾的精靈叫什麼名字？」

「亞文？」卡洛士猜道。

「錯！」霍夫史塔特女士說：「亞文是電影裡的角色，不是書裡的人物。丹尼，你代表白隊回答：在佛羅多受傷後，是誰把他帶到瑞文戴爾去的？」

丹尼大聲說道：「葛羅芬戴爾。」

「答對了，」霍夫史塔特女士說。白隊的隊友每個人都過去跟丹尼擊掌，因為這是六年級生一個獎勵很高、競爭激烈的考試，贏的隊伍每個團員都可以拿到一張免費的披薩和冰淇淋禮券，去學校附近的店家享用。

丹尼可能不在乎他在班上的成績或《魔戒》這本書，他甚至可能不在乎披薩和冰淇淋，但是他不願讓他的隊友失望。他不願成為答錯的人，因為他的失誤會使他的團隊失去獎品。

為什麼這種做法對女生就沒有什麼用呢？大部分女生對友誼的看法重於團體的成員關係。假如艾茱莉和瑪莉莎是好朋友，而她們兩人分屬不同的團體，她們兩人都會覺得不自在。艾茱莉不想使瑪莉莎難過，所以她會不願贏過瑪莉莎，寧願站在瑪莉莎這一邊而不願使她失敗。但是假如賈斯汀和傑瑞是好朋友，而他們兩人隸屬不同團隊，賈斯汀會很高興地跑過操場，把傑瑞打倒。那種情況下，我會看到傑瑞爬起來、把灰塵拍掉，然後對賈斯汀說：「你以為這是一個好的推擊嗎？它什麼都不是，我下次會更用力推你。」這種良性的競爭會增進友誼。男生比較能了解朋友不必是隊友，而隊友不必是朋友。男生會比較願意投資在團隊的成功上，不管他們的朋友有沒有在團隊裡面。

你很容易看到，為什麼團體競爭可以激發原本不在乎家庭作業或去讀老師指定讀物的男孩的動機。我也看到團隊競爭有另一個意想不到的作用。例如，它可以激發功課好的男孩變成更好的運動員。當我在二〇〇四年去加拿大的卡爾嘉麗市演講時，我聽到一個團隊競爭的故事。這所學校在艾德蒙頓市（Edmonton，阿爾伯塔省的首府），是所男校，所有學生一入學時就被分派到三個團隊中；在這一年，碰巧最好的運動員都被分到同一隊，而功課最好的學生在另一隊。

學校準備舉辦一場二十公里的雪鞋接力賽，每一隊要選四個男孩出來參加比賽，每個人都認為運動員隊應該能輕而易舉地獲勝。但是書呆子隊（Geeks）花了時間研究雪鞋，發現穿雪鞋要跑得快，應該在雪的表面上滑，於是選了四個體重最輕、跑得最快的同學來代表他們的隊伍。他們努力訓練，而運動員隊並沒有為了這次比賽做特別訓練；他們認為沒有必要，因為他們的體能已經很好了。

當比賽那一天到來時，書呆子隊已準備好了。他們遠遠領先其他兩隊，當跑最後一棒的書呆子隊到達終點時，他比別人整整早了十分鐘。代表運動員隊的強壯美式足球隊員陷在雪裡，他們很適合打美式足球的肌肉現在變成了絆腳石。那次事件大大提高了書呆子隊在全校學生心目中的地位：他們在運動比賽中竟然贏了運動員隊，讓運動員對他們充滿敬意。

艾德蒙頓的這所學校或馬里蘭州的美特戴學校的團隊競賽形式，對女生來說就不一定合適，這些學校也不是對所有的男生都合適。但是假如你的兒子喜歡比賽——假如你可以想像他會跟別人比賽看誰小便得最遠——那你就需要替你兒子找一所像這樣的學校。假如你住家附近沒有這種學校，我希望你會把這本書借給孩子學校的校長，以及孩子的一些老師看，問問他們有沒有辦法照顧到不同形態的男生需求。在二十一世紀，大部分的學校沒什麼空間做團隊競賽，而且的確，任何競賽只要有界定清楚的贏家和輸家，很多學校就會以「輸者的自尊會受傷害」為理由加以禁止。我們需要改變這個觀念，而我們可以。

自尊心不會受到打擊嗎？

「如果我的兒子輸了怎麼辦？」你可能會這樣想：「萬一我的兒子答錯了，害他的隊伍輸了怎麼辦？這難道不會傷到他的自尊嗎？」

要了解這個問題的答案，你必須了解自尊的性別差異。讓我先告訴你一個哈佛大學最近做的研究。研究者從哈佛的大學生中找到亞洲和亞裔（在美國出生的亞洲人）女性，然後隨機把她們分配到三組去。每一組都要做同一份簡短的數學測驗。第一組只做測驗，沒有別的。第二組則需要先填一份強調她們亞裔背景的問卷，問她們在家裡說哪一種語言、她們喜歡傳統的亞洲食物還是西方的食物等等。這一組的女生在數學測驗上的分數明顯比第一組來得高。

第三組做的問卷偏重在她們是女生的事實上，問她們喜歡住在純女生宿舍還是男女混合的宿舍、她們覺得學校對女生的保護夠不夠，諸如此類。這一組的女生在數學測驗上就比第一組的女生明顯低很多。[58]

只要提醒女生她是在哪個類別裡，就會有負面的刻板效應出現。也就是說，女生的數學本來就不應該比男生好，結果測驗的成績果然就不好。提醒女生另外一種刻板印象，即亞洲人的數學比較強，結果就強化了她們的能力。這些女生並不笨，她們是哈佛大學部的學生。用青少女和青少年來做同樣的研究，結果得到更顯著的效應，這些研究已經都發表了。[59]對女性來說，假如你認為你聰明，你就真的聰明起來，你考試會考得好，學習會學得快。一個認為她數學很行的女生，會比一個跟她有同樣能力卻認為自己數學很差的女孩考得好。

但是這個效果在男生身上便不是如此了。一個認為自己數學很好的男生，在考試時並不見得會比和他一樣聰明、卻認為自己很笨的男生考得好；認為自己很聰明的男生在考試時可能反而考得差，因為他們比較不肯好好做功課，就像前面艾德蒙頓市學校的運動員一樣，覺得自己很行，沒必要為雪鞋接力賽花時間練習。男生在某個科目的自尊心與他在這個科目考試成績的相關是零，有的時候還會是負相關；在控制了能力變項以後，會變成負的。[60]

我知道很多父母會對他們的兒子需要更多競爭來取得動機這個想法覺得不自在，因為這與過去三十年來政治正確的想法相牴觸：競爭不好，因為它會傷害失敗者的自尊心——但是這種看法並沒有實證的基礎。我們現在知道自尊心對女生很重要，但對很多男生就不是這麼一回事。競爭，尤其是團隊競爭對很多男生很好，有些男生需要挑戰和競賽的冒險來使他在乎結果。家長、老師和學校的行政人員如果不了解這個事實，就反而會使學生對學校感到疏離。

我和一位資深的運動教練見面，她既訓練男孩也訓練女孩。她發現很多女生，即使是很有運動天分的女生也需要鼓勵，不然就會自認不夠好、不夠快、不夠強壯，想要放棄。「你必須不時的給女生打氣。」教練這樣告訴我。但是男生不一樣，許多男生——尤其是有運動天分的那些——常會高估自己的能力。「你必須告訴那個自以為了不起的傢伙，他可能有些才氣，但他絕對沒有自己想得那麼棒。他還有很多要學，假如想要晉級，他得花很多時間下苦工才成。」她告訴我：「你必須把男生的氣焰壓下來。」

我對她的格言「把女生撐起來，把男生壓下去」有點不自在，卻必須承認她的確有抓到自尊研究的重點。對很多男生來說，失敗代表下次要更努力，競爭給這些男生一個有建構的環境，使他們可以很容易地在裡面看出自己有沒有真正的進步。一個沒有競爭的情境，「每個人都是贏家」，是使這個孩子與整個教育歷程分離的百分百有效方式。

科倫拜高中和維吉尼亞技術學院槍擊案呢？

許多學區採取的零容忍政策並不是突然跑出來的，它們來自學校的暴力情況越來越嚴重。有的家長問，假如你讓學生寫暴力小說、鼓勵有輸贏的競爭，難道不是創造一個使暴力容易滋生的情境嗎？

這些父母親和零容忍政策的學區行政人員通常相信，禁止暴力遊戲或想像的暴力（如男生寫暴力故事）會實際地減少暴力發生。這種想法背後完全沒有任何實驗證據的支持。[61]我們其實非常了解哪一種學生比較可能帶槍到學校；比起其他男孩，他可能更不喜歡參加接觸性的運動，像是美式足球。[62]

我們現在有足夠的資料來了解克雷博（Dylan Klebold）和哈里斯（Eric Harris）這兩個在一九九九年四月二十日殺了十三個他們在克倫班高中（Columbine）同學然後自殺的情形。我們知道哈里斯在他的網站上寫：「上帝，我簡直等不及去殺你的人民，我只想盡量去殺人，越多越好。」他公開貼出如何製做炸彈，並列出他想要殺的同學名單。[63]

我們知道在一九九八年二月、他大開殺戒的前一年，克雷博在他的寫作創意課上寫了一個短篇小說，裡面描述一個持槍殺害高中生的兇手，跟他後來在一九九九年四月二十日所做的非常接近。根據後來把這個慘案寫成書的作者卡倫（Dave Cullen）：「連最微不足道的細節都相符。」克雷博的老師凱莉（Judy Kelly）讀小說的時候不寒而慄：克雷博的故事主角殘忍地殺害老百姓，凱莉從來沒有看過這樣嗜殺成性的故事，所以她去找了克雷博的輔導員及他的父母。但是這三個人都認為凱莉小題大作，覺得這篇作文沒什麼大了不的。[64]

克雷博在一九九九年四月二十日那天也帶著這篇作文：在大屠殺發生後，警察在他的車上找到了這篇文章。[65]

假如一個男孩寫了一篇有關在他學校殺人的故事，炫耀殺人，並且完全不在乎受害者，這種情形應該要立即、馬上、當天就介入。克雷博的父母不知道這個嚴重性也就罷了，學校的輔導員應該要有警覺，但顯然他沒有。克倫班慘案帶來的教訓是：假如一個男孩告訴別人有關個人化和威脅性的暴力故事，他是很有可能實際去執行它的，不管這個孩子看起來多麼地迷人。這種孩子應該馬上送去給受過專業訓練的人士面談。

二〇〇五年十二月十三日，維吉尼亞州蒙哥馬利郡的法庭判旅美韓人趙承熙（Seung-Hui Cho）「心智不健全需要住院」，認為他「因為精神疾病之故，對他自己及別人都有極大的威脅」。[66]但後來維吉尼亞州的特別法官巴奈特（Paul Barnett）又下令，讓趙承熙從聖阿爾巴斯行為健康中心（Carilion St. Albans Behavioral Health Center）出院，並要求趙承熙以門診方式繼續精神治療，只是趙承熙從來沒有回過門診，好像也沒有人追蹤他是否有去看病。在聯邦法律中，法官判定趙承熙不可以購買武器，[67]然而他還是買到了槍。

趙承熙的教授吉歐凡尼（Nikki Giovanni）通知了學校警察、學生事務中心、輔導室及警察局，表達了她對趙承熙的不安，「我願意辭職，」她說，不願趙承熙繼續在她的班上。在寫作課上，趙承熙交了兩篇非常暴力且褻瀆的劇本，一個同學說：「像是惡夢裡會出現的扭曲、恐怖、令人毛骨悚然的暴力，而他所用的武器是我連想都沒想過的。」因為這個劇本的關係，「我們這些同學都很擔憂，彼此討論，不知他會不會成為校園槍擊案的槍手。」[68]

二〇〇七年四月十六日，趙承熙在維吉尼亞理工學院殺死了三十二個人，十七人因此受傷，州政府的調查結論是：校警知道趙承熙一直有行為問題、他曾待過精神病院，卻從來沒有把這些訊息傳遞給校園裡專門處理問題學生的工作人員知道。這個調查也發現，趙承熙有在寫作中坦承自殺和謀殺念頭的歷史，甚至可以回溯到他念中學的時候。[69]

有很多的線索顯示，其實克雷博和哈里斯會行使暴力犯罪，也有很多證據證明趙承熙對別人是個威脅。但寫了史達林格勒戰役故事的男孩，並不會比其他男孩更可能去殺人。這是一般性、古典的暴力，它不是個人化與威脅性的暴力；它在界線內，不在界線外。禁止寫二次世界大戰的故事並不會減少校園暴力事件的發生，也不能阻止克雷博或哈里斯或趙承熙成為槍手。這種禁令只有一個功能：它讓學生知道喜歡寫二次世界大戰或古羅馬競技的孩子，學校不歡迎你。要在學校獲得成功，這些男孩必須否認他們真正的自我，假裝是別人。他必須更聽話、更順從、更願意去做老師吩咐的事，更想去討好老師。簡單地說，就是更像女孩子。

請看下面這些例子：

- 賓州，十歲的瓊斯（Johnny Jones）假裝他的鉛筆是把弓箭，他拉弓、射箭，把想像的箭矢對準另一個男孩，而那個男孩則假裝他用手槍還擊——兩個男孩都受到懲罰，瓊斯被停學，學校的校長荷頓（John Horton）通知瓊斯的媽媽比佛莉．瓊斯，假如再有這種事發生，瓊斯將被開除。瓊斯家請了律師控告學校，理由是「歧視想像力」。[70]

- 馬里蘭州，二年級的男生被停學兩天，只因為他把早餐的餅乾（Pop-Tart，譯註：一種孩子很愛吃的果醬夾心餅乾，放進小烤箱中，烤熱就會跳起來，所以叫〔Pop〕跳〔Tart〕果醬餡餅）咬成手槍的形狀，並拿它指向其他同學。他的父母也請了律師要求學校消除「停學」的記錄。律師說：「沒有人受傷，也沒有人受驚。」但學校拒絕刪除孩子檔案中的停學記錄。[71]
- 阿拉巴馬州，一個九歲男孩被勒令不准上學，因為他攜帶武器：將玩具「美國大兵」（G.I. Joe）的塑膠玩具手槍帶進學校。這玩具槍小到「校長必須用膠帶把它貼在紙頭上，才不會遺失。」他的祖母說。[72]

這些事情離譜到令人憤慨，所以上了報紙。我可以告訴你更多這類故事，因為是我個人的經驗，所以沒有上報。一個孩子寫一個白人家庭逃出辛巴威的故事，結果拿了C，因為裡面有暴力情節。一個女生也寫了一個故事，程度與這個男生的差不多，但是因為沒有暴力，所以拿了A⁺。這件事的結果就是學生都知道，學校不歡迎真正的男孩。

在我的第一本書《養男育女調不同》中，我引用了羅馬詩人賀瑞士（Horace）的名言：「你可以試著用鐵叉把大自然趕出去，但它還是會回來。」[73]假如你的兒子會因為競爭而產生動機，那麼取消競賽、把他的玩具槍都丟掉、禁止他寫有暴力場景的故事……並不能改變他；然而，這個零容忍政策卻會使他遠離學校，最後的結果可能是孩子覺得，真正了解他是誰的地方就是電玩遊戲的世界。

下面我們就會看到，這個世界也有它自己的問題。

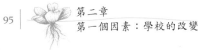

第3章

第二個因素：電玩遊戲

電玩遊戲的破壞性效果不在男生的認知能力或他的反應時間上，
而在他的動機和他跟真實世界的連接上。
這些男生可能不是高動機的，但是他們的動機被引導到不對的地方，出軌了。
他們是有動機，但是他們與真實世界分離了。
電玩世界對他們來說更真實，至少比他們的功課、成績和大學申請信的世界更真實。
電玩遊戲特別傾向於提升與真實世界的中斷和分離，
正是因為這種暴力的不真實性。
你的兒子知道他不能對學校中他不喜歡的孩子發射光子魚雷。

你的孩子現在十三歲了。他電玩玩得很兇，偶爾也跟幾個朋友玩，但是他把越來越多的時間花在網路上與其他人對打。上個月，他在吸引了全球玩家參與的線上遊戲《最後一戰》（*Halo*）中拿下了亞軍。[1]你想這沒什麼問題，但你開始關心他花在電玩上的時間，以及跟他一起在網路上玩的陌生人。這些人是誰？怎麼會有這麼多的空閒時間？

他的成績還可以，可是他下學期就要上九年級了，你和你的伴侶都覺得該是訂下一些規矩的時候了。第一，家庭作業排在電玩遊戲之前。你兒子馬上要進高中了，在家庭作業做完以前，不准玩電玩。

在你講到第二條規則之前，你注意到兒子根本沒在聽；他甚至沒有假裝在聽。他望著窗外，手指在桌上敲啊敲，嘴裡哼著些什麼，眼睛沒有看你，只是一直看著窗外，點著頭——不是對你，而是在隨他哼的歌打拍子。

「你沒在聽我說話。」你說。

「當然有，」他說，仍然不看你的眼睛：「不准打電玩直到作業做完，聽到了。」

「好，現在是第二條規則，」你說：「第二條規則是一天打電玩不能超過三十分鐘，不管是星期天、哪一天，只要是上學的時候就不准超過三十分鐘。」

現在他開始注意你了。他不再敲手指頭，從你叫他來，這是第一次他直視你，然後他輕蔑侮慢地叫說不可能！「抱歉，三十分鐘？光是開機、登進去就差不多三十分鐘了。」

「但是你現在把所有的時間都花在電玩遊戲上，一個禮拜十幾個小時，」你不認同地說：「你把你所有的空閒時間都花在電玩遊戲上了。」

「但這些遊戲是我唯一擅長的東西，」你兒子說。他的聲調是既憤怒又哀求：「這些遊戲就是我，我不是那些可悲的書呆子，每晚花六兆個小時來讀書。」

「這些遊戲並不是真實的世界，」你說：「它們只是遊戲而已。」

「什麼是真實？」你的兒子說。在你能回答這個意料之外的問題之前，他繼續說：「當我在玩《最後一戰》時，世界對我來說比現在這個更真實。我真的很行，」他說，一臉如夢似幻：「雖然我不期待你哪怕能了解一點點。」他停下來，然後很溫和地說，幾乎像在害羞：「我可以拿到冠軍；或許明年吧。絕對有機會，但是不能一天只打三十分鐘。」

這些念頭是從哪裡來的？為什麼這個男孩有這種近似偏執的動機去玩這種傻遊戲？答案會把你帶到比你預期更深的地方去。

男孩的世界是個很奇怪的地方，很多男生的動機和壓力是父母、尤其是母親所不了解的。父親或許能了解這些動機，有時卻蔑視現在男生內心世界的自我中心和不真實感；父親可能不希望想起很久很久以前、他年輕時也是這個樣子。

我並不是在替所有的男孩講話，而是關注那些好像沒有動機去把他們最好的一面表現出來，那些好像不在乎有沒有拿到最好的分數或進入最好的大學，那些可以跟得上學校進度、卻沒有動機去跟的男孩。他們很多人是可以成為好學生的，卻似乎完全沒在在意這件事。他們究竟想要什麼？

兩個世代之前，在披頭四（The Beatles）和 Gidget（譯註：這是一九五九年的青少年電影，由紅極一時的仙杜拉蒂〔Sandra Dee〕主演。Gidget 這個字是作者 F. Kohner 創造的，由 Girl 和 Midget 混合而成的新字）的時代，男生比女生更有企圖心，現在則是反過來。然而 DNA 不可能在兩個世代中改變這麼多，甚至十個世代也不可能。是社會改變了。你的兒子看似對學業成就完全沒有動機，事實上他很可能亟欲追求成功——只是不在學校中，至少不在他現在上的這間學校裡。我聽到很多父母親說：「我兒子一點都不在乎學校的功課，但是對他喜歡的東西可以花很多時間去鑽研，弄到半夜三點不睡覺，只為在《決勝時刻》（*Call of Duty*）這個遊戲攻破下一關。他只是不在乎學業而已。」

為什麼有些東西可以使你兒子很有動機，有些又不行？說電玩遊戲很好玩而功課不好玩是不夠的，這個答案在技術問題。為什麼這些男生覺得電玩遊戲比學業有趣這麼多倍？大多數的女生和許多男生（沒錯，不是所有男生都愛打電玩）並不會覺得《決勝時刻》有什麼特別好玩的：老是在回擊某個對你展開射擊的（虛擬）壞人，就和念西班牙文動詞變化或是寫正式公文的作業一樣無聊。

我認為這個問題的答案在一個大多數男生都沒聽過的概念上，現代心理學家稱之為「條件典範的增強效應」（**the reinforcing effect of contingent paradigm**），又叫做「習得的主控權」（**learned mastery**）。德國哲學家尼采（**Friedrich Nietzsche**）是第一個寫長篇論文來講解我認識的這個增強效應：他將這種驅力稱為「權力意志」（**the will to power**）。想知道你如何能夠把你兒子的動機找回來，了解尼采的權力意志概念是很有幫助的。

先提醒一句：有些缺乏動機的男生是不劃歸在權力意志這個類別裡的。我會在第四、五、七章談到這些男生身上發生了什麼事。

讓我們先從尼采的洞見開始，希望這能幫助我們了解現代的研究，找出二十一世紀的男生——或許包括你的兒子在內——在哪裡、又是怎麼走錯的。

權力意志

尼采「權力意志」最簡單的說法就是個體想去控制他的環境。這個特性在兩個月大的嬰兒身上就可以看到。在一個經典的實驗中，心理學家在嬰兒的搖籃上裝了一個動作感應器，當嬰兒的頭轉動時，搖籃上的走馬燈就會動，兩個月大的嬰兒很快就發現他轉動頭可以使走馬燈轉動，因此他會不斷地轉動頭，並且高興得咯咯笑。另一組嬰兒睡同樣的搖籃，上面有同樣的走馬燈，只是他自己不能控制它：燈是事先設定好的，每一分鐘轉一下，而床上也沒有動作感應器，所以嬰兒怎麼動都不會影響搖籃上的走馬燈。很快地，這一組的嬰兒會安靜地躺著，既不會動來動去也不會發出咯咯聲，看起來很無聊。[2]另一位心理學家說：「嬰兒和我們一樣，比較喜歡對環境有所控制，連兩個月大的嬰兒都希望做他自己命運的主人。」[3]

假如你告訴一個高度具有這種動機的男孩坐下，他會站起來；叫他站起來，他會坐下。他其實不在乎他是站還是坐，但是他需要知道、也需要你知道，他要站或坐是他在決定。他不要你告訴他該怎麼做。

當然，有很多人也會反應：「我知道有個女孩就像這樣。我認得一個女人也像這樣。她們不喜歡被告知道該怎麼做，她們喜歡有主控權。」這絕對是真的，但根據尼采的說法，區分哪些人受權力意志驅動，在於權力意志是否排名在其他驅力或其他事物之前。[4]對大部分女生來說，被人喜歡或獲得好名聲比權力意志來得重要得多，但有些男生就認為掌控一切比別人是否喜歡他重要。有些女生也是，但不是很多。

再次強調，我不是說所有的男生皆如此，所有的女生又都怎麼樣。我們都知道有女生想當老大，也都知道有男生滿足於跟從而非領頭。我在開業的二十多年間，發現很多在我們看來沒有動機的男生，是受權力意志所驅動的。這個權力意志與其說是驅力，更像是一種世界觀，一種看重人格和特質的方式。私底下，這些男生都認為他們很特別、獨一無二，而他們隱而未顯的命運將隨著時間慢慢展現出來。因此，他們認為那些一般人的法則不適用於他們。對他們來說，他們的「命中注定」比友誼甚或學業更重要，甚至比快樂重要。他們通常不期待別人會了解他們，包括他們的父母在內。他們甚至不要別人了解，因為他們（正確地）感覺到自己的世界觀、以及它所有的卓傲不群，在多數大人眼中都顯得不堪一擊又自我中心。

請觀察一個青少年打電玩，尤其那種必須開槍、殺出一條勝利血路的遊戲，比方《決戰時刻》和《俠盜獵車手》（*Grand Theft Auto*）。這種電玩遊戲提供這些男孩一個快速、易於修正的遊戲，給他們渴望的力量與主控權：決定生死的權力。「它只是個遊戲」——但是看這些孩子玩得多認真。假如這時你告訴他，他不該再玩電玩遊戲，他會怎樣？你告訴他，假如他把所有時間都花在玩電玩上，他不太可能在真實世界成功，也不可能找到真正的快樂。他會說他不在乎是否快樂。你告訴他，他需要長大，把這些遊戲放在一邊，去過真正的生活；他也許會引用尼采的話（但沒意識到他在引用尼采的話）回答：「這就是我，我就是這個樣子，這是我所要的，你可以滾回地獄去。」（**This is what I am; This is what I want; you can go to hell!**）[5]

我知道有男生完全不碰電玩，也知道有男生每週玩超過二十小時、每天玩超過三個小時，天天如此，包括上學日。這通常表示他們的功課都是在半夜以後胡亂做一下，交差了事。在本章，我們要一直問：「你兒子沉迷電玩多少小時是沒問題的？可以玩哪些遊戲？」我可以先告訴你，關鍵在「平衡」。所有事情都應適可而止，才不會影響健康，假如玩電玩的時間超出跟朋友玩的時間，超出做功課的時間，那麼這就是過頭了，該有所節制了。

電玩遊戲不是完全不好，我知道有些家庭靠電玩讓親子關係更緊密，而不是使他們疏離。馬里蘭州蓋瑟斯堡（**Gaithersburg**）的赫胥（**Shawn Hirsch**）一直認為自己是個反電玩遊戲者，後來他買了任天堂（**Nintendo**）的 **Wii** 遊戲機給女兒——現在他與女兒一起在遊戲機上玩網球和保齡球；尤其是他七歲的兒子，他們每天吃過晚飯以後都一起玩。馬里蘭州波多馬克市（**Potomac**）的摩根（**Thomas Mrgan**）也同意：「一個好的電玩遊戲是絕對可以跨越世代鴻溝的。」[6]

權力意志也有其正向的一面。不難發現為什麼早些世代的男生會在權力意志的驅動下成功，他們長大成為成功的企業家、大膽的發明家、探險家、政治家或軍人，很快地替自己找到一個有生產力的地方安身立命。我所認得的大部分年輕人長大後都會超越這個階段，當他們三十歲成熟時，會有比較寬廣、較不自我中心的人生觀。但是有些人終其一生都在權力意志的驅動之下：巴頓將軍（General George S. Patton）就是這樣一個人，福特汽車公司（Ford Motor）的創辦人亨利．福特（Henry Ford），電影導演、後來成為航業鉅子的霍華．休斯（Howard Hughes），或尼克森總統（Richard Nixon）都在這名單上。你可能不喜歡這些人，他們都是自私、完全自我中心，絲毫不懂得諷刺、自我解嘲的幽默……卻在美國的文化和歷史上都占有一席之地，不論他們所扮演的角色是好是壞。

假如他們生在今天，就不太可能仍有一個有意義的事業。我想今天一個有著巴頓將軍或休斯 DNA 的男生，更可能成為電玩遊戲的上癮者；他也許會有一份工作，但是會把所有的能量和動機導向電玩遊戲，而非他的事業，所以他不會像上一輩的人那樣成功。

假如你在過去的十年間不曾玩過電玩，可能就不會了解拜科技進步所賜，它們變得多容易使人上癮，特別是對這些受權力意志驅動的男孩。想像你是個有巴頓將軍魂的男孩，這個男孩現在只要有電玩就能坐進坦克車裡、聽見頭頂車蓋關上的聲音，感覺到坦克輾過殘屋破瓦時傳來的震動（託三百瓦重低音揚聲器的福），並享受向敵方哨所發射鈾彈時的勝利震顫——或是同時遭遇三部敵方坦克轟擊的挫敗懊惱。但失敗的懊惱很快就會過去，因為他知道只要按一下 **Restart** 鈕，就永遠都能再玩一遍。

今天，任何一個能高速上網的孩子，都可以跟全世界任何一個角落的人玩即時（**real time**）線上遊戲。精密的耳機使他能模擬真正的戰場，可以用高科技的武器在虛擬世界中突襲敵人、摧毀他們的基地。在你的兒子花了兩個小時、率領他的小隊攻進恐怖分子的總部，透過頭上耳機的麥克風對他在世界各地的線上同志下達命令、冒著槍林彈雨的危險把敵人的發電廠炸掉——這個時候，你叫他去讀西班牙文的文法，難怪他會覺得課本非常、非常無趣了。虛擬世界是快速移動、互動、彼此合作且充滿樂趣的。

而且很英勇。多年來，索尼 **PS4** 遊戲機的主打廣告口號就是「偉大即在前方」（**Greatness Awaits**）。索尼的官方廣告提供了一些見解。當特技效果在他周圍爆炸時，年輕的演員直視鏡頭說：「你怎能甘於平凡？你怎能沒沒無聞？你——你的名字應該得到恭敬的尊稱，還是被驚恐地低喃呢！」[7]在現實世界中，你可能只是一個在學校表現不佳的普通、無名小卒，但在電玩世界裡，你可以很偉大。真實世界的家庭作業和教科書完全不能相比——至少對受權力意志驅使的男孩來說是如此。

更好或更壞

一個禮拜花很多時間打電玩的孩子會被電玩的經驗所改變。有些改變能使孩子更好，但大多數是更壞。

讓我們先看看加分的部分。假如你問：「電玩遊戲有增進孩子的反應時間嗎？比方每次看到閃光就按鍵的速度？」那麼答案是「有」，玩電玩遊戲的孩子在按鍵反應上，比沒有玩電玩的孩子快了〇．〇二秒。[8]

但是假如你問：「電玩遊戲有讓孩子更專注在學業上，而不僅僅是在按鍵反應上嗎？電玩遊戲幫助孩子更懂得判斷危機嗎？最紅的電玩遊戲有幫助孩子更有愛心、同理心，更關懷他人嗎？」那麼答案是「沒有」。讓我們看一下證據：

注意力缺失：《俠盜獵車手》系列和《決勝時刻》這類最受歡迎的電玩遊戲，會不停地改換任務挑戰、場景和人物。通常螢幕上會出現好幾個人物，成功的玩家一定要不停上下左右地掃瞄，注意新的攻擊。假如一直專注在一個對象上，你絕對會失敗：因為你沒留意螢幕右邊傳來的沙沙聲，那代表即將到來的伏擊。在這裡，分心是必要的，難怪研究者發現玩電玩的時間越多，越不能專注在一個工作上；相反地，研究者發現那些難以專心、聚焦的人，通常會被電玩吸引，在這裡他們的注意力分散變成了資產而非負債。[9]

風險：電玩世界不真實，你可以從二十呎高處跳到水泥地上，沒扭到腳、摔斷骨頭，爬起來就能繼續追趕敵人。你可以高速撞上牆壁，然後毫髮無傷地走出全毀的車子。你在《俠盜獵車手》中可以劫車——不劫車你也玩不下去。諸如《俠盜獵車手》之類的遊戲不僅允許你去做危險的行為，你還必須做才能得到回饋。如果你從高處跳下來去追你的對手，殺死他的機率會比你「浪費」珍貴的時間跑下樓梯高得多，難怪研究者發現玩這種美化冒險遊戲的青少年，更容易做出危險駕駛，像是超速、緊迫盯人（tailgating）和蛇行（weaving）等舉動；他們比較常被警察攔下，比較容易出車禍，也比較會酒醉開車。[10]在另一個研究裡，十七、八歲時玩這種高風險賽車遊戲的青少年，五年後真的撞車的機率比不玩這種遊戲的青少年高出三倍以上。[11]

肥胖症：和沒有那麼常玩電玩遊戲的男孩相比，花很多時間玩電玩的孩子更容易有肥胖或過重的問題。[12]這裡至少有兩個機制在運作：第一，玩電玩雖然運動了你的大姆指，但是比其他真實的運動，燃燒的熱量還是少了很多；第二，玩電玩遊戲看起來會直接刺激你的食慾，比看電視還糟。[13]這大概是為什麼玩電玩的時間，明顯地與肥胖和其他對健康不利的結果成正比（這是和看電視的時間相較）。[14]

去人性化／改變人格：當青少年玩暴力電玩時，他們不但把對手看成非人，也把自己看成非人，不過是個物體。做這方面研究的學者總結道：「暴力電玩遊戲會削弱我們的人性」。[15]在一個四年的長期追蹤研究中，研究者發現花越多時間玩暴力電玩的年輕人，將來越可能出現酗酒、抽菸及危險的性行為；[16]玩鼓勵反社會與非法行為的電玩，將來也會涉入不法行為。[17]將高中生隨機分配去玩暴力電玩與非暴力電玩，玩暴力電玩的學生表現出較弱的自我控制力，並對道德的叛離感提高。[18]其他研究者提出，打電動的孩子容易有「前途短視」（**myopia for the future**）的問題，表示他們會「不顧社交或工作領域長期的負面結果」繼續玩下去。[19]玩暴力電玩會對你的感覺、思考方式，與生理的激發大有影響，這跟看別人玩這種遊戲或看暴力電視節目的效果又不一樣。[20]

我引用了非常多關於暴力電玩的研究，最近又有證據指出，暴力電玩諸如《俠盜獵車手》和《決勝時刻》的影響，與非暴力電玩如俄羅斯方塊、祖瑪（*Zuma*），有本質上的不同：[21]打暴力電玩的年輕人大腦改變了，對暴力不敏感，他們的大腦跟玩非暴力電玩的人不一樣了。[22]電玩感覺越真實，這個影響就越大。[23]經年累月地玩暴力電玩，會導致較攻擊性的行為、思想和感覺，也會降低同理與慈悲心；這是玩非暴力型電玩的人所沒有的。[24]

電玩遊戲最嚴重的負面影響是造成玩家在人格、動機上與真實世界脫節。這些男孩很可能動機很強，但是他們的動機出軌了，不對了。我看過男孩關切《俠盜獵車手》的破關大於他西班牙文課成績，他們在虛擬世界的動機是拿真實世界的動機去換來的。對他們來說，電玩世界比家庭作業、運動和朋友更真實。暴力電玩尤其容易引起這種脫節，原因就在暴力的不真實性。你的兒子知道，他不能對他不喜歡的同學發射火箭炮。

那些每週花很多時間玩暴力電玩的孩子，會提高他們與真實世界脫節的風險。一位專門研究這個領域的心理學教授安德森（Craig A. Anderson）指出，暴力電玩和反社會行為關係的強度，與吸二手菸和肺癌的關係一樣強，也與鉛中毒和嬰兒智商降低一樣證據確鑿。他也提到現在圍繞電玩遊戲的爭議，就跟六〇年代對抽菸或七〇年代對鉛中毒的爭議一樣：畢竟有抽菸者沒有得肺癌，而有些從來不抽菸的人得了肺癌，因此，不是所有每週打二十小時電玩的男孩都會與世界脫節，也不是所有與世界脫節的男孩都打暴力電玩。[25]

加州的立法者聽到了這個研究，他們非常在乎研究所指出的，玩暴力型電玩遊戲會改變兒童及青少年的人格，使孩子比較沒有愛心、比較有敵意，所以他們認為應該要立法：如果販售賣暴力型電玩給十八歲以下的孩子，要罰一千元美金。當然，父母還是可以買暴力型遊戲給他的孩子玩，但是法律禁止孩子在家長不知情的狀況下，自己去買這類遊戲。當時的加州州長史瓦辛格（Arnold Schwarzenegger）在二〇一〇年簽署了這條法案。

但是它從來沒有執行，因為在美國公民自由聯盟（American Civil Liberties Union, ACLU）的支持下，電玩工業提起訴訟。電玩工業和ACLU認為加州這條法案違返了美國憲法第一條的言論自由權。這個案子一直打到最高法院，結果大法官史卡利亞（Antonin Scalia）判決電玩工業獲勝，使加州法律無效。

另一位法官阿力托（Samuel Alito）在同意意見書中說道，他很關心暴力電玩，也同意加州的立法者「玩電玩的經驗（以及未成年人玩暴力遊戲的後果）可能與我們過去熟知的都非常不同。」他對電玩遊戲中「數十名受害者被任何可以想像的方法殺害，包括機關槍、獵槍、木棒，槌子、榔頭，斧頭，劍和電鋸。被害人被砍頭肢解、開膛破肚、焚燒，或剁碎，他們痛苦地哀嚎、祈求憐憫；血流成河，殘破的屍體堆積如山，還用特寫鏡頭表現出來。在有些遊戲中，還不是以殺多少人計分，而是看殺人的技巧。」又感到多麼驚駭。[26]

阿力托大法官了解加州立法者和父母們的憂心，但是他同意史卡利亞的看法：孩子想玩什麼遊戲不是加州眾議院的事，它是父母的事。

現在沒有法律禁止任何孩子買任何電玩遊戲，不管有多殘暴，美國都不可以有這種法律，這是最高法院的判決。

你必須知道你的孩子在玩什麼遊戲，沒有人可以替你做這份工作，你必須站在他的身後知道他在玩什麼；這裡沒有所謂隱私權，你得確定他玩的遊戲符合你的標準（我們馬上會談到這個標準），假如你的兒子要去他的朋友家玩，你必須問他們會不會玩電玩遊戲。假如會，你必須知道他朋友的父母是否跟你一樣關心暴力電玩；假如他的父母不知道你在說什麼，或父母根本不在家，那麼你必須告訴你的兒子：他不可以去他那個朋友的家玩。

「你不需要用這些學術論文讓我們知道電玩對男孩的動機有負面影響。去聽老師說就夠了。」有個家長這麼告訴我。威爾胥（**Patrick Welsh**）擔任維吉尼亞州亞歷山大市威廉斯高中的英文老師超過三十年，他「很擔心年輕人花那麼多時間遠離真實世界，把心智的生命浪費在電玩螢幕前。」一開始，他看到報上報導男孩們在 **Best Buy**

（譯註：美國很大的電器、電腦、家電連鎖店，也賣電玩遊戲）門口露營，這樣店門一開，就可以立刻衝進去買最新版的《俠盜獵車手》或《決戰時刻》時，覺得很有趣。但是威爾胥接著說：

當我看到有些孩子那天沒來上學、留在家裡試圖破關時，就覺得沒那麼有趣了。高三生史提夫（他沒翹課）告訴我買到遊戲的那個週末，他在朋友家連打六個小時，除了上廁所那幾分鐘；當他在清晨一點回到家時，仍覺得不過癮，又再打了兩個多小時才睡，早上七點鐘一爬起來就繼續玩。「我媽得提醒我去洗澡、換衣服。」他說。

美式足球教練蘇利文（Greg Sullivan）是威爾胥的同事，他說他在北維吉尼亞州開車時，發現越來越少孩子在外面玩。「他們都在屋子裡玩電玩遊戲，」他說：「越來越多的孩子發現真正的運動太花體力與精神。」[27]

我也跟其他美式足球教練談過，他們都很驚訝現在的孩子竟然以為他們可以在電玩遊戲《勁爆美式足球》（*Madden NFL*）中打贏，就知道真正的美式足球賽是怎麼回事了。「這些傢伙只有五分鐘的體能，」一個教練告訴我：「他們上場，跑了幾分鐘，然後就不行了。他們沒有任何耐力。他們的體型很可悲，又不肯做應該要做的鍛鍊、接受應該接受的訓練，把身體練好。」

我不認為這個責任全在孩子身上，他們是現在這個教育制度邏輯的產物，這個制度沒有讓學生了解 ***Kenntnis*** 和 ***Wissenschaft*** 的區分，所以當然他們就認為：既然會玩美式足球賽的電玩遊戲，真正的美式足球賽也難不倒他們了。

至於電玩有沒有幫助他們準備好進入真實世界呢？在真實世界裡——除非你是戰鬥機駕駛員或是海軍陸戰隊的狙擊手——比別人快〇．〇二秒按鈕並不是什麼可貴的技能。幫青少年準備好面對真實生活所需的技巧，與駕馭一個電玩是很不同的。想像一個二十歲的年輕父親要去安撫他大哭的嬰兒。這時，沒有鈕可以按，沒有光子魚雷可發射，他應該做的事可能只是簡單地輕搖嬰兒，並哼首搖籃曲。這個父親需要的不是像閃電一樣快地控制搖桿，而僅僅是耐性。假如你要和同事相處得好，你需要的也不是閃電般的速度，而是耐性。在大部分的電玩遊戲中，對付難纏的人最好的方式就是用光子魚雷消滅他，在真實的世界裡，你需要的不是高科技武器，而是耐性。

上一世代男生消磨時間的典型做法，是訓練耐性很好的方法。三十年前，甚至五十年前，男生消磨時間的方法是一起去釣魚或打獵。跟有經驗的漁夫一起出去釣魚的男生很快就學會，要成為一個好漁夫，必須能耐心等待魚兒上鉤。這種耐性就適合年輕的父親；但電玩遊戲不教這種耐性。

所以，你應該為你的兒子訂下什麼樣的規則呢？安德生教授根據發表的論文，提供了一些實際的指引。[28]他建議第一，你要不就自己玩過，要不就看你兒子玩，然後問你自己下面這些問題：

- 這些遊戲裡是否有些人物是想去傷害別人的？
- 它有沒有常常發生，比方三十分鐘內就出現一或兩次？
- 這種傷害有使玩家得到報酬嗎？
- 這種傷害是以幽默、玩笑的方式表達出來嗎？
- 沒有非暴力的解決方式？或是會比暴力的「不好玩」嗎？
- 遊戲中沒有暴力行為的真實後果嗎？

假如答案為「是」的超過兩題，安德生教授建議你考慮別讓你的孩子玩這個遊戲。第一個該關心的不是你的兒子每天或每周可以玩幾個小時，而是他可以玩什麼樣的遊戲。像《俠盜獵車手》這種暴力、且鼓勵反社會攻擊性的電玩，應該禁止出現在你家，沒有討價還價的餘地。「反社會攻擊性」的意思是像殺害警察或妓女這種與社會可接受行為完全相反的攻擊行為。

另一個考慮是：什麼活動被電玩取代了？假如你的兒子忽略與非電玩朋友的友誼，而把多出來的時間花在打電玩上，那麼他就花太多時間在玩電玩了。假如他不肯坐下來和家人一起吃晚飯，因為他的電玩正打到一半，那麼，他需要你的幫助，幫他設定他的優先順序。

那麼關於青少年和女生交往方面呢？現在許多男生寧可打電玩而不是和女生交往，這會讓我們，尤其是年過三十的大人很驚訝。在威廉斯高中教英文的威爾胥先生，就聽過很多這方面的故事。他學校的女學生告訴他，在派對上「女生常被冷落，男生都圍在電視機前面打電玩。」他引述高二學生莎拉的話：「女生通常是坐在旁邊看男生打，直到她們受夠了，開車走掉，去找別的事做。」她說「那些電玩遊戲從『愚蠢』、『無聊』到『噁心』都有。我們想告訴他們，他們這是在浪費生命，但是他們繼續打，完全不聽，有些傢伙打到清晨三點，然後才去做功課，因為明天要繳。」」[29]

男生寧可玩電玩，不跟女生約會？《紐約時報》的記者訪問一些大專院校的學生，碰見許多對手上的電玩比跟女朋友約會更有興趣的男生。記者採訪了一個與男朋友分手的大學女生，「有一部分是他每天玩四個小時的電玩。」年輕女孩解釋：「他說他在考慮減少到每週玩十五小時。我說：『十五個小時是我一個月花在實習上的時間，而我因此賺了一千三百美元。』這是我的石蕊測試，我不要跟任何打電玩的人出去約會，這表示他們選擇去做一個浪費時間、虛耗生命的事。」[30]

今天，一個上大學的男生有前所未有的性交機會，不像他父親或他祖父的年代，現在大學裡女生的數目遠超過男生，即使是長得不太好看或不太出鋒頭的男生，都有絕佳的機會找到女生出去約會。但是就像《紐約時報》最近的頭版新聞報導的那樣，大學的行政人員報告說，越來越多的男生對認識女生沒有興趣（對認識其他的男生也沒興趣），他們不想認識任何人，只想「待在自己房間內，不跟任何人說話，打電玩直到凌晨……他們蹺課，直到退選或被當掉。」[31]

總結上面所說，下面是玩電玩遊戲基本的恰當準則：

● **內容**：不要讓孩子玩那種玩家能從殺害警察或沒有攜帶武器的老百姓獲益的遊戲。電玩產業自己有一個遊戲的評分系統：M是指成熟（Mature），如上述這種反社會的暴力；M級遊戲不建議給低於十八歲的任何人玩。但評為T（Teenager，青少年）的遊戲，也不能保證就適合你兒子。你自己要先熟悉這個級別的遊戲；即使是E級（Everyone，給每一個人玩的），也不能保證一定安全。事實上，安德生教授的團隊就發現有些E級的遊戲更暴力，而且激發出比T級更暴力的行為來。[32]

● **時間**：在上學日每晚不應該玩超過四十分鐘，其他時候每天則不超過一個小時——而且得先做完功課和家事。你的時間不可以留到下次用，假如你的兒子三個禮拜沒玩電玩，這不表示他星期六就可以玩八個小時，這是玩到吐，就跟吃喝到吐一樣，不健康。

● **被取代的活動**：確定你的兒子知道他生活的優先順序。家庭第一，學校功課第二，朋友第三，電玩遊戲排在很後面。假如你的家庭是少數很幸運的、全家能坐下來一起吃晚餐的那種，那麼坐下和家人一起吃晚餐絕對比玩電玩重要，比在電話上跟朋友聊天重要，甚至比做完功課更重要。功課比跟朋友說話或打電動重要，跟朋友說話也應該比打電玩重要。

「我不退出」

假如你明白我前面對權力意志的論述，就會了解只是限制你的孩子打電玩是沒有用的，你要幫他找到一個有建設性的情緒出口。在有些班上，競爭性運動和比較競爭的學校上課形式——如在第二章所列的團隊競賽——可能可以提供一個出口。哪一種休閒活動和愛好最適合你兒子呢？怎樣最能滿足他被測驗和求取勝利的需求呢？

讓我給你一個例子，這是我自己的一位病人。十二歲的艾倫是個狂熱的電玩玩家，他的行為已接近上癮邊緣了。順便提一下，上癮的定義是失去控制：孩子知道他不應該花那麼多時間玩電玩，他甚至不想玩那麼久，但就是停不下來。艾倫一天玩三到四小時的電玩，大部分是運動的，如《勁爆美式足球》。當他的父母問他要不要去玩真正的美式足球時，他說不要。他沒興趣。

他的父母珍妮佛和大衛決定替他報名參加波普華納美式足球隊（**Pop Warner**，一個全國性的少年美式足球組織，在一九二九年創立），他們沒有徵求艾倫的同意，只是告訴他，他得參加。我發現父母最多只能強迫為十二、三歲的孩子報名參加活動，超過就不行；假如你開車載一個十五歲的男孩去一個他不想參加的活動，他極可能在你把他放下來之後，自己走路回家。但是艾倫的父母判斷正確，艾倫還肯聽他們的話參加練習。

一旦艾倫被這些奮力奔跑、踢球、擲球和接球的男生團團圍住，他加入了。畢竟，波普華納的第一天和學校體育課是很相似的，所以他沒有不熟悉感。

在第一天練習結束回家的路程上，珍妮佛很聰明地沒有問艾倫玩得怎麼樣，因為問他玩得好不好就幾乎等於要他承認他以前是錯的，而父母是對的。珍妮佛問的是：

「明天的練習是十一點開始，對嗎？」

艾倫點點頭。

他們是每天練習，週一到週五，有時一練就好幾個小時，而天氣很熱。到第二個禮拜，孩子們開始穿戴上頭盔、護肩、護膝等等裝備。母親第一次看到一個男孩把艾倫撞倒時，倒抽了一口涼氣，差點叫出來。但艾倫立刻爬起來，快樂地回到教練解釋下一次衝刺的地方。

第二天是第一次比賽，艾倫被撞倒好幾次，有一次十分厲害。那是個炎熱無風的八月天，在回家的路上，艾倫明顯地顯現出疲勞、雙頰發紅。在沉默地開了幾分鐘車後，他的母親終於說：「艾倫，假如你想退出的話，沒有關係，你爸和我都很高興你有盡力試過了。」

艾倫搖搖頭說：「不要，教練可以把我踢出球隊，但是我不會自己退出。」

這句話聽起來這麼肉麻，這麼像李察・吉爾（Richard Gere）在電影《軍官與紳士》（*An Officer and a Gentleman*）中的台詞，母親差一點笑出來。但是她馬上想到艾倫大概根本沒看過這部電影。他是認真的。

在美式足球季期間，艾倫沒打過電玩。當球季在十一月結束，而他的隊並沒有打入決賽時，他說：「或許明年可以。」

球季結束後，他又開始斷斷續續地玩《勁爆美式足球》，但一天從不曾超過三十分鐘。有天他突然對母親說：「它跟真的完全不一樣。」他從不曾感謝過父母替他報名參加真正的美式足球隊，而這是他最接近感謝的一句話了。

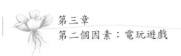

電玩遊戲遇上手機

很多男孩還在玩 **Xbox** 和 **PlayStation** 這種需要主機的電玩遊戲，但是有越來越多的人在移動裝置如手機和 **iPads** 上玩遊戲了。[33] 許多限制孩子玩 **PlayStation** 的父母，可能不知道他的孩子其實可以在房間裡用手機或平板玩遊戲。假如你是父母，你孩子所有的螢幕都是你的責任。你必須負這個責任直到他滿十八歲，假如你在孩子小時候就讓他養好了習慣，那麼這個習慣會一直持續到他十八歲以後。相反地，在我的另一本書《教養，你可以做得更好》（*The Collapse of Parenting*，繁中版遠流出版）中，我談到有多容易用手機和平板電腦上網，它加速了目前這種不尊重的無禮文化，也讓孩子浪費很多時間玩遊戲和在網上流連。在此，我不再重複書中已經講過的東西，除了強調，你必須知道你的孩子用他手機或平板電腦所做的每一件事，不論任何時間。

根據美國小兒科學會（American Academy of Pediatrics）的指導方針，我建議你在孩子會用到的所有設備上裝設監控軟體，這個軟體可以在你不知情的狀況下限制或禁止下載新的apps或遊戲。[34] 這個軟體也可以告訴你，孩子是怎麼用這個設備的、用了多久：現在有很多這種軟體，如Net Nanny Mobile和My Mobile Watchdog，它們可以每天直接把報告送到你的手機或筆記型電腦裡。如果你打算給孩子一個可以上網的裝置，就有責任了解他在用它做什麼。解釋給你的孩子聽，清楚地告訴他們：不准看色情網站，不准網路霸凌，不准花幾個鐘頭打電玩。

另一個方式就是根本不給他們手機或平板電腦。當我向父母親提出這個建議，有些人可是驚恐地倒吸一口涼氣，顯得很驚訝。我提醒父母，手機是二〇〇七年才出現的玩意兒，而沒有手機裝置的孩子也可以有豐富有趣的童年和青春期；事實上，我在《教養，你可以做得更好》中說，這些3C產品反而使孩子不容易找到真正的自我。

你不必一定要跟你的鄰居一樣。有可能你孩子的朋友都有3C產品，但這不表示你的孩子也需要，我在《教養，你可以做得更好》解釋過，在美國，做一個好的父母親，就表示跟你的鄰居做不一樣的事。

有無病識感

當心理學家說客戶有良好的病識感時，他們的意思是客戶了解情況，而且理解該做什麼。有些男孩對他們放不掉電玩有病識感，其他則不然。

賈可布就沒有。父母帶他來辦公室見我的時候，他二十二歲，儘管智力高於平均水準，但他在高中時成績平平。他勉強畢業了，現在每週工作幾個小時，幫忙他父親獨立承包商的工作。賈可布完全沒有野心，這讓他的父母很擔心。除了父親偶爾提供的工作外，他沒有其他工作；沒有高中以上學歷，對繼續升學、接受職業訓練或其他教育不感興趣；沒有對未來的計畫。他的父母也擔心他缺乏社交生活：他沒有女朋友，甚至沒有朋友。

我們四個人在一起：賈可布、他的父母和我。他的父母先開口。「我一直在網上搜索，而我很擔心，」他的母親說。「他沒有野心。沒有朋友。對這些都漠不關心。我上網查了一下，不止一個網站提到了思覺失調症的可能性。」

我點點頭，雖然覺得他不大像患了思覺失調症。聽了幾分鐘家長的話後，我轉向賈可布。「你閒暇時間最喜歡做的事是什麼？」我問他。

他哼了一聲。「你覺得咧？」他說。

「我不知道，所以才問你，」我說。

「嗯，這要看情況，」他說。「如果我一、兩天都沒手淫的話，就是自慰。但你不能整天做這件事。相信我，我試過，還不止一次。所以當我不手淫的時候，我就打電玩。」

「你每天花多少小時打電玩？」我問。

他再哼了一聲。「能玩多久就玩多久，」他說。

「那，過去七天呢？」我問。我們四個人接下來開始搞清楚過去的七天，賈可布每天都做了些什麼，並盡他們可能地回想。我們的結論是，他在過去七天裡至少花了四十個小時打電動。這相當於一份全職工作的時間了。他最喜歡的遊戲是暴力電玩，如《最後一戰》、《魔獸世界》（*World of Warcraft*）、《俠盜獵車手》和《刺客教條》（***Assassin's Creed***）。

「你覺得有問題嗎？」我問賈可布。

「一點也沒有，」他帶著迷人的微笑說。

「誰是你最好的朋友？」我問。

「我有幾十個。你想讓我從誰開始說？」他回答說。

「告訴我你三個最好朋友的名字。」

「他們的名字，還是他們的遊戲代號？」

「最好是真名。」我說。

「哦，喬納森。」他說。

「你最後一次見到喬納森是什麼時候？」我問。

「我從沒見過喬納森，」賈可布說。「他住在新加坡。他是我《魔獸世界》的公會成員。」

「你上次邀請朋友來家裡是什麼時候？」我問。

「啊，我明白你的意思。虛擬世界不如真實世界好，對吧？你是這麼想的，對吧？」賈可布說。

「是的，這很公平，」我說：「我確實認為，現實世界中的人際關係比網路或虛擬世界中的人際關係更重要。你最後一次有朋友來家裡是什麼時候？」

賈可布沒有回應。「好久以前了，」他媽媽停了一會兒後回答。

「好幾年，」他的父親開口。

經過三十分鐘的評估，我已經準備好提出建議了。「我沒有看到任何表明賈可布患有精神分裂症或其他任何主要精神疾病的證據，」我說。「他看起來既不焦慮也不沮喪。我認為電玩遊戲和其他網路活動，已經取代了他在現實世界中的活動。他花了太多時間坐在電腦螢幕前面。」

「我也是這麼想，」他的父親說。「但是我們能做些什麼呢？」

「如果賈可布的年紀更輕些，比方是十歲而不是二十二歲，施加一些限制還算合理；如果他只有十歲，你可以讓他每天玩三十到四十分鐘的電玩。但以我的經驗，到現在這個年齡就行不通了。」

「為什麼？」母親問。

我轉向賈可布。「如果你的父母把你每天打電動的時間限制在四十分鐘以內，你會在四十分鐘後關掉遊戲嗎？」

另一個不以為然的哼聲：「想都別想，」他說。「四十分鐘後我才正要開始呢。」

「我也是這麼想，」我說。「如果你打算在比賽進行到一半時關掉遊戲，一個二十二歲的人會感到不安。」

「這麼說還算保守的了，」賈可布說，然後他們三個——賈可布和他的父母——第一次笑了。

「好，」我說。「在這種情況下，對一個二十二歲、一個星期花超過四十個小時在電玩上的成年男子來說，唯一有效的干預措施是完全戒除。你們必須禁止他接觸任何電玩。」

賈可布的臉僵住了。

「你是說我們得把 Xbox 拿走？」他母親問。

「把 Xbox 從家裡拿走。砸爛它或是送出去都行。禁止他接觸任何一種電玩遊戲，包括手機上的。」

賈可布完全無法掩飾他的憤怒。「這完全不可接受，」他說。「我是一個成年人。我超過十八歲了，你不能告訴我該怎麼做；我父母不能告訴我該做什麼。」

「沒錯，」我說。「你是成年人了。你可以自由地踏出父母的房子，在外頭做你想做的任何事。但如果你離開——」現在我轉向他的父母，「——如果你離開，你的父母不會再養你。你得靠自己。現在你住在你父母的家裡，沒有任何付出；你不用繳房租，不用為你的食物買單，或是付你自己的上網費。如果你要住在他們家裡，就得遵守他們的規矩。」

在我的鼓勵下，父母聽從了我的建議。他們把家裡能找到的 Xbox 遊戲機和所有電玩都捐給了慈善機構；他們拿走了兒子的手機、把電腦從他的房間裡搬走；他們用密碼鎖住自己的電腦，不讓兒子在未受監督下使用電腦。

四個星期後，他們按照我的要求回來了。

「真是難以置信，差別太大了，」爸爸說。

「什麼差別？」我問。

「一切都不一樣了，」爸爸說。「拿工作來說吧，以前賈可布從不主動幫我做任何事，我還不得不檢查他做過的每一件事；但現在他會主動了。老實說，他比我想得要聰明多了。」

「這是什麼意思？」我問。

「好吧，比方說上周，」爸爸說。「我們有個升級的裝修工作。屋主想讓我們安裝這個高科技的淋浴設備，有按摩噴頭、身體噴頭，所有東西都是電腦聲控的。我不想老實告訴老闆自己從沒做過這個。我還在搞懂該怎麼辦，賈可布就直接過來告訴我該怎麼做，還完成了大部分的布線工作。他只是看了說明書就搞懂了。設備運作良好。這真讓人印象深刻。」

賈可布低頭盯著地板，但我想我看到了他臉上一絲微笑。

「這並不容易，」他媽媽說。「至少一開始很難。第一周賈可布根本沒跟我們說過話。他自己做飯，然後把飯拿回房間裡。但大約一周後，他開始和我們一起吃晚飯。他看起來就像剛睡醒一樣。就像在他打電玩的那些年裡，他一直都處在一團迷霧中。也許他只是睡眠不足。現在他居然會在晚飯時間聊天了。」

「他現在看起來更聰明了；理解力更好，注意力更持久，也更有耐心。」爸爸說。

「你怎麼看？」我問賈可布。「你同意嗎？」

「不，我不知道。我不覺得有什麼不同。絕對沒有更聰明。」

「如果由你決定，你明天還會開始打電玩嗎？」我問。

「當然。」賈可布說。

他的父母嘆了口氣。

賈可布依然沒有病識感，沒有意識到電玩如何取代了他的現實生活。

不要期待你的兒子能對他的狀況有病識感。我看到許多父母期望他們十一、十五或二十四歲的兒子能根據某些證據採取合乎邏輯的行動，家長們會說：「看看電玩占用了你多少時間；看看自從你開始每週花二十個小時在螢幕前，你的友誼是如何枯萎的；看看你有多沒精打采，除了玩遊戲的時候。」

家長們認為這些觀點很有說服力。他們希望自己的兒子有病識感，並根據證據做出改變。

不要等了。你可能要等上幾個月、幾年。如果你的兒子就是那數百萬任由電玩遊戲取代現實生活的男孩或年輕人之一，你就必須介入。如有必要，請移走設備、管制他坐在電腦螢幕前的時間。

如果你不這麼做，誰會呢？

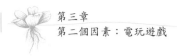

二〇〇六年，我寫了一篇讀者投書到《華盛頓郵報》，表達我對越來越多男孩沒有動機的憂心。我們會在第六章看到那封信以及讀者的回響。現在我只想與你分享來自北卡羅萊納州家長的電子郵件：

親愛的薩克斯醫生：

我讀了你在《華盛頓郵報》上的文章，我不是專家，只是個母親，我有我自己的理論。我想電玩是孩子沒有動機這個現象的主要罪魁禍首。我希望能保護我兒子不受它的摧殘，或至少嚴格限制他玩。當我看到二十幾歲的年輕人完全沒有動機，賴著別人維生、缺乏任何社交技巧，連一份工作或一個正常的生活都保不住時，我看到了共同的線索：這些孩子都沉迷在電玩遊戲中。

電玩遊戲教導孩子，假如你用某種方式操弄，你會很容易贏。這些孩子在他們成長的過程中，都跟別人沒什麼互動，而這種互動在他們長大與別人交往時很重要。他們把自己關在一個想像的世界中，與外界隔離。一陣子之後，他們喜歡這個想像的世界而不喜歡真正的世界了。在真實世界裡，事情沒有這麼容易掌控。他們不能用搖桿去統治世界。在真實世界裡，他們必須跟別人說話，他們必須工作才有飯吃。

這帶到另一個問題，懶惰，一個沉迷電玩的人可以浪費幾百個小時而沒有實質的產品出來。玩電玩很容易，讀書很難，做每天生活必須的雜事很難，去上班更難。

我們做父母的要負一些責任，因為它一開始時是要娛樂我們的孩子，我們用「它有助於發展他的手眼協調」作藉口。他們在家裡，我們知道他們在做什麼、他們沒有在外面惹麻煩。如今他們二十多歲了，而我們搔著頭問：「他們出了什麼問題？」

我想假如你去做研究，看到電玩遊戲越來越普遍，並將它與越來越多的年輕人住在家裡做比較，你會發現兩者是平行線。我知道這聽起來很簡單，但是有的時候，複雜問題的答案就像鼻子在我們臉上那麼明顯。

夏綠兒M.，北卡羅萊納州

在這一章，我談到電玩遊戲是使許多男孩偏離正軌的一個原因。在前一章，我談到教育系統的改變，包括從競爭的形態移轉到大家都是贏家，這本身構成了一個因素。但這些改變並不是全部的故事，我可以想到很多對成功沒興趣、不打電玩也不喜歡競爭的男孩。他們不受權力意志的驅動，單純就是沒有動機。

他們的故事又是什麼？

第4章

第三個因素：ADHD的藥物

「但是這有傷害嗎？」一個家長問我。

假如這種藥物幫助孩子在班上的表現好，又沒有什麼傷害，為什麼不給他吃呢？

現在，我們就要來看這個重要的問題：有沒有害？害在哪裡？

許多男孩在服用這些藥物時看起來都沒事。

這些父母親所不知道的，而醫生也可能不知道的，是即使服用這些藥的期間很短，還是可以造成人格的改變。

一個本來很隨和、外向、有冒險精神的男孩，會變得懶惰和易怒。

從兩歲開始，提姆就對卡車感興趣，他會在家裡推著卡車跑，嘴裡轟、轟的模仿大卡車的聲音。三歲時，提姆和他家的黃色拉不拉多犬養成追著宅急便貨車跑的壞習慣，只因為某天宅急便的貨車司機對他們很和善。除了三歲的孩子不應該在馬路上跑，哪怕是在城郊住宅區的U型街道上，最主要的問題還是提姆一出門就跑得不見蹤影。他會追著卡車，跑到哪算哪，然後忘記回家，完全不害怕、漫無目的地在別人家的後院、車道上閒晃，身邊跟著他忠實的拉不拉多犬。提姆的母親卡洛嚇壞了。在一次黃昏時分開車沿著開發區尋找兒子和狗之後，她想著設一道隱形的籬笆、給拉不拉多一個項圈，或許也給提姆一個。

除了追貨車之外，提姆可是社區的甜心，他對生命的活力是有感染力的。然後到該進幼兒園的時候了。提姆的老師安吉哈特女士在上課的第三週找卡洛去談。「提姆似乎過動。」老師說。

「難道五歲的男孩不都是這樣的嗎？」卡洛問。

「並非如此。我知道你可能會這樣想，」安吉哈特女士說，不給卡洛打斷她的機會：「但做為一個老師，我看過各種孩子。在教書的十一年間，我看過幾百個孩子，我只是想讓你知道提姆在保持注意力上有些困難。」

「你是說注意力缺失症？」卡洛說道。

「我不是醫生，」安吉哈特女士說：「我不做診斷，只是要提醒你提姆不能安靜地坐在他的位子上，他坐一下子就開始扭來扭去；我叫他坐著不要動，他會聽話，但是五分鐘以後，他又在椅子上扭來扭去、發出聲音，使別的小孩不能專心。」

「我會跟他好好說。」卡洛承諾。

卡洛告訴提姆上課時不能亂動，但是提姆好像聽不進去。到十月底，安吉哈特女士和學校的輔導員都鼓勵卡洛帶提姆去給醫生檢查。所以卡洛打電話給小兒科醫生，約了門診時間。

去看病的那一天，候診室中擠滿了大哭小叫的病童，沒有任何空間給這個沒病的孩子坐，卡洛盡力想替她的兒子擋細菌，但是她幾乎可以看見一波波的細菌在空氣中向她撲過來。等了半個小時，終於叫到提姆的名字。

費爾曼醫生看了學校寫來的條子，「我知道學校很關心提姆。他們認為他可能有注意力缺失過動症。」她說：「你怎麼想，卡洛？」

「我沒看到提姆有什麼不對勁的地方，」卡洛說：「我是說，安吉哈特女士會這樣想是因為提姆不能好好坐著，但是從什麼時候開始，幼兒園的孩子要在椅子上坐一整天？我以為幼兒園是唱歌、遊戲之類的地方。」

「你顯然過時三十年了，」費爾曼醫生說，但並沒有惡意：「以前的幼兒園的確是那個樣子。現在的幼兒園幾乎是三十年前的小學一年級，而孩子要坐在椅子上，用紙筆來學習讀和寫。」

「但是假如我的兒子還沒有準備好要讀和寫，就表示他有問題嗎？或許是學校有問題。」卡洛抗議道：「或許問題是出在學校要求一個五歲的男孩要坐在椅子上一整天。你知道他上的學校是全日制的幼兒園。」

「這是很好的觀點，」費爾曼醫生說：「現在有一些證據顯示，比起五歲的女孩，五歲的男孩一般還沒準備好、也不能乖乖坐著很長一段時間。」費爾曼醫生的呼叫器響了，她看了一眼。「是加護病房。恐怕我必須中斷我們的談話。不過簡單講你有幾個選擇，一是不服藥，不改變學校的課程，而是你要更努力跟提姆溝通，想辦法讓他符合老師要求的行為舉止。」

「第二個選擇是什麼？」卡洛問道。

「第二個選擇是先不要讓提姆上幼兒園，把他放回幼幼班，下一年再上幼兒園。」費爾曼醫生說。

「你是說我應該讓他晚一年。」

「這真的不是什麼壞主意，」費爾曼醫生說：「你自己幾分鐘前才說過，學校是瘋了才會要求一個五歲的男孩在桌子前面一坐六個鐘頭。有的男孩辦得到，很多女孩可以，但是對許多還沒準備好在桌子前面坐上六個小時的男孩，他們對學校的第一個印象就會是很漫長的無聊與挫折。而且一旦他們有了壞的開始，事情就會像滾錯方向的雪球，越滾問題越大。一年可以帶來很大的不同。通常他五歲時還沒辦法在教室裡坐上六個小時的男生，六歲時卻比較願意這麼做。這一年可以對他的世界造成很大的差別。」

卡洛停頓了一下，然後說：「但我要怎麼跟我的朋友、爸媽解釋，我兒子被幼兒園刷掉？他們會以為他是發展遲緩什麼的，而我知道提姆很聰明。」卡洛看到費爾曼醫生再次查看她呼叫器上的訊息。「不行，我不能這麼做，不能讓提姆晚一年再上幼兒園。第三個選擇是什麼？」

「第三個選擇是服藥。阿迪羅（Adderall）、甲磺酸賴氨酸安非他命（Vyvanse）、鹽酸醋甲酯（Metadate）跟專思達（Concerta）。我通常從低劑量的專思達開始。假如有效，很好；如果不行，再調整劑量。」

「但是像專思達、阿迪羅這種興奮劑，它們有害嗎？」

「所有的藥物都有副作用，」費爾曼醫生說。她站起來，突然間失去了耐性。「一個孩子可以死於吞下二十顆泰諾（Tylenol）；我親眼見過。」她再次看她的呼叫器，「很抱歉，卡洛，我必須走了。思考一下我剛剛告訴你的話，假如你決定讓兒子服藥的話，打電話到我辦公室來。」

卡洛為了她的決定煩惱了一個禮拜。她找朋友討論、上網搜尋，最後打電話給費爾曼醫生的辦公室要求開藥。

提姆一開始對藥物的反應，讓卡洛確定她的決定沒錯。服藥的第一天，提姆在學校的行為立刻就有了改善。老師告訴卡洛：「你做得很對，現在我們可以看出提姆有多聰明了，他真的是個很聰明的孩子。」

費爾曼醫生建議提姆每天服藥，包括週末和假日，但卡洛決定在耶誕假期間不強求他吃藥。停藥的頭兩天，提姆的行為讓她警覺：過去的活力和衝動又回來了，但還帶點她不熟悉的東西。當她叫他時，他並沒有進來。當她出去把他帶進屋時，他突然拿塑膠冰上曲棍球棍丟她——對準了她，好像想要傷害她似的。他以前從來沒有這樣做過。

第二天，以及接下來兩年的每一天，她都確定提姆有按時服藥。費爾曼醫生在第二年秋天增加了劑量，因為十月分、他上小學一年級之後，老師又說提姆上課不專心。

接下來的春天，卡洛聽說有個研究發現，服用像專思達這種藥物的孩子，與沒有服藥的孩子相比，可能會長不高。假如像提姆一樣從五歲開始服藥、連續服用十年，大概會矮個七到十公分。[1]卡洛很嬌小，只有一百五十五公分，提姆的父親也不高，只有一百七十二。提姆已經展現出對籃球的興趣，假如他本來可以長到一百八，最後只長到一百七，卡洛可不想擔這個責任。

所以當學校在六月放暑假時，她停了提姆的藥。如她預期的，提姆比以前更衝動、更不聽話，但她同時也注意到一件她從來沒有看過的事：提姆變懶了。這不僅是他不願意幫忙做家事，而是他什麼都不想做。他以前對卡洛或提姆的祖父母所提的計畫都很感興趣，他會跟祖父去釣魚、和祖母在花園裡拔草；以前沒有什麼是他不感興趣的，現在則沒有什麼是他感興趣的，除了電玩遊戲。

八月的時候，卡洛來找我，希望聽聽第二個意見。「我不知道該怎麼辦，」她說：「假如我不給他吃藥，我很擔心老師會不停地打電話來，但是我真的被今年夏天看到的提姆嚇到了。那時，他兩個月沒服藥，變得很懶、缺乏動機，這些都是他從來沒有過的現象。你認為假如我一開始就沒有給他服藥，提姆會像現在這個樣子嗎？」

「我很難說假如你一開始就不給他吃藥會怎麼樣。」我說。

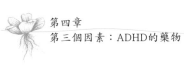

「我停掉他的藥，因為擔心它會阻礙他的成長。」卡洛說：「現在我發現這些問題都出來了，我還有什麼選擇呢？」

這個叫做注意力缺失過動症的症候群其實一直在我們身邊，雖然有人不贊同，認為注意力缺失過動症是藥商為了賣藥才發明出來的。[2]事實上，你很容易在百年前的書上看到完全符合現代注意力缺失過動症行為的男孩，有的出現在醫學期刊中，有的出現在小說裡。

就以馬克・吐溫（Mark Twains）《湯姆歷險記》的主人翁湯姆為例吧！假如你從來沒有讀過《湯姆歷險記》，現在可以去讀一下——你會看到過去一百五十年來，正常美國男孩的行為是如何地改變了。由美國精神醫學會（American Psychiatric Association）出版的正式指導手冊，裡面包含各種精神疾病的診斷標準，叫做《精神疾病診斷統計手冊》（*Diagnostic and Statis-tical Manual of Mental Disorder, DSM*），現在已經出到第五版了——而第五版的診斷和統計手冊（Diagnostic and Statistical Manual DSM-5）對診斷注意力缺失過動症的標準為：

- 在功課上，常常不能注意到細節，或犯粗心大意之錯。
- 常常無法維持注意力在作業上。
- 常常逃避、不喜歡、勉強去做需要用到心智能力的作業，如學校功課、家庭作業等等。[3]

湯姆完全符合上面的門檻。他對上學或學校毫無興趣，任何在室內做、需要用到很多注意力的作業，湯姆都做不好——即使他肯做的話。雖然他每週都去上主日學，顯然主日學的東西一點都沒有進入他的大腦。有一次他決定要贏得主日學的獎品——一本《聖經》——來引起貝姬的注意。這個鎮的孩子在背會《聖經》的一段時會得到一張點券，積多了可以兌換獎品。湯姆和他的朋友集到了足夠的點券可以去換一本《聖經》，而這等於要背住兩千條《聖經》的經文。他把點券繳上去換獎品，在頒獎的那一天，貝姬的父親正要頒《聖經》給湯姆時，他要湯姆講出耶穌十二門徒中任何兩個人的名字；可憐的湯姆當然完全不知道，情急之下，他爆出「大衛和歌利亞」。

許多人都同意，假如湯姆與像他一樣的男孩出現在二十一世紀的美國學校，絕對會被診斷為注意力缺失過動症。這些人指出，或許生病的不是孩子而是學校。在《養男育女調不同》中我說過一個故事，一個男孩在學校念書時，一天要服用好幾種注意力缺失過動症的藥物，但是當他去非洲的辛巴威當職業獵人的助手時，他完全不需要任何藥物，就可以在樹叢裡坐上幾個小時。（更新：現在這個孩子已經上大學了，還在校刊上發表詩及短篇小說——而且完全沒在服用任何注意力缺失過動症的藥物。）

事實是，假如湯姆要在二十一世紀的高中畢業、上大學，那麼他必須能在教室中一坐一整天，而且要能專心聽講。要做到這一點，他的父母可能就會要求醫生開藥，而醫生就很可能開給他阿迪羅、甲磺酸賴氨酸安非他命、利他能、專思達、鹽酸醋甲酯、右哌甲酯或憶思能（編按：Daytrana是一種貼布，鎖定六到十二歲過動症兒童為治療對象）。

像利他能、迪西卷（Dexedrine）這種興奮劑已經上市五十年了，新的產品如阿迪羅、甲磺酸賴氨酸安非他命、專思達、右哌甲酯和鹽酸醋甲酯，也在一九九〇年代以後出現。在過去的二十年裡，這些所謂的「校園的類固醇」（academic steroids）曾經大量使用在治療注意力缺失上。而二〇一三的美國男孩被診斷為注意力缺失過動症的機率，比起一九七九年高出了十倍。[4]

「為什麼不試試看？」

為什麼今天男孩服藥的數量比三十年前增加了這麼多？

有好幾個因素使醫生比較願意開藥給小孩吃，父母也願意接受孩子服藥，甚至主動尋求這些藥物。[5] 一個因素是我們的文化從個體責任轉移到第三者責任。三十年前，假如一個孩子敢對父母出言不遜、對老師吐口水，鄰居可能會說這孩子需要好好揍一頓、打一頓屁股。但是今天，同樣行為的孩子可能會被帶到小兒科診所或是小兒精神科掛號，醫生則可能「診斷」這個孩子有對立反抗症（Oppositional-Defiant

Disorder, DSM-V 313. 81），主要的診斷標準是儘管大人盡了最大的努力，孩子依然持續有不服從、不尊敬的行為。[6]

鄰居嘴裡的「令郎很沒禮貌」與醫生在病歷上寫的「令郎可能有對立反抗症」有不同嗎？我想是有的。假如某個你很尊敬、很相信的家長告訴你，你的兒子是個不聽話的傢伙，需要嚴格管教，你可能會考慮採取比較嚴厲的紀律來管教他。但是假如醫生說你的兒子有精神病的症狀，你的下一步很可能是問有沒有藥物可以治，這是很合理的行為。

你可以看到為什麼這兩種情形的責任歸屬不同。假如你的孩子沒禮貌，那你與兒子都有責任，你必須處理這個問題。你可能得做一些改變。但假如你的兒子是有精神上的疾病，就表示他大腦的化學物質不平衡，那麼這就像你的兒子被診斷出有白血病，你和他都沒有責任，對吧？精神科醫生哈里斯（Jennifer Harris）指出，今天「許多臨床醫生發現，告訴父母他們的孩子有大腦問題的疾病，比告訴父母管教孩子的方式要改變容易得多了。」[7]

另一個因素與不恰當地加速早期小學課程有關。我們在第二章已經談過，三十年前，小學一年級的課程如何變成現在幼兒園的課程。假如五歲的賈斯汀在椅子上動來動去、用鉛筆敲他的桌子，或是沒有任何理由站起來，四處觀察一下又坐回去，他可能會被送去醫生的辦公室，媽媽會拿著老師寫的條子解釋學校的觀點。「他們認為賈斯汀可能有注意力缺失過動症。」

我從美國家庭醫師學會（American Academy of Family Physicians）申請到研究費，開始調查華盛頓特區地方的醫生對注意力缺失過動症的看法。我們問了很多問題，最主要的是「誰最先建議尋求注意力缺失過動症的診斷？」是醫生？其他專業人士？母親？父親？老師？鄰居？還是親戚？醫生們告訴我，絕大多數的病例，第一個建議診斷注意力缺失過動症的是老師。[8]

不要誤會我，老師為注意力問題叫學生去看醫生並沒有錯。有好幾次，我應家長的要求去學校觀察他們兒子上課的情形，因為老師先對家長提出了這個要求。在我調查的每一個個案中，老師的觀察都是正確的：賈斯汀沒有注意聽，他在看天花板，看窗外或敲他的鉛筆。假如老師說賈斯汀沒有注意聽，他就是真的沒有注意在聽。

但是為什麼賈斯汀沒有注意聽呢？他真的有注意力缺失過動症嗎？還是因為其他的理由？

決定賈斯汀的問題是因為注意力缺失過動症或是其他原因，是醫生的責任。很不幸地，大部分小兒科醫生和家庭科醫生都沒有被訓練、或有經驗（或有足夠的時間）來對五歲、六歲或七歲的男孩做精密的神經發展上的評估，以決定這個男孩的問題是出在注意力缺失過動症，還是另有其他原因。幾乎每個小兒科醫生和家庭科醫生在回答我們的問卷時，都很誠實地承認自己這一方面的不足。

所以，當醫生被要求去評估這樣的男孩時，他該怎麼辦？我們發現有少數的情況，醫生會轉介孩子給發展心理學家去做評估，但是這情況並不普遍。有幾個原因，第一是許多健保不給付這種心理學家的評估；即使給付，也只付一部分。父母親自掏腰包的費用通常是從一千美元起跳，還可以高很多。

另一個理由是許多醫生相信實證法，這是美國醫學的傳統。他的理由非常簡單：假如你認為賈斯汀有注意力缺失過動症，就開注意力缺失過動症的藥物給他吃。如果情況改善了，很好；如果沒有，那麼或許就有必要花錢請其他人做正式評估。不然就是加重一點劑量。

這些藥物的確會提升孩子的注意力廣度和學業成績。對很多中產階級及有錢的家長，這就是他們想要知道的。假如他們的兒子在學校裡很辛苦、跟不上，而老師建議吃這些藥物會有幫助，醫生也同意——同時父母親知道，班上有三或四個同學都在吃這個藥，效果好像還不錯——那為什麼不給自己的兒子試試看呢？如果吃藥看起來奏效了，不是就皆大歡喜了嗎？

二〇〇六年五月，我很榮幸受邀到哈佛大學主辦的「學習和腦」（**Learning and**

Brain）的研討會擔任主講人。我很希望能說我的演講是最有趣的，可惜我不能。最有趣的演講者我想是麻省理工學院（MIT）的教授蓋伯瑞利（John Gabrieli）。

蓋伯瑞利教授的團隊不知怎地，竟然得到父母的允許，把很強的注意力缺失過動症藥物給正常的兒童吃；這些研究者同時得到父母的同意，暫時停止給注意力缺失過動症孩子服藥，而這些是真正有注意力缺失過動症的男生和少數幾個女生。然後蓋伯瑞利教授的團隊在服藥和停藥期間測試這些兒童，看他們在有藥、無藥情況下的學習情況。當蓋伯瑞利醫生給我們看那張重要的幻燈片時，底下聽眾都倒吸了一口涼氣：注意力缺失過動症的藥物在增進正常兒童表現的程度，與它增進有注意力缺失過動症孩子的一模一樣。[9]

這是非常重要的發現。很多次，我被要求提供第二意見，因為這孩子已經被診斷為注意力缺失過動症了。父母親來找我有好幾個原因，有時候是他們的岳父母或公婆告訴他們，孩子不需要或不應該服藥；有時候是父母親在電視上看到對這些藥的報導而感到害怕，所以要我評估他們的兒子。假設這個男孩叫傑克，在觀察了好幾個小時之後，有時候我會說：「某某先生、太太，我不認為傑克真有注意力缺失過動症。」

父母之一會說：「但是某某醫生開了阿迪羅，而且真的很有效，他顯著地不同了。傑克在課堂上變得安靜，老師說他的行為好多了，而且可以專心。他的成績也上來了。」

換句話說，這些父母——以及傑克的醫生——用對藥物的反應來肯定診斷。「假如藥物幫助傑克學習得更好，這不就表示傑克有注意力缺失過動症嗎？」

長久以來，我們很多人都很懷疑，而蓋伯瑞利醫生的研究確認了我們的懷疑：對這個問題的回答是「NO」，否定的。這些藥物——阿迪羅、利他能、甲磺酸賴氨酸安非他命、專思達、鹽酸醋甲酯、憶思能，還有其他的興奮劑——對正常兒童表現的改善與真有注意力缺失過動症的兒童表現的改善是一模一樣的。因為藥物改善了孩子的表現，並不代表這個孩子就有注意力缺失過動症。

「但這有害嗎？」一個家長問我：「假如這種藥物能幫助我的孩子在班上表現得更好，又沒有什麼害處，為什麼不給他吃呢？」

現在，我們就要來看這個重要的問題：有沒有害？害在哪裡？許多男孩在服用這些藥物時看起來都沒事。這些父母親所不知道的，而醫生也可能不知道的，是即使服用這些藥的期間很短（一年或更短），還是可以造成人格的改變。一個本來很隨和、外向、有冒險精神的男孩，會變得懶惰和易怒。

伏隔核[10]

哈佛大學醫學院的卡里松教授（William Carlezon）和他的同事是最早一批報告說，如果把興奮劑類藥物——如治療注意力缺失過動症孩子的那些——給實驗室的幼鼠吃，會造成這些幼鼠在長大後失去動機。[11]這些動物看起來正常，但牠們很懶，不想努力工作，甚至在情況很不好時，也不想逃走。

哈佛大學的研究者認為，這些興奮劑可能在孩子身上造成了同樣的影響。使用這些藥物的兒童在服藥期間，表面上看起來很好，停藥後看起來也沒問題，但是長大後，當他們不再服藥，他們變得不太有動機。他們不太有站起來、捲起袖子去做事的驅動力。

這些興奮劑在發展的大腦中，傷害的地方叫做伏隔核（nucleus accumbens），對人類和實驗室的動物皆然。[12]對神經科學家來說，這並不驚奇：這些藥物的機制都在模仿多巴胺的作用，一種對脈衝的傳遞非常重要的神經傳導物質，而伏隔核中充滿了多巴胺的受體；[13]假如你給孩子吃這些藥物中的任何一種，它們都會和伏隔核中的受體相結合，或許會干擾伏隔核的發育。

伏隔核是大腦中的動機中心，[14]更準確一點地說，伏隔核就是把動機轉化成行動的地方。假如孩子的伏隔核受損了，他還是會覺得餓，卻提不起動機去為這件事去做些什麼。假如你的伏隔核受損，會變得缺乏動機、不關心，對真實世界的成就缺少驅力，不在乎成功與否。這可能就是長期服用阿迪羅、甲磺酸賴氨酸安非他命、利他能、專思達、鹽酸醋甲酯、右哌甲酯或憶思能的結果。

在本書中所提到的研究都是用實驗室動物做的，不是人類，但是現在有證據指出，那些開給注意力缺失過動症孩子服用、刺激伏隔核的藥物，會使伏隔核和它週邊的組織縮小，雖然有些人的改變似乎是短暫的。[15]其他的研究發現，即使偶爾服用這些藥物，也會導致大腦結構的改變。[16]那些伏隔核較小的注意力缺失過動症服藥者，不能把伏隔核的小怪罪到注意力缺失過動症上，因為注意力缺失過動症和比較大的伏隔核有關；[17]所以看起來治療注意力缺失過動症所用的興奮劑，可能會使人類的伏隔核縮小。

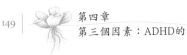

特別令人憂心的是，伏隔核和一個人的動機呈線性關係，伏隔核越小，這個人就越沒有動機，很被動，沒有驅力。[18]

缺乏動機與憂鬱症不同，也沒有必然關係。一個年輕人可以完全沒有動機，但是仍然快樂、滿足。我們在「賴家王老五」的第六章裡會再談到這個現象。

當我在思索藥物名單——阿迪羅、甲磺酸賴氨酸安非他命、利他能、專思達、鹽酸醋甲酯、右哌甲酯和憶思能時，你可能為我在講七種不同的藥物，事實上，我只在講兩種藥物：安非他命和派醋甲脂（methylphenidate）。阿迪羅和甲磺酸賴氨酸安非他命是安非他命；利他能、專思達、右哌甲酯、鹽酸醋甲酯和憶思能屬於派醋甲脂。

我們能不能百分之百確定，這些藥物會對大腦造成永久的傷害？當然不能，對任何藥物要說百分之百確定是很困難的事。但是作為父母，我們常要在還有疑慮時，就得做出決定，把孩子導向正途，這是我們的責任。假如你等到這些藥物被確定是危險的，才採取行動，你的孩子可能已經到中年了。

我一般會建議父母採取一個安全的其他做法。假如父母認為孩子需要吃注意力缺失過動症的藥，我通常會建議服用非興奮劑類的威克倦（Wellbutrin）、長效胍法辛（Intuniv）或擇思達（Strattera）。每一種藥物都有風險，但是非興奮劑的藥物不會對伏隔核造成傷害，它們不是在模仿多巴胺的作用。

美國的緝毒局（Drug Enforcement Administration）把阿迪羅、甲磺酸賴氨酸安非他命、利他能、專思達、鹽酸醋甲酯、右哌甲酯和憶思能分類為第二級毒品；在醫生處方的藥物中，第二級毒品是最有可能濫用和上癮的（第一級毒品如海洛英根本不可以在臨床上使用），因此我會建議父母：除非不得已，不要用第二級毒品，因為有比較安全的其他方法。威克倦、長效胍法辛和擇思達不是毒品，不在類別中——萬一你懷疑的話，我跟這些藥廠沒有關係，沒有拿他們的錢，不是替他們做事。

那麼女孩又如何呢？難道女孩不會受到同樣的影響嗎？很難說。大部分的研究是用實驗室動物做的，只研究雄性動物，而最近有些證據指向注意力缺失過動症女生的神經基質（neurological substrate），與注意力缺失過動症男生的神經基質有顯著的不同。[19]所以我們不能假設男生是這樣、女生也是這樣；反之亦然。我們需要更多治療注意力缺失過動症的性別差異，及長期藥效的後果研究。

藥商每年花幾千萬促銷他們的藥品，比如阿迪羅、甲磺酸賴氨酸安非他命、專思達和鹽酸醋甲酯，但是沒有人願意買廣告告訴父母和醫生這些藥可能有風險。沒錯，這些風險都尚未證實，我們還不確定這些會對實驗老鼠大腦造成傷害的藥物，會不會也對人類造成傷害。我想它們應該會。但也許它們不會。

你願意讓你的孩子做這個實驗的自願受試者嗎？

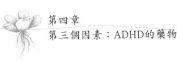

維多利亞時代的古董遺跡

我們談過目前有很多證據顯示，大部分開給注意力缺失過動症孩子服用的藥物都有不好的副作用。我們也看到這些副作用可能是永久性的：從實驗室的動物身上，我們看到在幼年期服用這些藥物會對成年後的學習與動機帶來負面影響。

但是我有第一手的經驗，這些負面影響或許可以被反正。

第一次看到傑瑞是我替他做進幼兒園前的身體檢查。他那時五歲，非常聰明、外向、友善。幼兒園、一年級、二年級都很平靜地過去了。三年級、他八歲的時候，開始抱怨學校「很蠢」。老師也告訴家長傑瑞上課不專心。開學前他做了測驗，智商在資優的範圍內，尤其是創意寫作和藝術方面，但問題其實是在他進入資優班之後出現的；他的成績開始往下滑。

傑瑞的母親黛博拉很仔細研究了這個情況，當她把傑瑞帶來看我時，她已經自己為這個問題做出了診斷。傑瑞有注意力缺失過動症，「不專注型」（**predominantly inattentive type**。她相當恰當地使用了專業術語）。「他不喜歡學校是因為他不能集中注意力，由於他的注意力缺失過動症，所以表現得不好。」她對我解釋：「傑瑞是個完美主義者，他不喜歡做他不能做到十全十美的事。」傑瑞的母親甚至不要求我去做我自己的評估，只是要我開處方。「我很擔心假如現在沒有採取行動，在他還小的時候立刻補救，情況就會像滾雪球一樣惡化下去，」她告訴我：「他已經決定他恨學校了。他會開始落後。我們必須馬上採取行動。」

這件事發生在一九九六年的秋天，那時我對自己的判斷和診斷技術不像現在這麼有信心。而黛博拉非常有決心，我懷疑有任何醫生能說服她改變心意。我堅持做一個簡單的評估（三十分鐘），評估完之後，我還是不確定傑瑞真有注意力缺失過動症，但是黛博拉說：「為什麼不先從低劑量的藥試試看呢？」（請記得，這是蓋伯瑞利醫生發表他研究之前的十年，我們還不曉得注意力缺失過動症藥物對沒有注意力缺失過動症的孩童有相同的增進效果。）

所以我同意先開五毫克的利他能，一天兩次。它沒有效，傑瑞和黛博拉三個禮拜後又回到我的辦公室。

「他需要更強的劑量。」黛博拉很權威地說。

「我很抱歉，」我說：「我不認為提高他的藥量是正確的做法。你要不要帶傑瑞去看某某醫生？」我給了她一個有名的注意力缺失過動症專家的名字。「他是美國國家衛生院的顧問，寫過一本有關注意力缺失過動症的書。看看他會怎麼說。」

黛博拉帶她的兒子去讓專家評估。他同意她的看法，傑瑞需要更強效的藥。當更強效的藥也沒用時，那位醫生把傑瑞的藥從利他能轉成阿迪羅。當傑瑞變得更為陰沉和退縮時，他診斷他為注意力缺失過動症伴隨憂鬱症，所以又加了百憂解。當傑瑞開始在學校憤怒地發脾氣時，醫生又加了可樂甯（clonidine）。當傑瑞九歲時，他依然恨學校，而他同時在服三種藥物。這時，他們家換了健康保險公司，到一家我們不接受的公司，我就和傑瑞失去聯絡了。

四年過去，他的父親升官，又換回原先的保險公司。有一天我注意到傑瑞的名字出現在學校例行健康檢查的名單上。我查一下他名下用藥的單子，發現上面寫著「無」。

很有趣。

我走進檢查室，差一點認不出傑瑞來。他是個完全不一樣的孩子，不僅僅是長大了，更是完全轉變了。他現在一身肌肉，孔武有力，皮膚曬成古銅色。但是最大的差別是他在微笑。一個很大的笑容，是我從他在幼兒園後就不曾見過的笑容。「哈囉，傑瑞，」我說：「很高興再看到你，告訴我，你休閒時最愛做些什麼？」我發現這是一個很好打破僵局的問題，尤其對他這種年齡的男生和女生。

「休閒時候我最喜歡做的事，」傑瑞重複我的話，把這問題再想一遍：「哼嗯，以目前來說，我最喜歡讀邁諾亞（Minoa）古文明方面的東西。」他說。

「為什麼？」我問道。

「我也讀克里特（Crete）或邁錫尼（Mycena）古文明。」他開始告訴我愛琴海的古希臘島席拉（Thera），這個島的文明在西元前一五〇〇年被火山爆發所摧毀。「但是住在島上的人一定知道火山快要爆發了，」他說：「因為當你挖掘這個島時——現在叫做聖多里尼（Santorini），但是其實只是火山口（caldera），那是以前的席拉——當你挖掘火山口時，你發現羊骨和牛骨，但是沒有人骨。」

我很高興我知道 caldera 的意思是什麼。

傑瑞繼續說，他教我這個地震引起火山爆發的巨變，可能是後來亞特蘭提斯城（Atlantis）沉入海底神話的由來，一千年後被柏拉圖所寫下。我聽得入神。傑瑞給了我書名，假如我想知道更多的話，可以去看書。[20]

我走出來跟黛博拉談。「我真是非常驚訝，」我告訴她：「我實在太高興看到這個巨大的改變！告訴我發生了什麼事。」我問道。但是在她回答我之前，我想回答我自己的問題：「我想我知道發生了什麼事，我想你停了藥。我那時非常地不自在，對於這麼小的孩子服用這麼多的藥，我一直覺得不安心。」

母親搖搖頭：「我們想停藥，但是他的情況變得更糟，更退縮，脾氣更不好。你叫我去看的那個醫生開始擔心傑瑞會自殺，要我們送傑瑞去住院。所以我們又回去服藥，雖然服了藥也沒有什麼好處。」

「那麼，他變好的祕方是什麼？」我問道：「是什麼改變了一切？」

黛博拉說：「我們把他從拜倫學校轉到了高地學校。」

現在輪到我搖頭了。「拜倫和高地都是很好的學校，」我說：「但是為什麼從一所好學校轉到另一所好學校，會帶來這麼大的改變呢？」

黛博拉就事論事地回答：「高地是間男校，而拜倫是男女合校。」

「這怎麼可能有任何關係？」我問道，在她能回答我之前，我說：「我並不是有意冒犯，但是我們是在二十一世紀，單一性別的教育是維多利亞時代的古董遺跡，我們現在生活在男女共處的世界，所以學校也應該要是男女合校；這對我來講是非常直截了當的事。」

黛博拉說：「你需要自己去看一下高地學校。傑瑞在他原來的學校非常痛苦，拜倫的人認為傑瑞是資優生，所以他們把他放在特別的班級，而他是那個班上唯一的男生，有時是兩個男生中的一個。寫作班和藝術班大部分都是女生，所以其他的男生嘲笑他、捉弄他。『你喜歡藝術，你一定是同性戀。』他們這樣說。傑瑞要求不要上藝術課，他開始覺得學校是浪費時間的地方，他的長處只會使他被人嘲笑而已；但是他也不能假裝喜歡其他男生喜歡的事，例如男生就『應該』喜歡男女合校。所以他的日子很不好過。但是在高地中學，他開始有自信了。在高地，藝術班的學生只有男生，寫作班也是。真是很令人驚訝，他的興趣很快就擴展開來。而且不只是在學業上。他最喜歡的老師是歷史老師，同時也是長曲棍球（lacrosse）的教練，所以傑瑞參加了長曲棍球隊；而你知道嗎？他竟然打得很好！在高地學校不過幾個月，我們就停藥了，因為他顯然不需要藥物；他需要的只是另一間學校。」

這對我來講真是醍醐灌頂。我只上過男女合校的學校，一直以為單一性別的學校是落伍、過時的舊時代遺蹟。或許我該重新思考。

我要與你分享這個真實的故事有兩個原因。最重要的是：在這一章的脈絡下，我認為強調阿迪羅、甲磺酸賴氨酸安非他命、專思達和鹽酸哌醋甲酯有這麼多令人害怕的消息雖然很重要，但是吃了這些藥的孩子不代表一輩子就完了。在黛博拉告訴我男校對他兒子的好處後，多年來我又看到很多類似的例子：男生在上男女合校時服藥，轉入男校後，便可以把藥停掉，而且發展成一個各方面都很優秀的學生和運動員。這些例子使我相信，過去我們是給男生藥物使他能適合學校，現在應該要改變學校來適合學生。

這也導致我覺得這個故事很重要的第二個理由：在這個真實故事裡，學校提供了傑瑞一個避難的天堂。孩子一天花那麼多的時間在學校裡，學校對孩子是非常重要的。傑瑞的父母就像所有的父母一樣很關心孩子、積極參加學校的活動，但是直到他們把傑瑞轉到適合他的學校以前，傑瑞一直在朝錯誤的方向走。

我並不是說高地學校比拜倫好，我也知道有很多家庭是比較喜歡拜倫的，他們覺得高地學校太軍事化、太嚴謹，或有太強的宗教意味。你記得我在第二章所說的，沒有什麼叫「最好的」學校，每個孩子的需求不同，對傑瑞最好的學校，對他的弟弟傑森來說可能是最壞的。你必須先了解你的孩子，再去找跟他相配、氣味相投的學校讓他讀，你就不會有煩惱了。

在這本書裡有我們一直要回答的關鍵問題：為什麼今天這麼多男孩沒有動機？在過去的二十到三十年裡，究竟是什麼改變了、使這個現象出現？到現在為止，我們找出了三個因素——

一、教育形式和課程的改變，尤其是：

- 早期基礎教育的加速（像是幼稚園就教自然發音法）
- 從 ***Kenntnis*** 移轉到 ***Weissenschalt***（像是螢幕取代了戶外教學）
- 取消競爭的形式（人人有獎）
- 學校變得對男生不友善（不准丟雪球、不准寫史達林格勒戰役的故事）

二、超高科技電玩遊戲的害處

三、興奮劑藥物處方過度氾濫

對大腦來說，第二項的電玩遊戲和第三項的處方藥物，都可能對伏隔核和背側前額葉皮質的平衡產生負面影響，使男生看起來正常、感覺也正常，但是沒有動機，看不出為什麼要辛苦工作去完成真實世界的目標。

剛開始著手寫這本書時，我還沒有找到上面這三項因素，我在這個主題的第一篇論文是從完全不同的研究方向和證據，追蹤出第四個因素：內分泌干擾物質。[21]

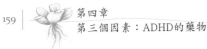

第5章

第四個因素：內分泌干擾物質

我們已經看到暴露在環境雌激素下會引起肥胖，男女都不能倖免。
暴露在合成的內分泌干擾物質之下會加速女生的青春期到來，
同樣的化學物質會干擾或減慢男生青春期的歷程。
我們現在也知道這些物質可以引起注意力缺失過動症。
科學家現在發現延後的青春期、過胖和注意力缺失過動症
三者一起發生的機率大於我們預期的，
但還是只有在男生身上。
我們毒害環境的結果是使女生像男又像女，
而男生是既不像男也不像女。

雌性化的魚

有十九年的時間，我住在華盛頓特區外圍的郊區；十九年的最後十四年裡，我工作的診所離我家只有幾條街的距離，我可以走路或騎自行車去上班。有時早晨我會聽收音機報路況，而伍卓威爾遜橋（Woodrow Wilson Bridge）常常是播報的主題。威爾遜橋是首都環城道上最長的一座橋，從華盛頓特區的南部跨過波多馬克河，它常是交通瓶頸。「當然，今天早晨要通過威爾遜橋的車子一路阻塞，走走停停，你可以預期從二一〇號公路到威爾遜橋會有二十分鐘的延誤……」

在二〇〇六年秋天，研究波多馬克河裡魚類的科學家報告了一項令人不安的發現。從橋下收集來的魚當中，科學家發現雌魚正常，雄魚卻不正常；當他們檢查雄魚的性器官時，沒有發現精子，卻發現了卵子。

這個奇怪的發現並不限於擁塞和汙染的威爾遜橋附近。科學家從波多馬克河七處收集來的魚，至少百分之八十都雌性化了，而他們收集的範圍遠至兩百哩的上游：從色南陀河（Shenandoah River）進入維吉尼亞州，一百多哩之後到馬里蘭州的門諾卡西河（Monocacy River）和康諾科基克溪（Conococheague Creek）河口，這些雄魚的性器官都在製造卵子而非精子。[1]

這則新聞刊在《華盛頓郵報》的頭版，因為華盛頓特區的人喝的水都是來自波多馬克河。河裡究竟有什麼使雄魚雌性化了？它有可能影響男性嗎？為什麼女性不會被它影響？

布萊澤（Vicki Blazer）是動物病理學家，專長在魚類，她承認這個結果很驚人，做出的結論是波多馬克河及其支流，源流顯然有顯著的「內分泌干擾物質」（endocrine disruptor）：它模仿荷爾蒙的作用，尤其是女性荷爾蒙。河裡並沒有發現荷爾蒙本身，事實上，布萊澤博士和其他科學家還沒有找到波多馬克河的問題究竟是因為哪一種化學物質或化學混合物所造成的。「波多馬克河中有分布得很廣的內分泌干擾物質，但我們還不知道為什麼會這樣。」布萊澤博士告訴《華盛頓郵報》。

地方官員立刻向人民保證自來水是安全可喝的，但有些消費者卻不買單。「假如他們還不能告訴我們問題出在哪裡，」波多馬克河環境保護團體的執行長摩雷費爾（Ed Merrifield）說：「那麼他們怎麼可能說水已經不受汙染了？」[2]最近布萊澤的研究團隊發現，魚的雌性化並不限於波多馬克河。他們發現全美的河川都有這個現象。一條河川當中有越多的人造化學物質，它裡面的魚越可能雌性化。[3]

《華盛頓郵報》曾經報導——在看似完全無關的文章——越來越多在華盛頓特區上學的大學生有陽萎的情形，甚至對性失去興趣。[4]這個現象一樣也不僅限於華盛頓特區；它是全國性的。杜克大學（Duke University）精神科前主任布羅地（Keith Brodie）從一九八〇年代起便開始輔導治療青少年，在他剛開始執業時，沒有年輕人提過勃起障礙，但他告訴《華盛頓郵報》，如今有四分之一的大學生有勃起或維持勃起的困難。同樣地，明尼蘇達州（Minnesota）的泌尿科醫生普萊爾（Jon Pryor）說，現在他的病人中有勃起困難的，有三成是三十歲以下的年輕人。[5]

現在美國的河川中常有一種或一種以上使雄魚雌性化的不明物質，這個事實賦予這個故事新的檢視角度。所幸至少這些陽萎的年輕人還沒有製造卵子。

假如這個問題只存在於波多馬克河和它的支流，我們也不會討論它。但是這個問題其實散布得很廣，在愛達荷州、華盛頓州、佛羅里達州的中部、五大湖區和阿拉斯加州、英國，甚至格陵蘭都有類似的事情發生，而且不限於魚類，哺乳類、鳥類和爬蟲類也有。[6]

這是怎麼一回事？

這會與你兒子有關嗎？

這個問題顯然也影響女生，最近一份資料蒐集了完整的內分泌干擾物質報告是關於女生的；讓我們看一下這個故事，並了解它是如何跟男生扯上關係的。

她才八歲，但看起來像十二或十四歲

波多黎各聖胡安（San Juan）的醫生在一九八〇年代開始注意到一些很奇怪的事情：女生七、八歲便進入青春期，她們的乳房開始發育，而一般是十二、十三或十四歲的女孩才會發育成那個樣子。當女生生理早熟的報導開始在城市流傳，當早熟女生的數量從幾十個到幾百個到幾千個，聖胡安市的小兒內分泌學家開始聯手，尋找女生提早發育的原因。他們測試了許多假設。

牛肉中的荷爾蒙？這些專家第一個想到的是：女生所吃肉類中的荷爾蒙，或許要負部分責任。四十年來，美國人吃的牛肉來自餵食性荷爾蒙——同化性類固醇（anabolic steroid）——的牛，這種荷爾蒙會使牛長肉。這些荷爾蒙其實與人類運動員如今因健康疑慮而禁止服用的類固醇是一樣的，醫生認為可能是這種荷爾蒙使女生胸部提早發育。[7]美國的農業部與波多黎各的衛生部一起調查，結果沒發現任何證據可以支持這個假設。和正常的女生相比較，這些胸部提早發育的女生體內並沒有任何荷爾蒙與給牛吃的荷爾蒙有關，而且科學家也不知道，餵給牛吃的合成荷爾蒙（通常是男性荷爾蒙）為什麼只會使女生的胸部提早發育。

基因？這些專家測試的第二個假設是基因。或許波多黎各的女孩比其他種族的女孩在體質上更容易性早熟。醫生仔細比較了住在波多黎各的波多黎各女孩，和住在費城的波多黎各女孩性早熟的頻率，結果發現住在費城的並沒有性早熟，只有住在波多黎各的才有。此外，住在波多黎各的女孩乳房提早發育是不分種族的。看起來它不是基因的關係。[8]原因不在染色體內，而在她們居住的環境，在聖胡安市。

塑膠。醫生聽說了佛羅里達州中部的鱷魚去雄性化的故事。美國魚類及野生動物署（**Fish and Wildlife Service**）發現，佛羅里達州中部阿波卜卡湖（**Apopka**）與野生動物保護區中的鱷魚有去雄性化的現象，這些鱷魚的睪丸萎縮，體內有高濃度的女性荷爾蒙。科學家認為這些公鱷魚的去雄性化與人造環境毒素有關。[9]

透明的塑膠瓶——在美國裝礦泉水的瓶子，也是用來裝碳酸飲料如可樂、百事、雪碧的常見瓶子——通常都是用聚乙烯對苯二甲酸酯（**polyethylene terephthalate, PET**）這種合成塑膠做的。你有過在大熱天把塑膠瓶放在汽車裡的經驗嗎？那塑膠瓶裡裝的也許是可樂、百事或雪碧？也許它就只是一瓶水。你有沒有喝過那個瓶子中的飲料，並注意到嚐起來有點奇怪？有一點塑膠味？當你加熱聚乙烯對苯二甲酸酯瓶，化學物質就會從塑膠釋出、進入你的飲料中，溫度越高，越多化學物質滲進飲料。這裡面有些化學物質叫鄰苯二甲酸酯（**phthalates**）。[10]

波多黎各的醫生在想，不知鄰苯二甲酸酯是否就是干擾、加速聖胡安市女孩內分泌發展的物質，畢竟波多黎各女孩很常喝瓶裝飲料，包括瓶裝水，而這些塑膠瓶在運送時可沒有冷藏，因此會在卡車裡變熱。他們測試了女孩血液中鄰苯二甲酸酯的濃度，把它和胸部沒有提早發育的波多黎各女孩血液拿來做比較——答對了！——那些胸部提早發育的女生，血液中的鄰苯二甲酸酯濃度很高，而且遠遠高於其他沒有提早發育的女孩。[11]

這個故事是極端案例，但現在有很多研究認為，像這樣的事正發生在美國、加拿大女孩的身上，只是不那麼顯著罷了。現在的女孩比以前任何一個時代都要性早熟。在美國，女生八歲進入青春期的人數，高到專門研究內分泌系統和荷爾蒙的兒童內分泌學家要開一個特別的會，以決定應該怎麼處理這個問題。

想想看這些專家在考慮什麼。他們可能會做一個長期的研究來觀察八歲乳房就開始成長的女孩，二十或三十年後會不會比較容易得乳癌？[12]他們也可以要求暫時停止將透明塑膠瓶飲料賣給青春期前的孩子。他們至少可以要求政府全力研究女孩益發早熟的這個問題。

但是美國的內分泌學家什麼都沒做，反而決定重新定義什麼是正常。這些專家決定：八歲就需要穿胸罩的女生不該再被視為不正常。現在，一般都視八歲開始進入青春期很正常了。[13]我在《棉花糖女孩》中花了一整章討論性早熟對女孩的不利影響。

但是這本書是關於男生的，為什麼我們在談女生？

不同步的青春期

目前，絕大部分模仿人類性荷爾蒙的現代化學物質，很奇怪地，主要是模仿女性荷爾蒙的作用（因此他們有時稱之為環境雌激素〔**environmental estrogens**〕），今天的孩子如果受到合成荷爾蒙的影響，它的作用通常是加速女性化發展。這個效果對男生影響很小，多半是減緩男生的性發展。現在已有實質的證據證明，那些加速女生青春期的內分泌干擾物質，可能會延緩或干擾男生青春期的歷程。[14]

這令中學變成一個很奇怪的地方。本來女生和男生的發展就已經不同，但是三十、四十或五十年前，這個差距是用月來測量，現在則是以年來估算。在過去的年代，女生大約是十二或十三歲開始進入青春期，男生則是十三或十四歲；假如你參加過三十年前的猶太教成年禮（**Bar mitzvah**），便會注意到高大、幾乎是成人的十三歲女孩，站在同年齡的男生旁邊，這個男生比女生矮了十五公分。三十年前，在十三歲生日那幾個月是性別差異最顯著的時候。今天，這差異的時間拉長了：女生通常在九歲開始進入青春期，半數的美國女孩在她們滿十歲之前就進入青春期了。[15]但男生通常很少早於十二歲，有時甚至遲至十四或十五歲。女生到十一或十二歲時已經完成了青春期，而這個年齡正是男生剛要開始的時候。

我最近參訪了一個六年級的班級，十二歲的男、女生坐在一起，女生很容易被誤認為已經十五歲了；她們青春期已經完成了。而男生則容易被誤認為只有九歲。他們的青春期根本還沒開始。

你會在七年級身上看到同樣的差距，到八年級時，有些男生開始趕上來了，有的還沒有；即使你到九年級的班上，還是會看到很多男生可能被誤認為只有五年級。過去十年中，我在很多參訪的學校都見過這個情形。大部分九年級的女生可以跟一個大學新生走進教室，而且被誤認為也是大學生；但很少九年級的男生辦得到。

現在有越來越多證據顯示，暴露在合成的化學物質下，可能會中斷或減緩男生的青春期，而且只有對男生有影響。安殺番（**endosulfan**，譯註：一種有機氯化合物專門殺果蠅、蚜蟲，大陸名為硫丹）是一種在美國和全世界都廣泛使用的殺蟲劑，從一九五〇年代直到二〇〇〇年的頭十年；光是在美國，二〇〇二年就用掉一百萬磅的安殺番在你我吃的食物上。二〇〇三年，科學家發現這種普遍使用的殺蟲劑會中斷與減緩男生的青春期——而且只影響男生。[16]美國的環保署（**Environmental Protection Agency, EPA**）提出二〇一〇年時自動禁止使用農藥的法案，要求該產品在二〇一〇年時下架；二〇一一年，在斯德哥爾摩舉辦的「持久性有機汙染物」（Persistent Organic Pollutants）會議，提議全球性禁售及禁用安殺番，如今已實施。

但是這個安殺番在市場上至少五十年了，科學家才發現它對青春期的男孩有害；又過了七年，美國環保署才將它下架。順帶一提，美國環保署下架安殺番並不是因為它關心對男孩發育的影響，而是農夫代表所提起的求償訴訟，這些農夫因長期接觸安殺番而中毒。[17]在美國環保署的公告上，並沒有說禁用安殺番是因為它可能有礙青少年的發育。[18]

美國環保署和其他機構並沒有測試這些化學物質在男孩發育上的影響，現在對新的化學物質的「安全」要求，只在它不會立即致命或引發癌症。美國環保署和其他政府機關根本沒有篩檢它對兒童發展、性的發展、男性荷蒙爾濃度等等的影響。假如你不要自己的孩子暴露在有毒的化學物質底下，你得靠自己。在本章稍後，我會告訴你這個領域的專家認為可以如何降低風險。

瓶裝水、奶嘴及奶瓶

懷孕的婦女，還有什麼比喝瓶裝水更健康的事呢？嬰兒吸奶嘴有什麼錯呢？媽媽把擠出的母乳裝在透明塑膠瓶裡，等一下爸爸可以餵給嬰兒吃，又有什麼不對嗎？

在過去的十年間，科學家發現上述行為可能會把合成的化學物質如鄰苯二甲酸酯，送進嬰兒體內。塑膠奶瓶還會傳導另一種危險的化學物質：雙酚A（bisphenol A），又稱BPA。雙酚A用在製造聚碳酸酯（polycarbonate, pc）上，是種在全球已發展國家中廣泛使用內分泌干擾物。這種硬塑膠奶瓶是全世界普遍用來餵嬰兒配方奶或裝母奶的容器，成分便是聚碳酸酯，所以可能將雙酚A溶入嬰兒吃的奶中。有些家長用軟的、有彈性的塑膠袋套在奶瓶中來餵奶，用完就扔掉，不必洗奶瓶，這些塑膠套有些成分就是鄰苯二甲酸酯，但是法律並未要求製造商告訴你它們含有鄰苯二甲酸酯，大部分的製造商也不會揭露這個訊息。

雙酚A像鄰苯二甲酸酯一樣，是模仿女性荷爾蒙，但另一個令人憂心的發現是：美國辛辛那提大學（University of Cincinati）的研究顯示，從這種瓶子中滲進牛奶或配方奶的低劑量雙酚A，會永久性地傷害實驗動物大腦的發展。而且不是主要只影響大腦中有關生殖和性的區域，包括掌管記憶和動機的區域都受到損害。[19]

義大利的研究者則發現雙酚A的影響有性別差異。他們發現若實驗室動物從小就暴露在這些化學物質下，長大後會對環境較缺乏好奇心。雄性動物在幼年時接觸到這些化學物質，長大後會比較不像雄性動物；牠們的行為「雌性化，非常像控制組的雌性」。[20]日本的研究者發現，雙酚A及其他干擾內分泌的化學物質，會傷害大腦中的多巴胺神經通路，包括伏隔核——就是我們在前一章討論的那個地方：動機的重要樞紐。在這裡，情緒被轉化成持久的、有目的的行為。[21]研究者也發現，過早暴露在雙酚A下，會減少或去除實驗室動物身上的正常性別差異行為。[22]

現在大家公認過早暴露在雙酚A之下，尤其是嬰兒期和童年，會干擾與扭曲男孩和女孩的發育，[23]「但是，」你說，「我很小心只買那些有大大標示**BPA-FREE**：不含雙酚A的奶瓶。」近年來，因為大家對雙酚A的危害有了更多認識，製造商開始用別的塑膠來做奶瓶了。這樣很好，不是嗎？

或許。但我們不能確定。它的假設是不用雙酚A製造的塑膠比用雙酚A製造的安全。最近這個假設受到測試，發現不成立——至少不是一直是正確的。有些不含雙酚A的塑膠會滲出更多的化學物質，比含雙酚A的塑膠干擾更多的內分泌功能。[24]根據最新估計，現在有八萬四千種不同的化學合成物在市場上，而大部分都沒有測試它們對男孩和女孩發育上的影響。[25]科學家現在開始說：「未經測試的化學物質都不能假定它們就是安全的。」[26]

避開塑膠。假如你要給你的寶寶或幼兒喝奶，請用玻璃瓶，不要用塑膠瓶（也不要用塑膠套）。假如你出門在外，要給你的孩子喝水，不要用塑膠瓶，用不鏽鋼的保溫瓶，我們知道玻璃和不鏽鋼是安全的。至於塑膠，即使是不含雙酚A的，我們都不敢保證。

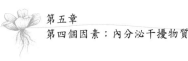

內分泌干擾物質、ADHD和動機

科學家才剛開始發現，這些化學物質對大腦的有害效應是前所未見的，注意力缺失過動症可能是後果之一。過去三十年來，北美洲男孩被診斷為注意力缺失過動症的人數大幅上升，直到最近才認為它和化學物質有關；一直到二十一世紀，神經科學家才看到鄰苯二甲酸酯和雙酚A會引起注意力缺失過動症的機制。

在二〇〇四年，神經科學家找到了內分泌中斷和注意力缺失過動症之間的關鍵連結：當實驗室幼鼠接觸輕微的內分泌干擾物質時（包括雙酚A和其他的鄰苯二甲酸酯），這個內分泌干擾物質會損害大腦系統。這些實驗室的動物會過動，牠們無法慢下來。[27]從那以後，研究者發現內分泌干擾和注意力缺失過動症的許多關係，例如有一個研究發現，孩子尿液中的鄰苯二甲酸酯和他注意力缺失過動症的症狀有顯著相關；[28]也有研究測量孕婦血液中的鄰苯二甲酸酯含量，然後等到孩子滿四到九歲時，觀察他們的行為，結果發現母親在懷孕時，血液中若含有較高的鄰苯二甲酸酯，她們的孩子長到四到九歲時，更容易出現衝動行為和注意力的問題。[29]

嬰兒、幼兒和兒童不會製造性荷爾蒙，他們的身體和大腦並沒有想在青春期以前去接觸它。當年幼孩子接觸到像性荷爾蒙這樣的化學物質時，大腦裡的平衡點就被破壞了，於是產生不可預期的結果。最近的研究發現，幼兒對這些有害物質遠比過去認定的更敏感，而一九九〇年美國食品藥物管理局（FDA）所設定的「安全」暴露標準可能過高了。直到最近，大家對這些化學物質所帶來的傷害都集中在致癌上面。事實上，以我們目前所暴露的情況來說，很少到達致癌的程度，[30]但我們現在知道，即使是很低的劑量，它都可能影響性的發展與大腦的發展。[31]

為什麼美國孩子變得這麼胖？

這些內分泌干擾物質的影響並不限於大腦與行為，它還可能與我們最嚴重的健康問題：童年肥胖症有關。環境雌激素會使孩子變胖——男孩女孩都一樣。

在一九七〇年，美國十二到十九歲的孩子只有百分之四．六有肥胖症，這個比例在後來的四十年間翻了四倍：二〇一〇年時，百分之十八．四的青少年有肥胖症，[32]當然，很多人把這歸咎於他們喜歡吃披薩、薯條和洋芋片上。為什麼現在肥胖的青少年比四十年前多這麼多呢？

對這個問題，答案不只一個。在我的《教養，你可以做得更好》中，我提到今天的美國家長常常讓孩子決定晚餐要吃什麼。當父母讓孩子決定晚餐時，有的孩子會選鮭魚和菠菜，但大部分會選起司漢堡和冰淇淋。四十年前，美國的家長比較會說：「沒吃完你的綠花椰菜之前，不准吃甜點。」

所以這是答案之一。今天的孩子也不像以前的孩子那麼好動，他們在室內玩電動，而不是像七〇年代的孩子一樣去戶外玩。這是另一個答案。

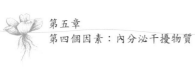

但有一點很奇怪的是：不只是人類變胖了。貓、狗和實驗室的動物都胖了，甚至連野鼠都比以前的胖。從一九四〇年代中期到二〇〇〇年代的頭幾年，研究者發現連續六十年來，家貓的平均重量以每十年百分之十的比率增加。好，或許人們給他的貓吃太好了，對嗎？可是你要怎麼解釋連野鼠都變得比較胖呢？總不能說這些野鼠花太多時間在看電視影集而沒有去外面玩吧？野鼠是生活在戶外的。

或許你可以說我們把太多薯條放在戶外，讓野鼠吃掉了。或許我們有，但是要怎麼解釋沒吃薯條的實驗室老鼠也變胖了呢？實驗室的動物，從猴子到老鼠，牠們的飲食受到嚴格控制，從二十世紀中葉，實驗室的日誌都必須記載牠們的飲食，而其中並沒有比較高的卡洛里或脂肪。今天實驗室的動物也沒有像五十年前那樣被限制活動，相反地，因為動物保護法的緣故，今日的實驗室動物比五十年前擁有更大的空間，也有很多機會去運動。

但是牠們仍然變胖了。[33]為什麼？研究這個主題的學者下結論說，環境中的化學物質改變了脂肪細胞的工作方式，所以牠們更容易變胖、比較難瘦下來。[34]

為什麼有這麼多的孩子變得這麼胖？越來越多的研究者把原因指向環境雌激素。幾十年來，科學家已經知道雌激素調節肥胖細胞（fat cell）。小孩子，不論男女，都不會製造雌激素，暴露在環境雌激素下「可能會有長期的後果」，增加肥胖的機率——這是美國國家環境健康科學院（National Institute of Environmental Health Science, NIEHS）的生物學家紐伯德（Retha Newbold）說的。這些化學物質直接影響肥胖細胞和腦下垂體及下視丘這個內分泌回饋系統。「我們還在試著認定它對肥胖細胞是否有直接的作用、它們怎麼分化或繁殖，以及它是不是會干擾內分泌回饋路線。」紐伯德博士說。[35]不論是哪一種方式，童年時期暴露在這些化學物質裡，會增加孩子肥胖的風險。

密蘇里大學（University of Missouri）的馮薩爾教授（Frederick vom Saal）強調雙酚A和肥胖機率的關係：即使是很低的劑量也可以活化肥胖細胞，使它們變得更大。他發現實驗室的動物不分性別，在幼年期時暴露在雙酚A之下，會使這些動物長大後過胖。它也使雌性過早開始進入青春期，但是對雄性則不然。[36]

我們已經看到暴露在環境雌激素下會引起肥胖，男女都不能倖免。當暴露在合成的內分泌干擾物質之下時，會加速女生的青春期到來。我們也看到暴露在同樣的化學物質之下，會干擾或減緩男生青春期的歷程。我們現在知道這些物質可以引起注意力缺失過動症——有可能三種一起來嗎？科學家現在發現延後的青春期、過胖和注意力缺失過動症三者一起發生的機率大於我們所預期的，但還是只有在男生身上。少數研究這種合併的報告中，有一份指出：研究者發現，每六個男孩中有一個是青春期延後，然後被診斷為有注意力缺失過動症，而相較之下，女生則是每三十五個裡才有一個。[37]我們看到男生過胖、不注意聽課和青春期延緩的人數正直線上升。

男生現在是比較脆弱的性別嗎？

我的病人是十歲的史提夫，在他家後院絆了一跤，摔在草地上。通常這沒什麼了不起，孩子不是不摔跤就長不大嗎？但是當史提夫站起來時，他卻大聲叫痛，左手抱著右臂，他的右臂可怕地扭曲著。史提夫折斷了右臂的兩塊骨頭，他僅是輕輕地摔了一跤而已。他必須上醫院去接骨。

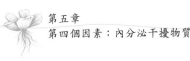

醫生把這種受傷叫做病理性骨折（pathologic fracture），因為它顯示表層底下有病變。一個男孩應該不至於跌在草地上就導致複雜性骨折，還需要外科手術。過去像史提夫這種骨折，是代表骨頭有問題，像骨質疏鬆症或副甲狀腺亢進（hyperparathyroidism）。現在卻不再是了，史提夫沒有任何隱藏的毛病，他是正常的美國男孩，也就是說，它會發生在任何一個男孩身上。在一項研究中，研究者總結從一九六〇到一九九〇年間，男生骨折的機率增加了一倍。[38]而這還只是此項趨勢的開端。另一項大型研究則發現，從二〇〇四年一月至二〇〇九年十二月間，兒童骨折已經成長了百分之三百五十。[39]史提夫是前臂骨頭裂開。在一個特別研究像史提文這樣骨折的研究中，研究者發現在二〇〇〇年到二〇〇九年之間，前臂骨折的比例增加了四百四十倍；他們認為「這個趨勢會一直持續到研究結束」。[40]

為什麼比起三、四十年前，今日美國男孩的骨頭這麼脆弱？有些人把責任歸咎到飲食上，這很合理：美國男孩現在喝的牛奶比三十年前的少，喝的可樂卻更多。[41]但是這個飲食形態的改變，並不能解釋青少年這麼嚴重的骨折發生率的上升。

當我把這個研究拿給父母看時，有些家長會說：「現在的孩子比較胖，胖的孩子骨頭比較脆，不是嗎？」不是的，體重增加也會增加骨質的密度，這個聯結在男孩身上比女孩更強，因此，比較胖的男孩骨頭應該比瘦的孩子強壯——這是研究者在控制了所有其他因素之後的發現。[42]

環境雌激素可能是一個被我們漏掉的原因。現在有很多證據指出，環境中干擾內分泌的化學物質，很可能會減弱骨質的密度及扭曲骨頭的架構，使骨頭變得比較脆弱。[43]這或許有助於解釋，現在男生的骨骼為什麼會比上一世代的來得脆。這些化學物質對骨質密度的影響，今天已經在實驗室的猴子、佛州的鱷魚和格陵蘭的北極熊身上看到了。[44]我們不能說這些化學物質一定是男生骨質疏鬆的罪魁禍首，但這個可能性值得有進一步的探討。

不男不女

性別差異不是人類所特有，幾乎所有的高等哺乳類動物在行為上都有性別差異。這些差異在靈長類動物（我們人類所屬的哺乳類動物）中尤為明顯，而且差異於生命早期就存在了。[45]

所以可怖的是：科學家發現幼年期——尤其是尚在子宮或剛出生不久——暴露在環境雌激素下，會延緩或使行為的性別差異消失。女性會變得比較不女性化，男性則變得比較不男性化。例如，年幼的實驗室動物在接觸到極低劑量的化學物質後，雄性就不再表現得像雄性了。牠們不再玩典型雄性的翻滾扭打遊戲，「玩的是雌性的遊戲」。[46]美國塔佛特大學（Tufts University）的研究者報告，當年幼的實驗室動物接觸到劑量非常低的雙酚A（比照母親有喝罐頭湯習慣時，會傳遞到嬰兒體內的劑量），男女大腦裡本來有的顯著性別差異就消失了。與未暴露的動物大腦不同，已暴露於該化學物質的雌性和雄性動物，大腦不再能夠有所區分。同樣地，動物行為和遊戲中的特徵性別差異也會消除。[47]

現在有越來越多的證據顯示，我們毒害環境的結果是使女生像男又像女，而男生是既不像男也不像女。[48]女生的後效非常複雜，不是本書的範圍所能包括的，我會在我的《棉花糖女孩》第四章中說明；而現在，我們必須專注在讓男生之所以成為男生的部件已陷入危機的可能性上。

有利處

你的兒子可能比你父親少了一半的男子氣概。

今日的美國男孩出生時性器官不正常——例如隱睪症（undescended testicle，睪丸藏在腹腔沒有完全下降）——的機率，是四、五十年前男孩的兩倍。[49]今日男生的荷爾蒙也比他祖父輩男性的濃度低。[50]男性不孕症正在上升，而證據表明，暴露在內分泌干擾物質中可能至少是部分原因。[51]根據一項全面的研究，最近幾十年來：

> 男性生殖問題，如睪丸癌、生殖器異常、精子的減少與品質不良，和男性不孕症是同步發生的，有時間上和地理位置的關聯，以及常常一個人身上同時出現多於一種問題。這些因素的集合強烈地指出它是有基因病理上（pathogenetic）的關係的，男性生殖方面的問題可能不是偶發事件，而是反映出這些事情的背後，有一個共同的因素……

作者認為最可能的共同因素是「有害的環境因素，如荷爾蒙干擾物質」。[52]這個問題可能開始得很早。我前面說過，假如一名婦女在懷孕時喝了透明塑膠瓶所裝的水，對她子宮中的男孩可能就已經產生不好的影響。

這是一個可以測試驗證的假設。流行病學家史萬（Shanna Swan）和她的跨美國團隊共同測試了這項假設。他們分析懷孕婦女的尿液，檢測是否有高濃度的鄰苯二甲酸酯在她們身體中，以及找出誰沒有。然後研究這些婦女所生的男嬰，在出生後幾週或幾個月做測驗，依母親在懷孕時體內有無鄰苯二甲酸酯來分組。他們很仔細地從美國各地找來自願者，包括加州、明尼亞波里州和密蘇里州，以確定他們所得出的結果不會只限定於一個特定區域。

眾人發現了他們所擔心的：血液中有高濃度鄰苯二甲酸酯的母親，她們的兒子性器官有輕微不正常的機率比別人高出了十倍。美國男孩最常見的不正常為陰莖比一般人小、隱睪症及尿道下裂（**hypospadias**，這個症狀是陰莖的開口不在陰莖頂上，而在下面）。[53]這使得史萬醫生做出結論：「這些男孩的男性歷程沒有完成。」[54]史萬醫生的發現並不是太令人驚訝，因為先前的研究已經發現鄰苯二甲酸酯暴露和男性生殖器官不正常之間的關係，只是以前是在實驗室動物身上看到，現在是在人身上看到了而已。[55]

史萬醫生是這個領域的佼佼者，她發表了很多重要的論文顯示，在許多工業國家，包括美國在內，男性精子數量在過去的二十世紀下半葉顯著下降。[56]而還有更多的研究在支持與跟進這項發現。[57]她同時也發現，住在低肥料和低殺蟲劑量社區的男子有著最高的精子數量。奇怪的是，城鄉差別似乎不是很重要。農夫住在鄉下，最常接觸到殺蟲劑和肥料，他們果然比住在城市裡的人有較低的精子數量。[58]其他的研究者也有報告暴露在鄰苯二甲酸酯中和精子質量間的直接關係。[59]

搬到鄉下不是解決問題的辦法，你必須在你所住的地方解決這個問題。

倫敦大學（University of London）的毒理學家費雪（Jane Fisher）蒐集了一系列令人不安的證據，顯示今日的男生沒有他的父親或祖父長得好；他們比較會出現不孕的問題、性器官不正常的問題，得睪丸癌的機率也比他的祖先高出了十倍。[60]

男性荷爾蒙濃度的下降，影響的不只是精子數。睪固酮是男生野心的驅動力，而對女生來講比較不是這樣。近年來，科學家開始了解男生和女生在動機源頭上的不同，對男生來講，睪固酮所驅動的不只是性的興趣而已：它同時也驅使競爭、成就感及完美。通常高成就的男孩比滿於現狀的男孩，睪固酮的濃度更高。女孩可以跟男孩一樣地競爭，但是有競爭心的女孩並不仰賴荷爾蒙做為她們的驅力；有競爭心、高成就的女孩，並不會比低競爭心的女孩有高睪固酮。[61]這個性別差異可能就是今天孩子浸泡在充滿雌激素的化學物質環境中，造成女孩子的驅力或動機沒有受損，而男生卻慢下來的緣故。

這裡有一些避免環境雌激素傷害你和你的孩子的建議：

- 不要給孩子軟的塑膠玩具或鄰苯二甲酸酯做的奶嘴。去找上面貼有「不含PVC」或「不含鄰苯二甲酸酯」標籤的產品。一些製造商會在他們的奶嘴貼上

「不含雙酚A」的標籤，但雙酚A其實從未用於奶嘴生產上，所以是種誤導。

- 不要用塑膠容器在微波爐中熱食物給孩子吃。現在有些冷凍食品是「在袋子裡加熱」的包裝，請將它從塑膠袋中取出、放到玻璃或陶瓷碗裡加熱。
- 用微波爐加熱食物時，不要讓保鮮膜接觸到食物。裝在盤子裡加熱。如果一定要用保鮮膜，就把食物裝在碗裡，這樣食物就不會接觸到保鮮膜。
- 避免用塑膠瓶裝你或孩子的飲料，包括水。用玻璃製品。
- 不要用透明塑膠奶瓶，用玻璃的。
- 不要讓你的牙醫在你孩子的牙齒上用密封膠（**sealants**），除非牙醫可以保證它不含鄰苯二甲酸酯。[62]

在最後一章，我會把這些建議放在保護你兒子的整個計畫書內容裡。

第6章 結果：賴家王老五

當一位研究者問大學生結婚比較好、還是單身一輩子比較好時，三分之二的男生選結婚比較好，一半以上的女生認為一輩子單身比較好。

二十五年前，三十五到四十歲的美國男人只有百分之八從來沒有結過婚，現在是百分之二十二，而且數字還在往上升。

《賴家王老五》一上演，立刻變成賣座第一的電影，我很驚訝這個電影竟然非常真確地抓住了我這七年所看到的現象。男主角是個很聰明的人，他完全可以很成功、很有成就，但就是沒有任何動機去完成任何真實的事情。

讓我用一個律師的笑話來開場。

有個律師住在昂貴住宅區的大廈裡。有一天，他的抽水馬桶壞了，他試著自己修，不成，只好打電話叫修馬桶的工人來。工人修好了馬桶、給他一張帳單。律師一看帳單勃然大怒。「你要我兩百五十美元的工錢，」這律師說：「但是你只花了半小時不到的時間。你一小時的工錢超過五百美元，遠高於我做律師一小時的談話費！」

修馬桶的工人很同情地點點頭。「我以前就是個律師。」他說。[1]

錢怎麼了？

布朗先生經營他的水電生意已經二十多年了，就在馬里蘭州蒙哥馬利郡和佛瑞得立克郡（Frederick County）的交界處。布朗先生很困擾，因為他找不到想學水電的年輕人（或女人）。

「我們曾聯繫佛瑞得立克郡的公立學校部門，」布朗先生說：「問他們願不願幫我們設一個水電工作的實習計畫。學校說沒問題，我們能為計畫在郡裡招募十二個學生。佛瑞得立克郡有六十間學校、超過四萬名學生，找十二個學生來實習能有多難，就十二個？」

「有多難？」我問。

「我們找到十個。在整個郡裡只有十個學生願意學水電，十個男生，沒有女生。我們沒辦法說服任何女生參加。」

「我猜修堵塞的馬桶對女生沒有吸引力。」我說。

「事實上，我們希望至少有幾個女生會感興趣，」布朗先生說：「我以為她們會想要獨立，修東西不必叫別人。但我們沒有找到任何女生。一個都沒有。」

「我知道女生的嗅覺比男生敏感，」我說。❷「當你告訴學區你只找到十個人，他們怎麼說？」

「他們說很好，十個就夠了，而且我們那裡修水電訓練的需求真的很大。我在上課的第一天就告訴這些孩子，只要把課程修完，我可以保證他們一定會有工作，而且修水管的學徒一年就有五萬美元的收入，只要他們願意花一些時間學習，而一個出師的……」

「要多久才能出師？」我問。

「四年做學徒，兩年做助手，然後去考證照。假如你通過，你就是水電師傅了。」布朗先生回答。

「一個水電師傅可以賺多少錢？」

「一年八萬元沒有問題，而這只是一週工作四十小時，假如你願意超時加班，你可以很輕鬆地一年賺到十萬美元。」

「不需要大學文憑？」

「不需要大學文憑，」布朗先生說：「我把這個解釋給班上的每一個學生聽。我說，只要留下來好好學，學個一技之長，你一生都搞定了。你不需繳大學的助學貸款，你的工作有保障，沒有在孟買的工程師或深圳的工廠能取代你的工作。假如你學會這門手藝、誠實做好你的工作，這一生都無憂了。」

「結果怎樣？」我問道。

「一個月以後，有一半的學生放棄了。他們根本對工作沒有興趣。他們不在乎，賺錢對他們沒有吸引力。到十月中旬時，我只剩三個學生，所以學區就把這個課程給關掉了。」

「我以為一出校門就可以賺很多錢，對年輕人是個吸引力。沒有多少十八歲的人可以一年賺五萬美元。」我說。

「我也是這麼想。」布朗先生說。

克瑞夫特的兩難

約翰．克瑞夫特（化名）沒上過大學，高中一畢業就去做建築工人，那是三十五年前的事了。二十年前，他成立自己的公司，專門做豪宅的裝修案，生意很好。「我現在接的生意從五十萬美元起跳，好幾個都是百萬元以上的工程。」他告訴我：「而且等著我接的單子排到一年以後。當然現在我不自己做了，我分包給其他人。」他不是在抱怨，因為他一年的收入有三十萬美元，對一個從來沒有上過大學的人來說，那真是不錯的收入。

但約翰有個問題：他找不到好的幫手。「已經十年了，我找不到美國土生土長、能在我底下工作超過一個月的好幫手。第一，現在這些年輕人不知道什麼叫敬業；第二，他們對學東西沒有興趣，一點興趣都沒有。」

約翰有六個員工，都是四、五十歲的人，大部分跟了他十年以上。「我想我會再做個五年，或許七年，十年最多；等我存夠了退休金就退休。當我的班底要退休時，我也無法找到人取代他們。」他停頓了一下。「現在的年輕人真懶散，」他最後說：「他們不想工作，寧可打電玩；他們根本沒有任何動力。」

「但是人性不可能在一個世代就改變，」我說：「假如今天的男生很懶，這是因為我們這個世代和我們的社會讓他們變成這樣。我們究竟哪裡做錯了？我們應該怎樣做才對？」

米勒和朗（Miller & Long）是美國最大的混凝土承包商，他們替職業美式足球卡羅萊納黑豹隊（Carolina Panthers）蓋了巨大的新球場。當國稅局決定要蓋新的總部時，米勒和朗在建築內灌了一百二十七萬五千平方呎面積的混凝土。最近幾年，婆羅洲、埃及、衣索比亞、象牙海岸、新加坡和土耳其都在華盛頓特區蓋新的大使館，米勒和朗承包所有的工程。

米勒和朗也在薩爾瓦多蓋醫院。這聽起來有點奇怪，因為米勒和朗不在美國以外的地方做生意，他們的總部在馬里蘭州的百瑟斯塔（Bethesda）；為什麼這家大公司在外國蓋醫院，而且是自己出錢呢？

「我們四分之三以上的工人來自薩爾瓦多，」這是我從米勒和朗公司人力資源部門的副總裁格萊史東（Myles Gladstone）口中所得到的答案。「他們住在這裡，但是他們的家人還在薩爾瓦多，他們當然很關心家鄉的親人。替他們蓋醫院是表示我們支持他們社群的一個方式。在那裡發生大地震之後，米勒和朗同時也在薩爾瓦多蓋了一百幢房子。公司在這上面花了很多錢，但米勒和朗並不是在唯一那裡出力的公司。美國所有的大型建築公司都去那邊幫忙，因為它們大部分的勞力都來自薩爾瓦多。」

「所以你很難在美國本地找到年輕的工人？」

「正是。」他說：「我們舉辦了好幾場說明會，希望能找到年輕人，男人跟女人來替我們做事。我們跟當地的高中合作，也錄用剛從監獄出來的人。」

「成功率如何？」我問。

「差透了，」他說：「我們大約只有六個成功的故事，還是幫我們說明會張貼海報的男孩。就六個人。」

「多少個裡面的六個？」我問道：「五十？一百？」

「幾百個。」

這開始聽起來很耳熟了。

我第一次聽到米勒和朗在薩爾瓦多做的善事，是從我當時的鄰居唐納休（Jeff Donohoe）那裡。他和親戚經營一家很大的製造廠：唐納休建築公司（Donohoe Construction Company）。很多年以來，唐納休先生一直努力地找新人進入建築這個領域：水電工、焊工、木工等有技術的工人；他拜訪當地的高中、去跟學生說話，通常用這個問題開場：「你們有多少人計畫上大學？」

幾乎所有的學生都舉起手來。然後他問：「有多少人可以告訴我，你為什麼要上大學？你想要做什麼需要大學文憑的工作？」

通常只會有五、六個人舉手回答，大部分是女生。然後他再問：「對你們這些想上大學又不知道為什麼要去上的二十位，我有一點建議：在你們欠下兩萬、三萬或四萬，甚至更多大學學貸之前，我要你們先考慮一下技職專業。假如你們變成一個有執照的電工或木工，會比你上大學的朋友賺得多，你高中一畢業就可以得到相當好的薪水，還沒有助學貸款要付。」

他幾乎找不到一個對此有興趣的學生。事實上，他已經放棄到高中招募新人了。「我真的不懂，」唐納休先生對我說：「這些孩子根本沒有興趣上大學；他們甚至說不出來為什麼要上大學。但是當你告訴他，有很好的職業並不需要大學文憑時，他們只是呆呆地看著你。我真不明白今天的孩子腦袋裡在想什麼。」

「為什麼沒有人想要學一技之長？」我問唐納休先生。他答道：

我想這是從父母和老師開始的。他們看不起「藍領」工作，認為我們只是在挖洞，把磚頭丟來丟去。他們不曉得現代建築比坐辦公室需要更多的高科技。我們把建築師的藍圖直接上傳進挖土的器具中，這是用鐳射和衛星定位系統把地整得跟建築藍圖需求的一模一樣；它不是像在海灘上蓋沙堡，而更像是大腦手術。但是家長和老師認為假如沒有上大學，這孩子就是個失敗者。我們要的是聰明、高動機、完全知道自己在做什麼的人。我現在在這個國家真的找不到這樣的人，所以必須僱用薩爾瓦多人或墨西哥人或瓜地馬拉人，然後訓練他們。

唐納休先生不是唯一觀察到這現象的人。社會評論家墨雷（Charles Murray）博士觀察到二〇〇七年初，許多中產階級家庭的高中生「上大學是因為父母出錢，大學是他們那個階級在高中畢業後應該去的地方。」[3]這些孩子不知道他們要在大學做什麼，幾乎沒有人去想技職體系可能對他更好。

墨雷博士的分析比唐納休先生更嚴厲：「在社會學、心理學、經濟學、歷史或文學的學士學位不擔保任何事情，」他寫道：「它是你老闆的篩選工具，你所進的大學代表你的能力，你四年能讀得下來代表你的毅力和堅持，但是文憑本身並不擔保你一定找得到工作。現在有更好、更快、更有效率的方式使年輕人拿到證照，找到工作。」墨雷更觀察到我們進入一個很奇怪的世紀：律師和醫生比好的水電工要多。

美國上層社會的財富分配已經造成優秀工匠的短缺。找到一個好的律師或醫生很簡單，找到一個好的木匠、油漆工、電工、水工、石匠……卻非常困難，而這是賣方市場。……好的工匠師傅薪水可以上看六位數，他們在經濟不景氣時仍有工作。他們的工作不會被印度人搶去，而且匠人的工作提供非常好的回饋：它來自精湛地完成一個挑戰、獲得確實的工作成果。有多少白領工作可以帶給你同樣的滿足？[4]

五十年前，甚至四十年前，年輕人選擇技職一點都不覺羞恥。大約自一九八〇年代開始，尤其在一九八三年《危機的國家》（*A Nation at Risk*）這本書出版以後，有一種共識開始在美國蔓延：每個孩子都應該上大學，不管他的功課、性向如何。「技職教育」失去它過去的地位，被看成智力不足人士匯集之處，學校校長和管理者則開始視汽車機械或焊接課程為昂貴且有失顏面的消遣，因為學校的核心使命應該是確保每個學生都能上大學。

這個後果不只是修個馬桶要天價。這種態度的後遺症是培養出一批沒有生產力的年輕人，看不到自己生活的意義或目標。

普利畢洛夫群島的教訓

二〇〇五年時，阿拉斯加大學費爾班克校區（University of Alaska at Fairbanks）的克萊費爾（Judith Kleinfeld）教授邀請我去一趟阿拉斯加。我花了幾天時間與原住民領袖談話，因為他們很憂心他們的孩子。有越來越多的孩子與學校疏離，不喜歡上學，六年級或七年級就中輟。他們喝啤酒、打架滋事。墨卡力夫（Larry Merculieff）是原住民，也是阿拉斯加原住民科學委員會（Alaska Native Science commission）的副主任，他在聚會上說的一些話讓我很不安，所以在會後，我留下來與他談，請他解釋他剛剛說的那些話。

「當我長大後，」他告訴我：「我跟有經驗的族人學習如何獵海獅、海豹。我學會耐心。我學會用我的感官，所有的感官。我會跟長輩出去，坐在冰上，耐心地等，一等好幾個小時，等海豹出現。好幾個小時。」

「等待的時候，你會做些什麼？」我問：「玩遊戲？聊天？」

墨卡力夫搖搖頭。「想像佛教徒打坐，」他說：「這是跟我們所做最接近的事。我們沉默，不發出半點聲音；我們警覺，我可以感受到海豹的到來，從五哩外我就能感覺到。我沒辦法告訴你我是怎麼辦到的，但無疑地，我知道，而且完全確定海豹要快來了。」

「海豹來時，你怎麼做？殺了牠嗎？」我問道。

「我們傳統的生活十分依賴海豹，」他回答：「你必須在某一正確時刻殺死海豹，牠的肺必須充滿空氣，不然海豹會沉到海底，你根本抓不到牠，而且也找不回牠來。你必須有耐心，不能一看到牠就射擊，要等牠深呼吸完。你可能要在看到牠以後等上幾分鐘，然後狩獵的領袖會給出信號。」

「他告訴你什麼時候才可以出手？」我問。

「他什麼也不會說。你只是用眼角餘光注意他。他先開槍，然後我們在他開槍之後的十分之一秒開槍。所有的子彈都打中海豹的頭，這才是正確的做法。過去每一次都是這個樣。動物立即死亡，飄浮在水面上，我們把牠拉過來。」

「你看到現在年輕人有怎樣不同的做法？」墨卡力夫在開會時說，現在族裡的年輕人堅持自己出去，不要老人的指引和忠告，而這個缺乏指引表現在獵海豹上。我想知道更多的細節。

「這些年輕人在說話、談笑，推來打去，還一邊喝啤酒。」墨卡力夫說：「他們不看海，也不注意風向，沒有一分鐘安靜。一隻海豹爬上來，他們連看都沒有看到。好不容易一個人注意到了，就大叫，他們拿起槍來開始亂射；他們沒有殺死牠，只是傷了牠。牠游走了。你可以看到海面上一條血跡，這是最糟的結果。一隻受了傷的動物。這隻海豹會死，但是牠的死對族人沒有任何貢獻。」

墨卡力夫解釋說，五十年前，年輕人整日整夜都與長輩在一起，住在傳統的地下屋裡，叫做「男人的屋子」。在這間小屋裡，狩獵的藝術一代代傳下去。「然後傳教士來了，他們摧毀了『男人的屋子』，」墨卡力夫說。因為原住民的宗教儀式偶爾在「男人的屋子」舉行，傳教士把這房子看成異教的殿堂，所以必須摧毀。他認為「男人的屋子」的摧毀是世代連接中斷的原因。

但是，還有很多其他因素造成年輕這一代的孤立。超市的引進可能比推倒「男人的屋子」傷害更大，因為它徹底破壞了阿拉斯加原住民原有的生活方式。一旦原住民婦女可以去店裡買到食物，她不再需要村裡的男人去為她打獵。當男人不再需要打獵，「男人的屋子」核心的功能就消失了（至少墨卡力夫和其他阿拉斯加原住民是這麼告訴我的）。打獵的性質改變，不再是維持生命最重要的事，變成了娛樂、消遣。

更根本的是，阿拉斯加島上年的輕人再也看不到他們生命的目的是什麼。年輕女孩在學校表現得更好，所以在找工作上比男生吃香，如做老師、文書工作、居家照護等等。男生不要這些工作。克萊費爾教授告訴我在巴洛（Barrow）的因紐特（Inuit）婦女，就業率和紐約的婦女一樣，而男生卻落後於國家勞動生產力的指標。[5]墨卡力夫告訴我，在他的島上，百分之七十的年輕人要不在蹲大牢，要不在酗酒或嗑藥、一無用處，要不就是在二十一歲之前死於自殺。比例超過三分之二。

普利畢洛夫群島（Pribilof Islands）在白令海峽，位於安克拉治（Anchorage）以西一千哩處，飛機是進出群島唯一的方式，又很昂貴，因此大部分的居民一輩子待在島上，與外界隔離。他們對四季有自己的稱呼：觀光季（六月和七月）、幾乎是冬季（八月到九月）、冬季（十月到三月），和仍然是冬季（四月和五月）。這個群島是地球上最遙不可及、最不適合人住的地方。

你和我都不住在這個群島上，所以，故事與我們有什麼關係？

克萊費爾教授寄給我一封電子郵件，裡面是一份年輕人為什麼不想工作的分析。這篇分析的作者認為，這麼多美國年輕人不願工作是因為北美洲經濟的改變，這些我們都聽得很耳熟了：工廠裡比較少好的工作，好的工作都在服務業。[6]克萊費爾教授寫道：「讓我根據我在阿拉斯加的獨特優勢再添加一點複雜度：阿拉斯加傳統男性的工作如建築、自然資源和採礦並沒有減少。許多年輕人不做這些工作……很多在勉力掙扎。很多人不做需要體力勞動的粗活，即便是提供高薪和各種福利的學徒制工作都得求人來學。」

怎麼回事？

《紐約時報》的一組記者記錄了一個全美年輕男性及中年男性一直在成長的趨勢：越來越多四肢健全、心智健康的男人沒有工作，甚至不找工作。這些人不在失業人口的統計數字中，因為他們已經放棄找工作了。他們可能來自中產階級的家庭，大部分是白人，許多人受過大學教育。這樣的人數快速增加，在密西根州，年齡在三十到五十四歲之間（幾乎是密西根州男性比例的五分之一）的非殘疾男士（able-body），有百分之十八沒有工作也不打算找工作；在西維吉尼亞州，這個數字上升到百分之二十四，幾乎是四個男人中就有一個。四十年前，在同樣年齡層裡，每二十人中只有一個非殘障男士是失業且不找工作的；今天，全國性的比例是七個男人裡面就有一個。根據《紐約時報》記者的調查，大部分這些男人可以找到工作，假如他們肯的話，但是這些男人「已經決定了他們選擇不工作。這是一個顯著的文化變遷，從三十年前開始……這些人都處在他們生命的盛年，卻退出了職場。他們拒絕做那些不符合自己身分地位的工作。」[7]他們依賴太太或家庭的收入過活，或依賴過去的積蓄過日子。

《紐約時報》的調查是在經濟情況還好二〇〇六年時做的，遠在二〇〇八至二〇〇九年經濟大崩盤之前。在二〇一五年十二月勞工局（Bureau of Labor）給出的最新統計數據，相較於二〇一四年，在二〇〇四年時，二十五到五十四歲的男性人口中，有五百六十四萬四千人沒有工作，也沒在找工作；到二〇一四年時，這數字增加了百分之二十五，達到七百零五萬八千人。[8]（你不可能把這個歸咎到人口增加上，因為人口只增加了百分之九，從二〇〇四年的兩億九千三百萬到二〇一四年的三億一千九百萬人。）身為家庭醫生，我看過很多這樣的男性，他們通常會給出一些合理的解釋：他們被資遣，他們找不到別的工作。但是你很難不這樣想，雖然不是全部、但很多人是因為覺得待在家裡更舒服。這種不去工作、靠妻子養活，在上個世代視作很嚴重的羞辱，似乎不怎麼困擾現在這些男性。

傳統的男性供給者角色——在阿拉斯加是打獵、對許多其他美國男性是工廠或各種手藝活兒——已經被淘汰或被視為過時了，或者至少手藝工作已不再吸引人。而像是服務業中的新工作也吸引不了太多男性。我們的情形雖然沒有像阿拉斯加普利畢洛夫群島那樣可悲，我擔心只是時候還未到。我越聽墨卡力夫和其他阿拉斯加原住民講，就越覺得他們的情況和我們的情形是平行線。

我不是說應該把時鐘轉回來、讓時光倒流，回到過去男生多半是家庭經濟主要提供者的時代。但是我認為在二十一世紀的經濟，許多女性賺的錢比丈夫多——假如她們有丈夫的話——需要重新思考男人的角色。假如一個三十歲的男人不是家庭的主要賺錢者，那麼他的角色是什麼？當然男生可以負起照顧孩子的主要責任，也可以打掃房子、洗衣服、做飯菜，但是這情形在北美洲還是少見。

那麼，如果太太是主要賺錢者，男人的角色是什麼？在我個人親眼目睹的眾多案例中，答案是：男人變成這個家庭的寄生蟲。太太還是要負責許多或大部分照顧孩子的責任，和做家事、管雜務，與家中主要經濟來源的重擔。夫妻關係緊張、一觸即發。

讓我再次強調，我完全贊成全職的家庭煮夫。我替敢決定留在家裡帶孩子、清房子、洗衣服、擦地板的男士拍手鼓掌，以茲鼓勵，但是很少男士做此選擇。通常，待在家中的爸爸很少拿起吸塵器去吸地毯，或把衣服丟到洗衣機中，意思意思地做點家事；他們通常不煮飯，不清廚房，不負起照顧孩子的主要責任。我見過一些待在家裡的爸爸很會陪孩子玩，但不大樂意為了喉嚨痛帶孩子去診所做檢查，把這些差事都交給孩子的媽。母親做全職工作，父親做零工或乾脆什麼事都不做，儘管如此母親還被更多她分外的事卡住了。這種情形只能忍受到某一程度，遲早這些媽媽會發現：單身可能還比較輕鬆。

改變中的美國家庭

最近有很多描寫成功的女性配上不成材男友或丈夫的浮世繪作品，其中有一本暢銷書叫《凱特的外遇日記》（*I Don't Know How She Dose It*，中譯本商周出版）。女主角凱特是投資公司投資部門的經理，一週工作七十小時，薪水是六位數；她同時也是兩個孩子的母親，她丈夫賺的錢只有她薪水的零頭，但是做的家務事比一半還少。這本書裡有很多黑色笑話，因為她丈夫就是不了解她為什麼這麼拚命。「假如你覺得太累了，工作過頭了，為什麼不打電話請假，說今天生病，然後在家中把覺補足呢？」他有一次這樣問她。耶誕節時，她的先生不了解為什麼保母的禮物比他好。「因為保母在我的生活中比較重要，她對我的幫助比你多。」凱特如此回答他。

雖然這種浮世繪的書很熱門，未來卻不盡然如此，沒有多少女性願意扮演凱特的角色，賺最多的錢，做最多的家事。真實的生活是很不相同的。美國的結婚率一直在往下降，未來的家庭並不會像凱特的一樣。現在的情況是，年輕的和中年的男士，從來沒有結婚、也不打算結婚的在一邊；另一邊是年輕的女人，有或沒有小孩，靠專業的協助（保母或托兒所）來扶養孩子。當一支研究團隊問大學生結婚比較好、還是單身一輩子比較好時，三分之二的男生選結婚比較好，一半以上的女生認為一輩子單身比較好。[9]

美國的家庭正在改變。在一九三〇年，百分之八十四的美國家庭是由結了婚的夫婦組成的，剩下的百分之十六是鰥夫或寡婦做家長，而單身、從來沒有結婚的家長非常少。美國人口普查局（US Census Bureau）的報告顯示，美國現在結婚有孩子的夫妻只占美國家庭的百分之二十。在過去的五十年中，人口最大的改變是成人獨居的數量大增。成人獨居比例現在占美國家庭的百分之二十七。[10]

過去很少看到一個二十五到三十四歲的男生從沒結過婚。一九七〇年，每六個二十五到三十四歲間的美國男人，只有一名是從來沒有結過婚的；但到了二〇一〇年，二十五到三十四歲間的美國男人有百分之五十二、超過半數，從來沒有結過婚。[11]

這些社會結構的改變對於在美國長大的孩子產生重大影響。布魯金斯學會（**Brookings Institution**）的資深研究員索希爾（**Isabel V. Sawhill**）的結論是：「文化在變遷……在一九七〇年之前，如果你從收入範圍檢視這些家庭，會發現它們都很相似：一個母親、父親、幾個孩子，加上一隻小狗。」但現在不再是如此了。結婚有小孩變成是例外，而非常態，而且看不到這個趨勢有任何改變的跡象。密西根大學的社會學教授史馬克（**Pamela Smock**）在檢視了數字之後，很肯定地表示：「非婚生子女也一直在增加。」[12]

結婚率的下降在全國各地、各種族、各團體中都一樣。「認為低結婚率只發生在社會結構底層是錯誤的。」哈佛大學社會系教授簡克斯（**Christopher Jencks**）說。[13]

同樣地，在家跟父母同住的年輕男士（二十五到三十四歲）人數激增。在一九七〇年時，這個年齡層的男人只有百分之九．五跟父母一起住在家裡，到二〇一一年，這個比例升高到百分之十八．六，幾乎多出一倍。一九七〇年時，二十五到三十四歲的女生有百分之六．六跟父母同住，到二〇一一年時，這個比例升高了，但也只有百分之九．七。換句話說，現在跟父母同住的二十五到三十四歲年輕男性，比起同樣年齡層、仍跟父母同住的女性幾乎多出一倍。[14]

年輕的女人和年輕的男人現在隨著不同的生命劇本在演出。年輕的女人有工作、在工作職場建立自己的地位，在很多情形下，希望有孩子。但是越來越多的年輕男人不在同一齣劇本上，結果就是沒有結婚卻有孩子——這在前一個世代是不可思議的事——如今已非常普遍。一九五〇年的美國，只有百分之四的孩子來自未婚媽媽；一九六九年，這個數字只有百分之十。到了二〇一三年，美國有超過百分之四十的新生兒母親是未婚媽媽。[15]現在，在美國歷史上第一次，結婚的女性少於單身、從來沒有結過婚和離婚而沒再婚的女性。五十五年前，結婚的女性大概比沒有伴侶的多一倍。[16]有些可能在上一個世代已婚的婦女現在與男人同居，但沒有嫁給這個男人。在過去二十年中，同居而沒有結婚的異性戀夫婦數量增加了一倍以上，從一九九六年的兩百九十萬增加到二〇一四年的七百九十萬。[17]

錢和性怎麼了？

傳統上，驅動西方社會的一個因素是女性喜歡成功、有錢有勢的人。因為男生了解，如果他不能使妻兒豐衣足食，沒有女人會嫁給他，所以他有很大的動機找出成功之路。在過去的四十年裡，這個簡單的機制受到雙重打擊。第一，性已與婚姻分離：今天你不需要為了找一位性伴侶而結婚；第二，性滿足也從女性身上分離出來——對像我這些年齡超過三十歲以上的人來說，這真是困擾我們、令我們不安的訊息。

假如你沒有固定和今天的青少年聊天，可能不會了解色情的女性影像已經取代了真人。在一般的人口中，最好的推測是約有百分之七十的十七歲男生會定期自慰。[18]在這些男孩裡，色情內容很容易從偶爾使用變成每天的消遣，最後變成他偏愛的性慾出口。[19]有一個哈佛大學的研究顯示，百分之六十九來尋求性問題協助的人，是因為他們有「強迫性自慰」，即自慰的次數超過自己認為應該的，或是他們有時會在不恰當的地方或不恰當的時間自慰。這個研究中有百分之五十的男生被形容為「色情依賴者」（**pornographic-dependent**），假如沒有色情圖片或影片幫忙就無法勃起。[20]越來越多的男孩發現他們寧可要電腦螢幕上的性感影像，也不要真的女生。真的女生有她自己的主見，她可能說些男生不愛聽的話，破壞情調。

我在診所中見到越來越多的年輕男士，從十八到二十八歲，在應付他們過去過度使用色情影像的後果。他們要求我開威而剛（Viagra）或犀利士（Cialis）或樂威壯（Levitra），因為他們發現無法對真的女人興奮。大學生中，三個裡有一個報告他們有勃起的困難；[21]有越來越多關於年輕人的報告指出，他們使用威而剛或犀利士來增強自己的「性自信、勃起品質和更好的性表現」。[22]

我也看到有別的男生採用不同的策略：他們乾脆不約會，用色情影像做為性慾的唯一出口。在我以這個主題投書《華盛頓郵報》的文章刊出後，有個二十七、八歲的男生寫電子郵件給我，我摘錄一段如下：[23]

> 薩克斯醫生，我認為你的目光如豆，心胸狹窄。最近我深受日本的動漫，尤其是動畫所吸引。我很喜歡那些影片中的女孩，她們甜美、順從又可人。我所認得的真實女孩沒有一個像這樣，我寧可看動漫女孩也不願跟真的美國女孩在一起。這有什麼不好？這不是我的錯，是那些我所認得女孩子的錯，她們的要求太多，她們期待男生做所有的事，付所有的帳，使她們笑，讓她們高興。為什麼喜歡不同的東西就罪大惡極？

我們的問題是高科技進步到像現在這麼好，影像這麼像真的一樣。當螢幕上的女郎對他拋媚眼時，他忘了她們只是電腦螢幕上的影像，不是他房間中真實的人。我認為男孩寧可要幻想的而不要真實，是不健康、危險的。

並不是每個人都同意這個觀點。根據一部學術專著，比起與真正的女孩擁有親密關係，寧可選擇自慰的年輕男士，只是在對「今日快速的社會生活做恰當的反應，因為今日的社會生活是個人化、非私人化、物質主義及社會隔離的。」[24]另一位評論家認為，對色情的憂心是不合時宜的偏見，是「道德和宗教保守主義者的觀點」。[25]

最近，有好幾篇評論在感嘆色情文化已經變成我們社會的主流了：[26]襯裙內衣變成晚禮服；年輕女生可以在當地的健身房中上有氧脫衣舞課程。這些評論者視這些發展是社會文化往下沉淪的記號，或男人壓迫女人的世界級陰謀，或是對女權主義的強烈反彈；但我想他們可能誤判了底下的動力。我問一個十六歲的女孩，盡可能溫和地說問她，為什麼要打扮成**Hooters**（美國的辣妹雜誌）參加學校的萬聖節晚會。她的短褲短到不能再短，她的上衣充分展現上天給她的恩賜，足以跟好萊塢名媛金・卡戴珊（**Kim Kardashian**）媲美。「為什麼？」她想了想：「假如你不這樣打扮，就沒有人會注意你。」

「我是自慰的新世代」

萬一你沒有聽過他的名字，約翰・邁爾（John Mayer）是美國的流行歌手，他的唱片《愛戀守則》（Battle Studies）是美國二〇〇九年排行榜冠軍，前任的名星女友包括演員潔西卡・休伊（Jessica Love Hewitt）、影歌雙棲的潔西卡・辛普森（Jessica Simpson）、演員珍妮佛・安妮斯頓（Jennifer Aniston）、歌手凱蒂・佩芮（Katy Perry）和歌手泰勒絲（Taylor Swift）。然而，當《滾石》（*Rolling Stone*）雜誌在二〇一二年為封面人物訪問他時，他自承：「我是自慰的新世代，」記者說他這句話是突然蹦出來的，「完全出人意料。」老一輩的人是跟真正的女人性交，這個邁爾不是，他喜歡看色情雜誌來自慰，而不是跟真正的女人性交。他繼續說：「我這一生靠著自慰度過很多難關。假如老虎伍茲（Tiger Woods）知道如何手淫（jerk off）……」他說，但沒有進一步解釋，暗示著假如這個高爾夫球名人知道如何去自慰而非跟真正的女人發生關係，就不會跟他太太諾德格林（Elin Nordegren）惹出這麼多麻煩了。[27]

萬一你沒有看到《滾石》雜誌的訪問的話，邁爾也接受了《花花公子》（*Playboy*）雜誌的訪問，記者問他：「你對色情刊物和關係的看法如何？」邁爾說：「網路色情完全改變了我這個世代的預期……我獨自有著不可思議的高潮，它們永遠是最好的，永遠在我預期的方式下結束，我跟想像伴侶的性交比我跟真實人類的性交還更舒服。」[28]

色情影像並不是新玩意，四十年前就隨處可得了（一個我很信賴的人這麼告訴我的），但是四十年前，當我還是青少年時，男孩子是不敢公開吹噓他們所收集的色情圖像的，他們會吹噓他們和真的女孩發生關係，色情圖像只是次好的替代選項。

但不再是如此了。我曾對滿滿一禮堂的中學生演講，我問他們：「你們有多少人在硬碟裡至少存了上千張色情圖片或是色情影片的？」

幾乎所有的手都舉起來。我再問：「有多少人是不管哪些裝置裡、都沒有任何色情影像的？」

在四百個學生的大禮堂裡，只有三隻手舉了起來。「你們三個有沒有人願意告訴你的同學，為什麼你沒有儲存任何色情檔案？」

三個人都舉了手。「我是福音教會（evangelical Christian）的信徒，」第一個男孩說。「我相信耶穌是我的主和救贖者，我不認為祂會要我去碰色情的東西。」

我問另外兩個男孩，他們坐在一起。「我們是摩門教（Mormons）教徒，不允許有這些東西。」

我不相信那些舉手的三百五十多位學生真的存有一千張色情影像或影片。我不相信他們真的有這麼多。我懷疑大部分人沒有，但是色情已經變成一個新的常態，假如你在美國的國中或高中，而你不是福音教會或摩門教友——也就是說你沒有好理由——卻舉手了，那是因為你不想成為沒有色情檔案的「怪胎」（weirdo）。

賴家王老五

二〇〇六年三月十日，派拉蒙電影公司（Paramount Pictures）發行了一部電影《賴家王老五》（*Failure to Launch*），馬修・麥康納（Matthew McConaughey）飾演一個好笑、友善、英俊的三十五歲男人，想盡各種方法逃避野心；他和父母同住，他的母親替他煮早飯、洗衣服、打掃房間，他完全不知道父母希望他離開。最後，在絕望之下，這對父母僱用了一個「介入者」（interventionist），她的工作就是使男主角有動機搬出父母的家，開始自己的新生活。

《賴家王老五》一上演，立刻變成賣座第一的電影，頭三個月從三月上演到六月DVD上市，就賺了九千萬美元。我很驚訝這部電影竟然非常真確地抓住了我開業七年所看到的現象。在看完電影兩天後，我寫了一封讀者投書給《華盛頓郵報》，題目為「男孩子是怎麼了？」（What's Happening to Boys?）我指出電影如何真確抓住了我在診所中所見現象的真諦，尤其男主角是個很聰明的人，他完全可以很成功、很有成就，但就是沒有任何動機去完成任何真實的事情。

後來發生的事完全出乎我意料。接下去的三天，我的文章是《郵報》網站轉載最多的文章；《郵報》邀請我去主持一個線上聊天室，討論這個問題。這個聊天線才開六十分鐘，就有三百九十五封信湧進來，他們告訴我，比過去一百七十個網站開放六十分鐘的談話量多了兩倍。

我對收到訊息的多樣性感到非常有興趣。有些是男生寄來的，對他們目前的情況完全不覺得抱歉。下面是一個二十六歲仍然住在家裡的男生。[29]

喂，究竟問題在哪裡？假如我爸媽很高興我住在家裡，為什麼我不應該跟他們一起住？為什麼我應該趕快有個事業、找個太太、弄個孩子來累贅？我難道真的應該要有個「方向」嗎？去哪裡？你說像我這樣的年輕人有什麼不對勁？但我認為去走別人為你規劃好的路才更糟。

今天的英雄已經不是安・蘭德（Ayn Rand）小說那種燦爛的、破除迷信的、反對偶像崇拜的產業主義者，而是像電影《謀殺綠腳趾》（*The Big Lebowski*）中那種放鬆、緩慢、善解人意的公子哥兒。他有什麼不好？而蘭德小說《阿特拉斯聳聳肩》

（*Atlas Shrugged*）中的達尼·塔加特（Dagny Taggart）和亨利·瑞爾頓（Hank Rearden）就好了？除非你可以回答這個問題，否則你那種認為我需要別人關心擔憂的想法完全是無稽之談。

但這個線上的聊天只是個開端而已。在後來的兩週裡，我的文章被美國三十幾家報紙轉載；四月四日我受邀去華盛頓特區的國家公共廣播電台（National Public Radio）擔任節目《觀點》（*On Point*）的特別來賓，這是個全國性的節目。[30] 到四月底時，我已經收到全國各地寄來超過一千封的電子郵件。

我扔掉這一章的原始稿件，開始重寫。我所收到的電子郵件比我寫的任何東西都有趣。在本章剩下的部分，我要與你分享最挑釁、最令人難以忍受和沉痛的幾封信。

主題：歷史上最短的約會

親愛的薩克斯醫生：

我讀到你在《華盛頓郵報》的讀者投書，覺得十分有趣。我想添上一些不同的看法。我是個三十五歲的單身女性，有自己的房子、車子及事業等等。我很努力達到我今天的地位，不斷移動以向上提升，現在我終於到了一個可以停留得久一點，而且可以約會的地步了。但是我所遇到的單身漢中，許多仍然和父母同住，或「仍然」在尋找他們長大了要做什麼。大部分時候，我只想去刮他們耳光。我可以這樣做嗎？

案例：兩週前，我有了史上最短的約會。我在咖啡店中跟一個名叫麥克的傢伙約會。麥克三十二歲，一直想當新聞記者，但是先後辭去兩個記者工作（警訊一），現在他以替一家建築公司寫專案維生。但是他也恨這個工作（警訊二），想辭職去念藝術碩士（Master of Fine Arts, MFA）、教創意寫作。我問他，「假如你自己都沒有過任何創作，要怎麼教創意寫作？」

我問麥克他閒暇時間都在做什麼。大部分時候，他跟他的朋友泡酒吧；他不曾去過本地任何一間美術館、博物館或戲院，或任何稍微要用到一點點智慧的地方（警訊三）。

他問我是否住在附近的公寓，我說我有自己的房子，他嚇一跳說：「哇，你非常地像大人呢。」嗯，沒錯，我是大人了，我今年三十五歲。

全部約會時間：兩杯咖啡，三十五分鐘。

我無法告訴你這種情形重複發生了多少次：我跟一個男生出去、發現他是個完全不長進的傢伙。我不想再跟這種人約會了。我想告訴他們，振作起來！去找份工作！有個理想！難道我需要像甘迺迪總統和金恩博士那樣為他們可悲的人生鞠躬盡瘁嗎？

去年，在更多差勁的約會經驗之後，我決定放棄。我替自己找了一個二十五歲的好男孩，當我需要他時，我打電話給他，不想理他時，就把他丟在一邊。他不很聰明，但是誰在乎？我們之間反正沒有未來，他跟父母住在家裡。

嘆息。

沒有約會的瑞秋

親愛的薩克斯醫生：

身為一個二十四歲的大學畢業生，我知道在畢業後應該找份工作、搬出父母的房子，所以我搬到美國的另一端。我很喜歡獨立、自由和我的私人空間，但我哥就完全是另一回事了。我在《華盛頓郵報》的聊天室中看到其他人寫的評語，幾乎每一篇中都有他的影子。我哥哥上了大學、中輟，在餐廳打工了一陣子，與他同居的女友分手，最後搬回我父母家的地下室。他仍然在餐館打工，但是在家一點家事都不碰，完全沒有想幫忙的意思，似乎也不在乎他的人生是否要繼續前進，儘管他有些三心二意的打算。他現在過得很舒服，不需要付房租，不必負什麼責任，除了娛樂我們家的老狗；有免費的食物、睡到中午才起來，還知道假如他決定再回大學念書，爸媽會替他付學費。

只要餐廳打烊時，他手上有一疊鈔票就好了，何必想什麼未來？這錢賺得很輕鬆，小費還不少，就算工作沒有前途，他也不在乎。我想很多年輕人對未來的看法就是這麼短視：下一場派對，下一份零工，下一頓免費午餐。他不是因為家庭的關係才住在家裡，而是因為它免費而且容易。

另一個例子：我和男友已交往了六年。他在家裡從來不動手幫忙。他的母親替他做所有的事：洗衣服、煮飯、收拾他吃過的盤碗（他吃到哪裡放到哪裡，全家到處都有他用過的餐具），還替他鋪床。我告訴他，如果他想跟我在一起，他一定要做家事，尤其是洗碗。我說得很清楚，我不想當他的老媽子，跟在他後面收拾；我也不能忍受懶惰和拖延症。我必須跟他解釋，有的時候，你就是必須做你不想做的事情，才可以在之後享受生活。他要立即的回饋——我知道他是從電玩遊戲那兒得到這壞習慣……玩電玩遊戲，假裝它是心智發展。這真是非常令人挫折。我很擔心，尤其是我們計畫在今年夏天同居，而我喜歡一個非常乾淨、整潔的公寓。

謝謝你給我這個機會講出心裡話。我預備把這封信給男友看，請繼續你有意義的工作。

安娜 M

親愛的薩克斯醫生：

今天我讀到你在《華盛頓郵報》的文章，你寫的正是我現在正在經歷的。我今年二十五歲，結婚八個月，我先生正是你文章說的那些「男孩」。我的「男孩」今年八月即將滿二十九歲。

我們是在網路上認識的，他跟我都在二〇〇二年畢業，我的畢業是四年雙主修，他的畢業則是七年一個主修。當我們在二〇〇四年認識時，我們兩人都跟父母住在一起，那個時候我想離開家，他則對住在家中很滿意。我完全相信，假如沒有遇到我，他現在還住在家裡。

他告訴我他休閒時玩電玩遊戲、上網、看電視等等。他住豪宅，開很好的車，穿名牌衣服，很會花錢——都是父母的錢。他做零售的工作，薪水很少，但是這工作符合他放鬆、輕鬆、無憂無慮的個性。他說他沒有去追求一個專業的事業，是因為他還不知道自己要做什麼。他有一陣子想做戶外的工作，比方去美國的自然資源部（Department of Nature Resource, DNR）之類的，但是他們對化學和生物的要求太高，讓他無法做他夢寐以求的事。他很聰明，而我認為他過去過日子的方式不是他自己、而是父母替他做太多，才養成他不負責任的態度。

我以為結婚後這一切會有所改變，他會長大、成熟，做自己該做的事：平衡收支、買他自己的保險、幫忙做一些家事等等。我發現他對這些一竅不通。他在財務上的無能差點毀了我們剛建立的婚姻。我是專業人士，賺的錢是他在大賣場薪水的兩倍，加上他工作的時間很晚，我差不多都是自己一個人在管這個家的大小事。

我實在覺得很挫折，因為從小到大都有人幫他做事，使他沒有動機，而這個沒有動機使他不了解大人的責任。我實在不懂，這麼聰明的一個人怎麼可能會對此毫無頭緒？我覺得我像他的母親，不能期待他會完成付帳單、報稅、貸款、整理房子，諸如此類的事，否則我們最後會流落街頭。不管我怎麼告訴他我需要他幫忙付帳單、需要他的了解和支持，他的無知和不解只會把事情弄得更糟。問題是，他的家人永遠都在解救他，把他從泥淖中救出來。我不准他們再幫忙，他很不高興，我也很不高興。雖然他嘴巴說他會，但他的手是不動的。我想他是真的相信每件事情都會奇蹟似地完成，每個月底帳單都會自動付款，像過去一樣。很幸運地，我們現在還沒有問題，可是我知道我們的儲蓄有一天會用光，我不敢想像那時候會怎麼樣，也看不到他想改進的動機。假如我想把他從電玩遊戲或電視前拉開，我就是壞人。他好像不能了解，他的一小時十美元薪水不能支付所有他想要的東西：有線電視、網際網路、車子、手機。但是我變魔術般地使他每個月都能享受這些，因為我工作得像狗一樣賺錢來維持這個家。有的時候我甚至要哄他去洗澡、刮鬍子。

我愛我先生，但是他以前告訴過我的話一直盤據在我心頭，揮之不去。他說我可能要降低對生活的預期，因為他不知道他能否提供我那樣的生活。現在我覺得很好笑的是，我才是真正的提供者，而且我不覺得自己是團隊中的一員，這才是真正使我憂傷的。

他完全沒有概念。

感謝你的莎拉C.

主題：男孩怎麼了？

親愛的薩克斯醫生：

我認為發生在男生身上的事，直接跟發生在女生身上的事有關。今天的女生覺得她們不見得需要男生，而男生也發現這件事了。女生過去給男生動機，要他們成功，這樣男生才能來「照顧她們」。沒有了這個動機，男生還剩下什麼？電玩遊戲，只有在那裡，他們仍然是英雄；到處上床——因為就如你所說的，女生仍然有性的需求——但是我們已經學會如何滿足自己。它不是同樣的事，但是勉強替代得過。

假如你想再進一步的話：假如女生覺得她已經受夠了男生巨大的自我，以及他們充滿了男性荷爾蒙的戰爭，開始儲備冷凍的精子，直到她們「真的」不再需要男生，你覺得事情會怎樣？你覺得男生，至少潛意識中，有想過這個問題嗎？

我愛男人，做為一個離了婚的女人，我真的很懷念家裡有個男人的情景。男人的某些特性，他的男性荷爾蒙及強健的身體會使我性慾高漲。這個世界如果沒有男生，絕對是個更糟的世界，但是女生在進化（evolving），不一定是朝好的方向，而男生只是在反應（reacting）。

愛達荷州的瑞秋・瑞格斯

親愛的薩克斯醫生：

我是個二十九歲的女人，正好在「賴家王老五」這個世代中間。我在北維吉尼亞州長大，去年參加了高中畢業十年的同學會。跟我一起上學的所有女生都搬出父母家、上大學，找到一份真正的工作，諸如此類；而幾乎所有的男生都還住在家裡，做不需要什麼技術的工作，搞不定生活的目標。

我想男生的懶惰從高中就開始了，我真的認為父母需要負一些責任。所有的高中女生都有門禁，我們必須隨時向父母報備行蹤，成績一定要進步。我認識的男生沒一個有門禁時間的。在學校他們也可以跟不上進度，因為他們有「注意力集中的困難」，或是被診斷為「感覺統合失常」（sensory integration disorder）。女生在大賣場打工、男生跟爸媽拿零用錢，即使在同一個家庭中，父母對男生和女生的規矩也不相同。

現在我們自食其果了，女生有紀律，男生有電玩。

我最近剛離婚，不確定自己還會再婚。外面實在找不到幾個值得仰賴終生的男人。我這個世代的男生不是在找伴侶，是在找新的媽咪。我寧可靠自己，也不要靠一個不能用自己雙腳站立的人。

真誠的莎朗S.

親愛的薩克斯醫生：

謝謝你讓大眾開始注意到這個現象。我是個二十八歲的女人，注意到和朋友一起聊天時，都不是在談我們未來的婚禮、家庭之類的，而是跟這些男孩/男人的關係如何牴觸我們自己的終極目標：事業有成與生養孩子。我們反而在聊如何讓事業更上一層樓，而假如在某個年齡之前沒有找到好對象，我們會去收養，或以別的方式有自己的小孩。我們決定自己養活自己。「賴家王老五」現象正是這個轉變的原因：何必去找一個男孩/男人、搬進我們家，還期待我們去照顧他？

再次感謝你，假如你有看到確實的證據為什麼男生會變成這樣，請讓我們知道。

愛麗

親愛的薩克斯醫生：

我讀了你在《華盛頓郵報》所寫的文章，它真的說到我心坎裡了。我那依然跟他母親同住的未婚夫在三個月前取消了我們的婚禮。他是個老師，有碩士學位，每個月付他母親兩百五十美元作為伙食費和房租（這實在是遠低於市場行情）。他甚至沒有一個存款帳戶，賺的每一分錢都花在電子產品、汽車音響之類的東西上面。

這些我全都知道，但是因為我們都是基督徒，都是老師，有很多共同的興趣，而且因為我愛上了他，從沒想過他會取消婚禮。他一直跟我保證他會搬離開家，我以為他是說真的，因為他花了七千三百美元買了一枚結婚戒指。

唉，算了，我很高興他取消了婚禮，因為這畢竟是行不通的。

我沒結婚。我擁有自己的房子。

謝謝你的聆聽！

喬治亞州的瑪克辛C.

親愛的薩克斯醫生：

當他們訪問你的時候，我傳了這個到國家公共廣播電台：

或許男人留在家中的現象是對女性主義時代的反彈。在那個時代之前，男人去工作、女人留在家，這是沒有選擇的事。現在或許男人希望被有錢女人「發現」、跟她結婚，不必工作。我知道「很多」男生想跟我結婚，因為我是律師，情況已經糟到我不想告訴對方我的職業是什麼，直到我們決定交往。我的男友在我告訴他我要從事「公益」方面的法律事務時，沮喪了一個禮拜。「什麼？」他說：「那個領域沒有賺頭！」他一直沒有從這個震驚中回復過來。

感謝你，

維吉尼亞州的潘妮

親愛的薩克斯醫生：

我讀了你在《華盛頓郵報》上的文章，覺得非常有趣。雖然你提出一些有道理的看法，我卻發現你的看法有嚴重的文化偏見。我會這樣說是因為我是在美國出生的巴基斯坦人。

在世界其他國家，孩子成年後仍然跟父母同住完全是正常的，因為它是互利的。孩子跟父母住可以省錢，而父母年老時可以得到孩子的照顧。許多美國人似乎認為家庭的關係到十八歲就終止了。假如孩子不能回家住，將來父母年老了，孩子也不會照顧他。我們好像認為一張母親節卡片和一張耶誕卡就完成了家庭的責任，我認為這會帶來嚴重的社會後果。在大家庭中長大的孩子有許多好處。

我同意你的看法，跟父母住在一起的孩子可能對工作沒有動機；我也承認，在有些情況下，父母應該把孩子扔出去。但是我認為它是少數情況，應該每件案例就它特別的情況來討論，而不應以偏概全。我覺得你建議對孩子收房租是種侮辱；家人是不應該計算金錢的。

華盛頓特區的阿里亞・胡笙

我收到幾封像胡笙小姐的來信，大部分是在北美洲以外的地方出生、長大的人。這些人觀察到像印度、巴基斯坦、義大利、葡萄牙、西班牙及許多拉丁美洲國家的人，他們成年的孩子，不論男女都和父母住，這是真的。但是在這些國家裡，成年的孩子會融入家庭組織之中，幫忙經營家族事業，而這個「賴家王老五」現象最顯著的特徵是美國的年輕男孩懶散、沒有鬥志，依賴父母維生，而他自己只想玩。

這是一個新的現象，全世界沒有一個國家有這種傳統：父母辛勤工作，成年的孩子在家睡大覺。在義大利有幾百年的傳統 mammoni，男人選擇和母親住一輩子，然而，這種男人仍然是掙錢養母親的人。假如這個人期待他的母親出所有的錢維持這個家，而他打電玩、上網瀏覽，這會非常地不義大利。[31] 同樣地，在日本，人口社會學家也在擔心越來越多的成年男子留在家裡跟父母親住、拒絕去上班，而他的母親替他燒飯、打掃房間。日本把這些人叫做hikikomori，意思是引籠，中文是「家裡蹲」或「繭居族」、「隱藏青年」。日本的繭居族和美國的賴家王老五最大的不同在於：日本的繭居族男生非常地不快樂，只有少數例外。他們也希望他們有比較多的動機。[32]相反地，美國的這類男生就像電影《賴家王老五》裡的男主角或《新婚奧客》（*You, Me, and Dupree*）裡歐文．威爾森（Owen Wilson）飾演的角色——他們非常滿意於依賴別人而活。

我剛剛聽完你在國家公共廣播電台的訪談。我二十三歲，住在家裡，一直在想為什麼我缺乏離家的動機或意志力。

或許是我小時候有注意力缺失過動症的緣故。我在收音機裡聽到你說利他能、阿迪羅這些藥物可能會造成沒有動機。我記得我在八歲或十歲時吃過這些藥，變得失志消沉。

「懶散」這個字一直在我心中迴盪。

假如你能寄一些有關這方面的訊息給我，我會很感謝。

伊利諾州的愛恩

社會告訴我們什麼是我們的目標？一份坐在小小的電話間、拚命說服別人「邦可火星塞」（Bunco Sparkplugs）是全世界最好的火星塞的工作？然後，在做了三十年後，你的公司搬去了墨西哥，砍掉你的退休金？不，謝謝你。

二十三歲無聊的傑夫

薩克斯醫生午安：

我是二十七歲的男生，已婚，在念研究所，中世紀文學的博士學位，我同時也教拉丁文。我太太跟我都不看電視，因為它太浪費時間，太多無聊的節目不值得看。然而，自從父母在我高中時替我買了一部電腦以後，我就開始玩電玩遊戲。在自己有電腦之前，我有時去朋友家，玩他家的電玩遊戲，上了大學以後，我有比較多的時間，假如我要，我可以玩電玩遊戲。

我想當你在談它吸走二十幾歲男生的動機時，你不了解電玩遊戲現象。它只是一部分的現象，另一部分是電玩遊戲可以使人做到他希望在真實生活中真的可以做、卻找不到任何方法做到的事。我不是說在玩《戰地風雲二》（*Battlefield 2*）時，你希望能真的射殺很多人，但是他們真的很希望能做出一些有意義的事。在玩電玩遊戲時，他們在短暫的幾個小時內可以覺得自己在做一件清楚、有意義的事。

當我開始念研究所時，第一年很辛苦，很多次我回到家只覺得自己永遠不可能成為學者。我對將來能夠做出一些東西來完全不抱希望，也不認為自己對學術領域會有什麼貢獻。但是我可以打開電腦，玩《X翼戰機》（X-Wing），覺得我在幫忙捍衛或打敗敵人。假如你想覺得「舉足輕重」而不是無足輕重，那麼摧毀「死星」會讓你舒服一陣子。幾年以後，我玩《魔捲晨風》（*Morrowind*），當我在世界漫遊時，我可以幫助那些受傷的旅人，或拯救被強盜抓去的人，或找到讓一個城市不被摧毀的祕密。那時，至少在那個世界，我很成功。大部分的電玩遊戲都是正回饋。在模擬飛行的遊戲中，你不只是打敗另一個駕駛員，你同時得到一枚動章。有人讚賞地拍你後背一下，你得到成就感。假如你在真實世界中得不到成就感，電玩遊戲是非常誘人的，因為它讓你得到感覺，這感覺就設定在遊戲之中。

電玩遊戲不但給你成就感，現在的遊戲也設計得很美，非常有冒險性。在《魔捲晨風》中，你可以在非常美麗的風景中漫遊，它做得如此逼真、生動、細膩、詳盡，好像真的在世界各地旅行一樣。現在我會取真實性而捨動畫，但是當我住在印地安那州的南灣時，並沒有那麼多的地方去爬山甚至散步，我又付不起昂貴的旅費。我很喜歡在霧濛濛的海邊散步，聽海濤的聲音，或者去爬山涉水，但我無法在此做到，所以我做白日夢，想像有一次去太平洋西北角的情形，或小時候住在瑞士的情形。更好的是，我可以去玩電玩遊戲，它給我同樣的熟悉感，而我不必做白日夢。我想要看到美麗事物的感覺非常強烈，強烈到我可以接受假的各種替代品，假如我找不到真實的東西的話。

當然，悲哀的是當你花那麼多時間在電玩遊戲上，你就沒有時間投入成就那些最初送你到電玩遊戲那裡去的成就感和成功的滋味。假如他所有的時間都花在玩《模擬城市》上，那誰還有時間去研究都市發展計畫、去建造一個新城？

當然，我同意人不應該浪費時間在個人電腦和電玩遊戲上，但是要治療一種病，如果知道病人對這種病的感覺，可能成功率會大些。我希望上面的話對你有幫助。

誠摯的，

印地安那州南灣聖母大學的理察R.

另一封貼在《華盛頓郵報》聊天室上的信如此寫道：

醫生，我是你所說賴家典型中的一員，我是調酒師，負責吧台，我住在家裡，我過得很快樂，我釣上的漂亮美眉無法盡數。所以我為什麼要有動機去有家庭、事業？假如我對快樂的定義跟你的不一樣，又怎樣？

我約會過好幾個有吸引力、高薪、專業的女士，把她們從無聊的企業家男朋友身邊偷走，那些男的薪水都是我的好幾倍，但是女的願意跟我，她們告訴我她們恨死了沒有歡樂、死氣沉沉的生活。

我們在一起很快樂，我們談音樂、藝術、流行的東西。她們似乎一點都不懷念那些成功的前男友。

我並沒有傷害到任何人，我為什麼要西裝、領帶、孩子、嬰兒推車、BMW，只因為我三十歲？我覺那種生活其實很膚淺。

我對這位「情聖」（Casanova）的回答是：

我很高興你在享受生活。

你說你釣到的漂亮美眉比我能數的還多，所以為什麼要有動機結婚、生子、事業有成等等。

人為什麼要有動機去建立自己的家庭和事業？有自己的家庭和事業並不是、也不應該是為了釣美眉，它應該是想使自己有用、去服務別人，去讓你的生活除了享樂之外還有一些意義。假如這些目標對你沒有任何真實的意義，那我，或任何人，對你說的話都沒有幫助。假如「樂子」（FUN，我用大寫，因為你是用大寫來強調FUN這個字的）是「做它，完了就沒事了」，那麼，以這個標準來看，你是做得非常好的人。

我想，在人生的某個階段，你會發現「有樂子」不能再給你以前的滿足感，而一個有意義的人生不僅是在酒吧釣漂亮女孩，到那個時候，你可能會看到有事業和家庭的意義。

或許你不會。

但是我在想，你的父母對這會說些什麼？

主題：我就是那個孩子

今天在國家公共廣播電台聽到你的訪談，十五秒內我就知道你在說的就是我。我是白人、住在大城市的郊區，半上流社會的男性。從小學三年級就吃「校園的類固醇」（作者註：這是句俚語，越來越普遍，指的是阿迪羅、利他能、專思達、鹽酸醋甲酯等治療注意力缺失過動症的藥物）。我沒有職業道德。我再一個半月就畢業了。

你可以僱用我嗎？

馬克斯·蓋勒

我的名字是麥克，今年三十三歲。我沒有住在家裡，而是住在我父母替我付錢的房子裡。我在念研究所，但並沒有很努力。

像很多你提到的年輕人那樣，我花了太多時間玩電玩遊戲。我同意你說的，電玩提供了一個想像的世界，裡面有開始、中間過程和結尾，同時還有成就感。這些都沒有風險，而且幾乎一定有某種成就感。

我在想為什麼我缺乏成就動機。我從小學就恨學校，但是我很喜歡學習，我只是恨學校而已。我曾在一所小的私立小學教過自閉症的孩童，在那之前，我有一串無意義的餬口工作，通常都沒有做超過一年。我的日子是吸大麻、打電玩、喝啤酒。我住在離家幾百哩之外，我父母每兩個禮拜寄一次錢給我，已經寄了許多年。他們賺的很多，所以這筆開銷並不會影響到他們的生活舒適。但我偶爾還是會有罪惡感。

我結過一次婚，維持了六年。很諷刺的是，我向來認為她懶，在一天工作結束後，她最喜歡做的事是看電視、喝啤酒，無聊得要命，所以我就潛入電玩遊戲的世界中。在電玩世界裡，我算大器晚成，到了二十多歲才發現電玩；在這之前，我抽大麻、讀書、看紀錄片或是去博物館。

我的父母事業很成功，他們使我不必像窮人家的孩子那樣努力。

我的確有一年沒有接受我父母的金援。一開始時，真的感覺很好，我在書店努力工作，老闆給我加薪，同事尊敬我，但是後繼無力。喝酒和大麻把我的精力吸光了，憂鬱症攫住了我。是的，我是獨立了，但我還是一個自我毀滅的廢物。

現在我回到學校，跟動機拔河，跟憂鬱症和焦慮症賽跑，但是過著比過去乾淨、健康的生活。以我目前念研究所的速度，當我畢業拿到學位時，若還來得及學以致用，就感謝上帝了。

我不認為這答案是「即使你的父母可以負擔你，他們也應該斷絕你的經濟來源」。當然，你可能預期我會這樣說，但是這個問題很複雜，在這裡不多說。

我希望這對你是個有用的資訊，謝謝你給我這個機會。

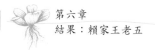

麥克

親愛的薩克斯醫生：

你很準確地描述了我的兒子，他今年三十一歲。他才五週大時，我們從台灣收養了他。你可能會感興趣，你形容他的話也是別人用來形容他孿生妹妹的話。他們倆都很聰明，都不能適應我們所住的新英格蘭小鎮。在大學裡，他們倆都有憂鬱症，都沒有念完大學。她在學校附近找到房子，做個低階的小職員，最後結了婚，現在終於對生命的方向有些感覺了。她說要回到學校念完書，找一份真正的工作等等。但是他沒有。他被退學好幾次，回到家來，假裝在找工作，但實際上沒有，直到我們給出最後通牒：找工作或搬出去。他找了一份工作，後來也搬了出去，住在公寓裡。之後他的公司搬走了，接下來好幾年他都沒有找到工作。他似乎很滿意目前的生活，用剩餘的大學基金過日子，每天打電玩、跟朋友玩線上遊戲。他是個好人，只是沒有動機和驅力，也從來不曾表現過動機。

我常在想，是不是在他小時候，我們過分注重男生在運動上的成就，造成他現在完全放棄的態度？因為他是一個不喜歡運動的孩子。

無名氏

我常聽到父母親在懷疑，就像這位母親一樣，兒子的缺乏動機是否和他小學時候沒有被選上籃球校隊有關，或者沒有打入國中或高中的美式足球校隊有關，或與他發現他的運動細胞並沒有特別好有關。但是，我也聽到其他孩子的父母說，他們有運動天分的孩子沒有動機是因為他已經習慣了當個明星、最好的運動員，當個金童（the golden boy），一旦他高中畢業，發現自己在職業籃球或職業美式足球的圈子裡不夠頂尖，就失去對人生的興趣。

我承認美國的主流文化放了太多負擔在男孩的肩膀上，要他成為好的運動員，就像它放了太多負擔在女孩身上，要她身材窈窕、美麗可愛。在學校中，運動好的學生遠比運動不好的吃香，就像學校中，瘦的女孩遠比胖的有人緣。但是「賴家王老五」現象發生在有運動天分孩子身上的機率，與一般孩子一樣多。父母親常把他們兒子的缺乏動機歸因到運動能力上，我想這是不對的。

另外一封投到《華盛頓郵報》的信件寫道：

蒙大拿州密蘇拉市：嘿！薩克斯醫生，離開老巢並不是對所有人都合適。我給年輕人的忠告是：不要急著搬出去，想好了才搬，外面的真實世界是很殘酷的。那些叫你搬出去的人是他們在外面世界成功的人，其他人的看法可能不是這樣。

我的回答是：

我同意外面的真實世界是殘酷的，我想問你的問題是：什麼是幫助年輕人面對真實世界的最好方法？假如你的孩子是十三或十五歲，那當然，盡量保護他、不要太早讓他看到殘酷的真實面。但假如你的孩子是二十一歲，或是二十六歲，或三十二歲呢？假設這孩子在身心上都沒有障礙，父母要保護一個孩子多久才足夠？

根據我行醫二十年的經驗，我認為父母到孩子二十一歲還在保護他，就減低了這孩子自願接受外面世界挑戰的機率。

當然，我們要做合理的區辨。假如你的孩子剛從大學畢業，二十二或二十三歲，正在找工作，我看不出任何理由他必須搬出去，因為他正在找工作。但是你和他必須敞開胸懷討論：這個情況要維持多久？你預期他多久會找到正式或兼職的工作來幫助你減輕家用負擔？一個月？沒問題，一年？有點太長了。

親愛的薩克斯醫生：

我有三個兒子，二十五歲的長子有一份好工作，畢業時是榮譽生，他結了婚，有自己的房子，成功地離開家了。最小的在念大學，他也很可能成功地離家，當他暑假回來時，我們很少看到他，他對我們替他付學費、車子保險費或生活費等覺得很於心不安。

我們的次子現在二十三歲，是典型的賴家王老五：大學讀了六年，不過有時是兼職學生，但只有兩年學院的學位。在我的三個兒子中，他是唯一玩電玩的，他只對電玩上癮。

我認為對某些體質或性向的人，電玩遊戲給他們一種控制想像世界的感覺，那裡沒有跟真實世界打交道時的不舒服和不確定感。他在一年級時被診斷為注意力缺失症，他服用利他能，但是藥劑加重後行為並無顯著改善，所以我們認定他不是注意力缺失的孩子。他的智商測出來是資優，大學入學的SAT考得很好，他的成績從A到D都有，因為他不能集中注意力，而且在高三時爆發憂鬱症。

謝謝你注意到這個問題。

南卡羅萊納州的卡洛

這封電子郵件點出了兩個一直出現的問題。第一，同一個家庭的孩子有的很好，有的有問題。我同意卡洛說的，個體對同一件事的接受度或受影響度不同。第二，可以看到男生在與憂鬱症纏鬥的例子很普遍。你很難說哪個是因、哪個是果：男孩子憂鬱是因為他沒有動機所以成為賴家王老五，還是因為他憂鬱所以沒有動機？

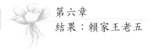

親愛的薩克斯醫生：

昨天，我饒富興趣地聆聽你在國家公共廣播電台的廣播節目。我是一個三十三歲男孩的母親，我的兒子英俊、瀟灑、人緣好，長得很高大，但是大學念了六年，換了四間學校才畢業。

他是賴家王老五，不論我和我先生怎麼幫他忙都沒有用。從他大學畢業以後，我們替他買車、買面試工作的新衣，他就是對工作沒有興趣。他喜歡過舒適的日子，跟他大學吸毒嗑藥的朋友一起混，晚上不回家，白天睡到午後才起床。

最後，在與心理學家諮商時，他勸我們讓他掉入谷底，置之死地而後生，我們決定就這樣做。他變成無業遊民，睡在街上。當他終於絕望、打電話給我們，我們再給了他一次新的機會。他從軍，完成了基本訓練，甚至接受進階個別訓練（advanced individual training）。然後伊拉克戰爭爆發，他認為這是離開陸軍的好機會。我們沒有讓他再搬回來跟我們住。

我們仍在金錢上幫助他，不然他沒辦法自己生活。他在我們海邊的小屋一年住八個月，不必付房租。他現在工作得比較穩定，但還是沒有辦法省下任何錢或支付他自己最基本的生活費。他沒有任何驅力去變成不一樣的人。他說他不喜歡「團體」的美國，他恨我們，但是在這同時，他又接受我們的幫助。

我先生和我是白手起家，這些年來胼手胝足，終於有了舒適的生活。我們現在六十多歲，仍然在工作，因為我們喜歡我們所做的。

我們該怎麼幫助兒子開始他自己的生活？讓他不要再賴在我們身上？我們已經告

訴他無數次，當我們死後，沒有人能夠再幫助他。

很希望能得到你的回音。

波士頓附近的D. G.

主題：賴家王老五

親愛的薩克斯醫生：

我讀了你在《華盛頓郵報》的文章，也看了你在網路聊天室的東西，很驚訝你用「賴家王老五」這個邪惡的字眼。克萊費爾教授的網站指出這個趨勢開始於一九七〇年代的早期，我發現這個時間點很有意思，因為那正是徵兵制度停止、我們進入募兵制的時候。徵兵制可能對年輕人有嚴重的影響，而我們一般人還沒有察覺到。

軍隊是很多男孩完成成長、變成大人的地方。

高中畢業以後，軍中額外的監督管制可能給十八到二十四歲的男生一個彌補、趕上的機會。男生需要與女生處在同一個心智層次，而軍中的時間可以讓他們在成熟度上趕上女生。

軍中提供成熟的角色模範，比較年長、比較有智慧的長官有權力並能行使該權力，對男生的成長很有益。

責任，男孩需學習負責任，報酬和懲罰很容易了解。

徵兵，或更正確地說，受到威脅要被徵召，可能使本來不想上大學的年輕人去申請大學，以避免當兵。這些本來就不想上大學的人，勉強去念，自然沒有動機，最後高不成低不就。

我不是贊成回到徵兵制，但是給男生一個有建構性的環境，給他們多一點時間去成熟，對他們似乎是有益的。

誠摯的，

西維吉尼亞州的麥克．克里夫蘭

親愛的薩克斯醫生：

今天早上，我在國家公共廣播電台聽到你的節目。我曾試著打電話進去，但是一直忙線。我也有個兒子，二十六歲，是賴家王老五。他的情況跟你談到的其他年輕人有點不同，因為他沒有跟我住，他住在他爸爸留給他的房子裡。

我兒子是個聰明的孩子，但是這個聰明才智並沒有用到他的功課上。他似乎缺乏紀律去做功課，每天都是敷衍了事。他的 SAT 考得很好，所以進了西北大學（Northwestern University），但是只讀了一年就不讀了。現在，五年之後，他似乎越來越往下滑入賴家王老五的生活形態。

我兒子是個很好的聊天者，他對歷史、生物及太空探險都有興趣。他對很多的議題都知識豐富。他很迷人、有禮貌，高大又英俊。他對生活的其他層面有很大的熱情，只是這熱情沒有用在他對生命/生活的計畫上。他將來會變成什麼樣的人？他要做什麼？他的事業會是什麼？這令我煩惱，他卻一點都不擔心。

我的兒子有天下所有的機會，他選擇不回大學去念完學位，我不認為他真的了解這個決定對他未來的影響。

我要他對他的生活做個計畫，他的父親若是沒有死，也會要他這樣做。我知道兒子非常想念父親，但是他已過世六年了，他必須找到自己的路。

假如你能找到時間給我回個信，我會很感激。

誠摯地謝謝你。

一名非常擔心的母親，瑪莉W.

寄自：Kent Robertson

主題：國家公共廣播電台訪問

我願與你分享在聽你訪談時的靈感。

我有四個兒子，所以我必須跑在這個賴家王老五趨勢的前面，因為我的孩子從小學生到青少年都有。你提到這些男生都沒有動機，對生活都很滿意。嗯，為什麼不呢？他們什麼都有，所有物質上的需求父母會提供，過度寵愛孩子的母親會確定孩子都無虞匱乏（那些打電話進來的母親不是都讓你很清楚了嗎？）而他們去男性化的父親通常沒有什麼話可說。

下面是我的領悟，或是懺悔。當我想到我只要一點點就很滿足，而我製造了這麼多時，我自己都很驚訝。我工作很長的時間，賺很多的錢，但是我自己一個月只花兩百美元，食物、理髮、雜費統統在內。我所有的新衣服都是別人給我的禮物，因為我對我的外表毫不在意。我住在一棟舒適的房子裡，在很好的社區，有充實、忙碌、美好的城郊生活形態，只因我要我太太和孩子有這樣的生活。假如他們都不在了，我根本不必過這種生活。

我看過很多成年人，當他們的婚姻失敗時，漂移到男孩那種零野心的生活形態，生活過得亂七八糟或搬回家跟父母住，用別的方式來追求私人滿足、探試每一個性機會，很像你在國家公共廣播電台所形容的那些男生。

你提到「驅動世界的引擎」，對我來說，我覺得這具引擎是對一個好女人的愛。我們共同的願望是把孩子扶養長大，以及好好愛護我們要他們繼承的世界。

我們的智慧精英及我們的流行文化有去想「驅動世界的引擎」嗎？我們是否褻瀆了一些事情，而這些事是我們祖先本能就知道，而我們卻高傲得忽略了它？

肯・羅伯遜

第7章

第五個因素：被遺棄神祇的復仇[1]

文化有一部分是由「什麼是一個真正的男人」這個問題的答案所界定的，

忽略這個問題的後果並不是一個雌雄同體的孩子的世代。

結果是一方面，年輕男孩沒有動機去工作或服務，

對無限期住在父母家不覺羞恥，對只拿不給也不覺得羞恥；

另一方面，我們開始得到一個可怕的收成，

一些在乎自己是不是真正男人的年輕人，在沒有成年男子團體的引導下，轉向幫派暴力、藥物濫用或飆車來肯定他們的男性認同。

這個男子氣概的崩盤及貶值，是目前青少年流行文化現象背後的主因。

一個孩子怎麼變成大人？傳統上，一個人從童年成長為有生產力的成人，需要的不只是生物上的成熟和時光的流逝。孩子以他生活周遭的大人做為學習榜樣：女孩以她認得的女人以及她們在電視上、雜誌上和電影上看到的影像為榜樣；同樣地，男孩以他身邊的男士以及媒體中的人物為榜樣。莫林格（J. R. Moehringer）在他的自傳《溫柔酒吧》（*Tender Bar*，中譯本遠流出版）中描述早在他能夠買酒的年齡之前，他是如何在當地酒吧發現他的男人社群。在酒吧裡的這些人都不是社區的模範公民，也不是偉大的父親或有男子氣概的人，但是整體來說，他們提供了莫林格所要的東西。莫林格這樣寫道：「男子氣概來自於模仿。要成為一個男人，這個男孩必須先看過一個男人。」（**Manhood is mimesis. To be a man, a boy must see a man.**）[2]

一個男孩並不會自然地變成紳士，我的意思是，一個禮貌、仁慈和不自私的人。這個行為不是天生的，它是要教的。

二〇〇六年五月，我在康乃迪克州一所男校為畢業典禮致詞。我注意到在聽眾席上，女生的人數遠超過男生。「你們每個男生都好像有四個姊妹。」我對一些男生說。

「她們不是我們的姊妹，薩克斯醫生，」有個男生說：「她們是朋友。」

「你是說女朋友？」

「有些是女朋友，大部分只是朋友而已。」他說。

這引起我的興趣了。我和女孩談話，她們有些來自五哩外的「波特小姐的學校」（Miss Porter's School），那是一間女校，大多數則來自這間男校隔壁的西敏寺學院（Westminster Academy），一間男女合校。

「男女合校？那你們這些女生在這兒幹麼？」我說：「你們為什麼要來這間男校玩，你們自己學校就有男生呀！」

有一個女生翻了翻眼珠，「我們學校的男生太差勁了，」她說：「跟他們在一起就像跟我弟弟在一起似的，他們喧鬧、亂搞、令人煩厭，還認為自己很強悍，真是噁心。」其他女孩笑起來，頻頻點頭。

「這邊的男生不一樣嗎？」我問。

她們全部都點頭。「完全不一樣，」另一個女孩說：「這邊的男生像——紳士。我知道這聽起來很奇怪、很老派，但就是如此。像當你走進房間，他們會站起來，替你開門。」

「而且他們不會打斷你說話，」另一個女生插嘴道：「我很討厭跟我們學校的男生說話，因為他們總是打斷你說話、插嘴。」

「你應該在週末來這裡，薩克斯醫生，」另一個女孩說：「你完全不會知道它是間男校。在週末，這裡的女生比男生多，我們占據了這個地方，甚至不需要是為了約會。上週末，我們一堆女生去他們的冰上曲棍球場玩，只是在滑冰；只有我們女生。」

「但是為什麼來這間學校呢？你們大可以去外面的公共溜冰場呀！」我說。

她搖搖頭，「不，不一樣，來這裡很好玩，因為……」

「因為我們像一家人。」

另一個女孩說：「因為在這裡覺得很安全。」

這間男校很特殊。我從其他也喜歡去男校「集會」的女孩那裡聽到類似的話，例如在馬里蘭州百瑟斯塔市的喬治城大學先修學校（**Georgetown Prep**）。我必須補充，我也聽過對某間男校完全不同的評語，女孩說她們一百萬年都不會去那裡。光是創建一間男校並不能成為吸引女孩們前來的地方；相反地，你要是聚集了一群青少年卻沒有對的領導，他們可能會變成一群小流氓，或小混混。「闖壞好幾道道德的欄杆」，借用大衛．布魯克斯（**David Brooks**）著名的話。[3]《蒼蠅王》是另一個典型的例子，青少年沒有強大的領導者很容易變成野蠻人。

有負責任的大人做領導者，是一間學校會不會讓女生覺得安全、受歡迎的最大差別。像我去致畢業詞的這間男校就不會拿這種要事冒險。他們教男孩子禮節、如何當個紳士。這間學校的男生都要記得學校的八個「核心價值」：

- 學業（scholarship）
- 道德（integrity）
- 文明（civility）
- 容忍（tolerance）
- 利他（altruism）
- 運動精神（sportsmanship）
- 責任（responsibility）
- 自律（self-discipline）

「讓一個男生變成男人還不夠。我們要他成為紳士。」這間學校的校長拉洛克（Kenneth LaRocque）這樣告訴我。在這裡，拉洛克與同事明確地教導他們認為的紳士守則：紳士不會假裝放屁去整他的同學。紳士不會騷擾女生。紳士不會在女生講話時打斷她。紳士會在女生進到房間裡時起身。在這裡，所有的核心價值都是明確地教給男孩們的。「你不能假設今天的男生知道這些事情。他們很多人是不知道的，但是他們可以教。」拉洛克先生說：「男生不會自動長成紳士，你需要有一個男人的社群，展示給學生看他們應有的行為。這就是我們這裡會提供的。」

幾乎所有已知的文化都非常在乎男孩如何轉變成男人，幾乎所有文化都有成年禮。例如非洲西方的康族（**!Kung**。譯註：即電影《上帝也瘋狂》中男主角利蘇那一族，他們的語言是人類最古老的語言之一，有舌尖頂著上顎發出的「咯」聲，這個音是全世界其他語言都沒有的），他們自稱「無害的人」，文化裡沒有戰爭、崇尚非暴力，沒有戰士或比武的傳統。「然而，即使在這裡，」人類學家吉爾摩（**David Gilmore**）說：「在一個把溫和與合作的價值放在所有其他價值之上的文化裡，男孩還是要經過技術和忍耐力的測驗，才能得到男人的稱呼。並不是男孩長大就自動變成男人，他們必須自己去追蹤並殺死一頭羚羊——這是需要勇氣和毅力的——只有在他們殺死一頭公羊後，才被視作大人，才可以結婚。」[4]

吉爾摩教授花了許多年研究世界上各個文化如何行他們的成年禮，包括康族。「許多社會不把打獵看成重要的技能，」吉爾摩寫道：「男人並不需要為了經濟的目的而與女人結合，有些社會譴責暴力和戰爭，但是沒有一個民族不看重男孩轉變成男人所必須展現出來的能力。」[5]

如果一個文化，如當前的美國文化，忽略了這個轉換過程會怎麼樣？假如只是忽略十年、二十年，甚至三十年，文化還可以傳承下去，超過三十年以後，這個忽略就會衍生出問題了。假如我們沒有提供孩子一個正向的社會行為角色模範，使他們能平安地轉型成大人，他們就會自己去建構一個出來，而那不一定是正向與有建設性的。

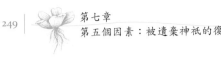

當然，不是所有歷史悠久的文化都有同樣的成年儀式，每個社會都有它自己不同的男性成年禮。例如對同性戀的態度，有些文化是把同性戀看成偏離正軌的不男性化行為，而在很多其他的文化裡，同性戀被認為是正常的或超級男性傾向。有些美洲原住民部落，只有最男性化的人才可以跟其他的男性性交，與婦人性交被視為比較不男性。[6]同樣地，在日本的武士，尤其是在德川幕府到明治維新（一六〇三至一八六七年）期間，同性戀的傾向被視為最高男性化；[7]在古代的斯巴達文化也是偏向同性戀。[8]

每一種文化所認定的男性化行為有很大的差異，但是這些文化態度的變異性不該使我們混淆。再怎麼不同，每個文化都有它不變的基石。從來沒有一個歷史悠久的文化是懦弱的人受尊敬，或是勇敢的人被輕視，也沒有任何一個歷史悠久的文化是懶惰的人被讚美，而勤勞的人遭鄙視。[9]

悠久文化的共通點

已經存續了幾百年或幾千年的文化，彼此有什麼相同之處呢？東正教的猶太人

（Orthodox Jews）和納瓦荷印地安人（Navajo Indians，美國西南部印地安人之一支）乍看之下並無任何的相同之處，除了兩者都經歷了一千年的滄桑而仍然無恙。東正教的宗教信仰與納瓦荷印地安人的完全不同，可以吃和不可以吃的食物規則不同，穿著也完全不同。

但他們還是有一個共同點：就是世代之間的聯結很緊密。這是文化的功勞，文化把習俗和傳統教給孩子——做為一個男人和女人，文化對他們有什麼期待——所以東正教的猶太人和那瓦荷的印地安人以及世界上所有有著被人類學家研究過、長遠文化的民族，都是這樣把訊息從一個世代傳到另一個世代，婦女教導女孩：在她們的社區裡，一個女孩應該有什麼樣的行為；男人教導男孩怎樣才叫做一個男人。

我這裡所講的不是教他們讀、寫社會科、數學或自然科。女人也可以很有效地教男生這些，就像男人也可以教女學生這些一樣。我去過很多男校，看到一些最受尊敬的老師是女性，也見過女校中最受尊敬的老師是男性。但要給男生看一個紳士是怎樣的舉止，一個紳士如何與女性互動，他對災難、不幸事件如何反應，他怎樣為他的社區服務，這些角色模範則是無法被取代的。我個人認為，男生看到這樣的一個男人時受益最多：他或許是老師，或許是教練，休閒時拿起書來看，去做志工，去服務社區。他是一般人，不是聖人，也不是美國隊長或蝙蝠俠，就只是個真實的人。

有些文化對男女性別世代相傳、從孩子轉換成大人的歷程，有非常正式的禮儀。納瓦荷在女孩初潮之後，她會被隔離，住到祖母的草屋中四天。在這四天，所有的女性長輩會來拜訪她，傳授心得。她要做一系列的禮節儀式來象徵她在社群團體中的新地位；她受到成年女性歡迎進入女人的社群。[10]我們在本章中也會看到不同的傳統文化如何引導男孩變成男人。

並不是所有有歷史的文化都有這種正式的儀式。在許多文化中，進入成人的歷程是比較緩慢、逐漸增強的。但是在每個能存活到今天的文化中，女孩都是被一群成年女子引導進入女性團體，男孩都是被一群成年男子引導進入男性團體的。父母親在有些文化裡扮演重要角色，在有些文化，如納瓦荷，父母的角色就不那麼重要，因為這個成人歷程是比較團體的，而非家庭的。但是沒有一個歷史悠久的文化，是父母親可以獨立完成這個歷程的。如同那句格言，「同村協力」（it take a village）才能把一個男孩變成男人，將一個女孩變成女人。

當我對父母團體演講時，通常會在這一點上被打斷。會有母親說：「我並沒有一個團體的男人來養大我的兒子，我甚至連他的父親都沒有，而我不願他的父親再回來住。做為一個單親母親，我該怎麼使我的兒子『轉型』成男人？」

我建議這位母親去找一個能夠給她兒子健康、正向生活態度的男子團體，教她兒子做為一個男人代表了什麼。專門研究沒有結婚的異性戀及同性戀婦女如何扶養兒子成人的心理學家德瑞克斯勒（Peggy Drexler），在這個問題上說得很清楚；根據她的研究，她對生活中沒有男人的媽媽說：「主動從你的家庭或社區中尋找合適的男性角色模範，包括老師、教練、大哥哥型的朋友，把他們含納入你孩子的生活中，使你的孩子有更多的典範可以效仿。」[11]即使是婚姻美滿的父母，也很難只靠夫妻兩個人把孩子養大成社會所接受的大人。你可以選擇童子軍、男性查經班，或是由你信任的教練帶領的運動團隊。

假如這個男孩生活周遭沒有男性團隊，那麼他一定會從別處尋找他的角色模範。他可能從媒體上、同儕中找尋，但是從與他同樣年齡的男孩身上去尋找指引，常會得到混淆觀念和自我毀滅的後果。青少年很少有能力引導其他人進入成年；這是大人的事情。

有文化的民族通常賦予成人轉變一個很神聖的意義，如本章前面所舉的例子。二十一世紀的美國人對這種傳統會報以淺淺的微笑，心中著實看不起：我們不需要這種儀式，這種習俗是用來撫慰神靈的，我們美國人不信這一套。

在你看不起其他文化的傳統前，再想一下：這些文化在世界上存在得比我們都久。我們的文化忽略男孩轉型成男人的過程，並沒有製造出太多敏感、體貼、在乎別人、努力工作的年輕人。現在有越來越多的證據顯示，我們的社會忽略這項轉變的後果，是得到電影《賴家王老五》或《謀殺綠腳趾》中好吃懶做、遊手好閒的年輕人，或霸凌者、未來的幫派分子，或吹噓自己是或假裝是被定罪重罪犯的饒舌歌手。[12]

被遺棄的神祇將會復仇。

當我說「被遺棄的神祇會復仇」時，並不是從字面的意思解釋吉爾摩教授的話，也不是說我相信那些掌管神聖儀式的神會怎麼樣。請允許我把你帶到上一章最後一封羅伯遜寫來的電子郵件，羅伯遜先生說「我們褻瀆了那些我們祖先本能就知道、而我們高傲得忽略了的東西。」我認為羅伯遜先生講得很有道理，我們忽略了這些傳統的重要性。成為一個大人並不是只要長大就好，它是一個成就，是男孩必須完成的事。假如我們忽略這個轉變的重要性，沒有盡責去引導男孩經過這個歷程，終將嘗盡苦果才會知道為什麼這麼多傳統文化會如此強調這個轉換歷程的重要性。

在他研究的所有文化中，吉爾摩寫道：

> 一個重複出現的觀點就是，真正的大人不是生理上男性性器官的成熟。它不是一個大自然的情況，隨著生物上的成熟而自然發生，而是男孩必須贏過強有力的機率才能達到的人為狀態。這種看法從生活方式最簡單的獵人和漁夫，到農夫和大都會的城

市人身上都有，也是在各大洲和各種生態環境都存在的看法。這種看法在好勇鬥狠的戰士及從來不曾因憤怒而殺人的人們身上都看得到，是公認的觀念。[13]

這個一直出現的主題是「文化規範定義的能力……導致生殖的成功」。[14]在某些情況下，例如東正教的猶太人，「文化界定的能力」是完全心智上的，一個東正教的猶太男孩必須熟背摩西五經（Torah）和猶太法典（Talmud）。在其他的文化裡，比較是身體上的忍辱負重，但根本精神是一樣的。

吉爾摩說，所有生存到現在的文化都同意「心智回歸到自憐（narcissism）」是不可接受的，它本身是對成人功能的威脅。」[15]同樣的想法也存在於一百年前的美國文化中。童子軍背後的意義就是「使男孩變成男人」（make men of little boys），培養出一個獨立的大人（an independent manhood）。[16]它從來沒有假設獨立的大人會自然發生。在其他的文化裡，人們是迫切地知道男孩子必須有人引導進入成人期。

吉爾摩教授繼續指出，「成為男人是有條件的」這是二十世紀美國文學的主流，至少直到一九七〇年代。福克納（William Faulkner）、海明威、帕索斯（John Dos Passos）、特克爾（Studs Terkel）、梅勒（Norman Mailer）、狄基（James Dickey）與其他人都傳達出你必須克服障礙或困難，以贏得你成為男人的條件。

美國文學評論者黑伯格（Alfred Habegger）在批評美國的傳統時說，男子氣概在美國文學中「有不確定性和模稜兩可的地位。你要透過努力和掙扎或是長期的學徒制才能得到，有時這個學徒制是很屈辱的歷程。男性常常不確定自己的地位。」[17]吉爾摩發現，在他們研究的每一個文化中，「成為男人是有條件的」幾乎是共通現象。他說，做為一個男人，必須證明自己值得成為一個男人，是「美國境內所有種族都如此要求，不是只有盎格魯－薩克遜的男人才如此被要求。」[18]

吉爾摩說這種「達到成年男子標準的英雄影像，在美國文化中比比皆是，從義大利裔的黑手黨文化到好萊塢西部片英雄，私家偵探的電影到卡通『太空超人』（He-Man）的玩偶及遊戲。」但是性別的影像在過去五十年間卻改變了很多。五、六十年前，男孩變成男人的故事是主流的文化故事，是你每天生活中真的會遇見的。例如電影《江湖浪子》（***The Hustler***）、《養子不教誰之過》（***Rebel Without a Cause***）和《岸上風雲》（***On The Waterfront***），這些由保羅．紐曼（Paul Newman）、詹姆斯．狄恩（James Dean）和馬龍．白蘭度（Marlon Brando）飾演的角色都是一般的年輕人，並非超級英雄。在這些故事裡，不成熟、懶散、不務正業的男孩經驗到挫折、困難、朋友的死亡，然後成熟蛻變成大人，克服各種考驗。每一部電影都在描述當時的社會情境，說的故事可能真實發生（比如《岸上風雲》是改編自《紐約太陽報》〔***New York Sun***〕系列普立茲獎的得獎報導）。

今天這種電影很少見了。雖然我們的電影中仍然有英雄，例如《梅爾・吉勃遜之英雄本色》（*Brave Heart*）和《神鬼戰士》（*Gladiator*），但是編劇已經無法寫出我們現在這個時代男孩如何變成英雄的、可以令人信服的故事。編劇必須回到五百年前或一千年前，或把英雄事蹟設定在一個虛構的過去，或在一個想像的世界中（比方《哈利波特》與《魔戒》）。

住在肯亞特卡納湖（**Lake Turkana**）南邊的山布魯人（**Samburu**）以酪農業維生。當一個山布魯男孩即將成年時，他必須莊嚴地放棄喝牛奶，這個行為「當眾表達他為了工作文化的延宕滿足，已自動放棄了乳房。自此以後，所有的女人都是接受者，而不再是食物的供給者；這個男孩已不再需要母親的照顧了。」[19]

更南面的馬撒以族（Masai tribe）住在肯亞和坦尚尼亞交接的丘陵上，他們也認為「成人地位不是自然發生的，而是要經過一連串的考驗和肯定。」[20]馬撒以的年輕人必須「犧牲他的第一頭公牛，大部分的肉要給這男孩的母親，以示感謝她把他撫養長大。對馬撒以人來說，就像山布魯人一樣，他們要考驗孩子的道德勇氣，看他對族人共同利益的承諾夠不夠。成為男人的考驗不但在身體強壯度和勇敢度上，同時還看道德上的美德，是否可以無我地貢獻自己到國家認同上。」[21]許多文化都有這樣的故事，年輕人必須拒絕「舒適和安全的兒童繭」[22]，以成為真正的大人。

我們的文化過去也會告訴我們這些故事。

不過現在不再了。

美國文化是男孩的毒藥，那對女孩呢？

誰的表現會比較好？是新移民的孩子，還是生在已定居美國好幾個世代家庭中的孩子呢？

想像有兩個家庭，成員都是父母和一對兒女，兩個家庭的家長都年約四、五十，女兒十五、兒子十七，家庭收入相同、兩對夫婦的職業也相同，住在同一個社區裡的同型住宅，唯一不同的是家庭A的四個成員都是土生土長的美國人，家庭B的四個成員則剛從印度的邦加羅爾（Bangalore）來到美國。

好了，最近哪個女孩更有可能被診斷出焦慮或憂鬱症；或是飲酒、使用非法藥物；或是飲食失調；或是在十五歲之前就發生過性行為？在所有這些參數上，在美國出生的女孩，比剛從邦加羅爾來到這裡的女孩要有高得多的風險。[23]

那麼，哪個男孩更有可能被診斷出精神方面的疾患，或因為街道競速被捕，或說出「學校是個浪費時間的蠢地方」這種話？在所有這些參數上，在美國出生男孩，也比剛從邦加羅爾來到這裡的男孩冒的風險要高得多。[24]

我設定的年齡也沒什麼特別之處，只是要你心裡有個很明確的畫面，不是一般的女生與男生，而是特定年紀的男生和女生。這項新的事實：相較於剛從海外搬來的孩子，美國孩子真的是不分年齡層，都有更高的風險罹患焦慮或憂鬱症、涉及不法，與不喜上學。而年紀越長的孩子，即受美國文化影響時間越長的孩子，又更是這樣。

而這並非一直如此。在大部分的美國歷史中，比起剛從海外移民美國的孩子而言，出生、成長於美國的孩子都更健康，無論是生理上或是心理上，這個事實儼然成為美國文化的一部分。兩個世代以前，大多數的專家都同意，一個來自不同語言文化國家的家庭在抵達美國後的首要工作，應該是盡快融入這個以英語為主流的美國文化，這對他們的孩子最為有利。[25]

一些美國人認為兩代以前是正確的事情，到今天依然是正確的。他們認為從亞洲或拉丁美洲或東歐來到美國的家庭，最好是讓孩子很快學會英語，並盡快融入當代的美國文化。

但這個兩個世代以前或許可行的假設，今天已經不正確了。如今壓倒性的證據指出，新移民家庭應試著保留他們的母語及文化，並盡力保護他們的孩子遠離當代美國文化。學者們還創造出「移民悖論」一詞，因為當今的移民子女比在美國出生和成長的子女更具優勢，這在他們看來似乎相當矛盾。美國心理學會（American Psychological Association）出版了一本三百二十八頁的專著，包括二十四位研究者針對這項主題的探討；二〇一一年該工作的主題是「兒童與成人的移民悖論：當個美國人要冒的風險越來越高嗎？」[26]答案是：沒錯。對移民孩童來說，成為美國人是要冒風險的。移民孩童越能留在他們的母語與文化環境中、不受當代美國文化的影響，在學校的表現就會越好，並降低他們青少年懷孕、濫用酒精及藥物，及青少年犯罪等等的風險。[27]

因此，比起身為美國人，當個外國人更能不受美國文化侵擾。只是這樣的抵禦並不持久。雖然新移民的孩子在很多方面比較健康，也比較有動機，但是「這個優點會隨著在美國的時間延長而下降。」[28]達特茅斯研究團隊下結論說，新移民的孩子「在美國住得越久就越不健康，越會去做危險的行為。」而「這個發現的意義再清楚不過，不可能弄錯，」他們說。「對新移民的孩子及美國的孩子整體來說，童年的一些基礎要素，客氣地說是貧血、不合適、不恰當、不夠強，沒有能力來支持孩子身心健康的欣欣向榮；而不客氣地說就是有毒、漫不經心、輕忽的、令人沮喪的健康狀態和產生情緒性壓力與心智疾病。」[29]附帶一提，達特茅斯研究團隊的成員包括布拉則頓（T. Berry Brazelton），知名的小兒科醫生；寇爾（Robert Coles），世界級專家，專門

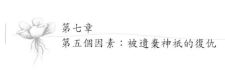

研究兒童如何習得道德；蘇歐米（Stephen Suomi）博士，他花了三十年時間研究親子聯結（parent-child bonding），還有發展小兒科、社會學、靈長類學及青少年心理學的專家等其他二十多人，集合跨領域的專家學者共同研究美國的兒童和青少年問題。

某個星期六早晨，住在華盛頓特區郊區的艾麗森．庫柏（Alison Cooper）把車停在當地一家超市停車場中裡講手機，遇上一起糟糕的意外事故：

一個爸爸和他的兩個兒子，大約八歲和十歲，進入停在我旁邊的車子，其中一個男孩子開門時粗心大意，車門打到我的車子。

我看到這爸爸退出車位，顯然沒有意思要停，我急忙掛掉手機，跳出車子，對他大喊。

這時他停住了，走出車子開始大罵：「這只是個小洞而已，這裡是停車場，本來就會有刮傷，你期待什麼？這有什麼了不起？買點漆塗一塗就沒事了！」

我讓他走了，覺得有點難過，他剛剛在孩子面前做了一個最壞的示範：（一）當你刮傷別人的車子，趕快跑掉，不要去面對事主。（二）假如這沒有效，走下車，先發制人，把傷害說到最小，強調在停車場被刮傷、撞個小洞是生命的事實，每天都會發生，不值得大驚小怪。

而隔天，我七歲的女兒指出車子的保險桿有新的、嚴重的損傷，它被撞彎了。這件事必定發生在昨天我們出去辦事的時候。

沒有人在我的雨刷下夾留言，我悲哀地接受了這個事實：我將永遠不知道是誰撞了我的車子。

隔天，一對夫妻來到她家，解釋發生了什麼事。

這位太太用結結巴巴的英文說，她的兒子在撞了我的車後，驚嚇之餘急忙逃走，他們知道後，打電話給他們的保險公司，然後開始尋找那輛被撞壞的車。他們告訴我他們保險公司的名字及保險內容，並一直道歉。

這對夫妻教了他們的兒子：（一）要為你的行為負責，即使你當場逃得掉，即使對你來說不方便、不容易，即使你的保險費下次會漲價。（二）不要找藉口，不要說謊，直接說出來並道歉。

這兩個不同的家庭給了他們孩子不同的教訓，前者是百瑟斯塔的爸爸，後者是肯辛頓（Kensington）的油漆匠。[30]

這個肯辛頓的家庭是新移民，太太幾乎不會說英文。有些傑出的美國人諸如川普（Donald Trump）總統或CNN的評論員道伯（Lou Dobbs），強調我們應該加強移民法的限制，不要讓新移民進入美國，因為他們相信移民不大可能對美國的文化有所積極貢獻。像這樣的故事，我在想，我們是否應該鼓勵移民來增強年輕美國人的道德纖維。

性別的特殊含意

達特茅斯研究團隊一開始沒有把性別差異包括在內，但是當這些專家學者聚在一起、交換他們的心得時，有件事一再浮現：性別真的有關係。「在童年時期和青少年時期把性別的意義告訴孩子，是所有人類都這樣做的事，它深深影響孩子的福利，」研究團隊如此寫道。他們下結論說：

在今天大多數的社會科學文章裡，在精英文化中，性別常被看成一組特質，會傾向去扮演某些角色。然而目前的證據顯示，這種看法非常地不周延，性別其實深入人類自我認同的核心及社會意義，一部分因為它是生物上的，而且與大腦結構和功能的差異有關；另一部分是因為它和轉變為大人有很深的關係。

最近幾十年來，很多大人都退縮，不願給性別一個正向的社會意義，尤其是在男孩身上。有些人想要、也真的去改變了性別角色，包括想更男性化，造成我們文化一些傳統的性別論述看起來變成時代錯誤或甚至有害。這讓我們認知到此一重要議題瀕於危險，得失攸關。

但是忽略青少年的性別需求是危險的，男生女生的社會病態危險因素並不同。我們了解過度簡化或誇張性別差異的危險，但是就像醫學世界發現的，不注意男生和女生真正的差異會有更危險的後果。

忽略或否認這個挑戰不會使它消失不見。的確，當大人選擇忽略讓年輕人在性別文化中長大的這個關鍵任務，那麼他們只好自己去找，或許從好萊塢，或許從麥迪遜大道（Madison Ave，譯註：紐約名牌精品旗艦店聚集地）來發現他們性別的社會意義。結果是大規模青少年自創的轉變儀式，就在意義上和後果上對社會不友善了。年輕人天生就有在肯定的意義系統中去經驗性成熟的需求。[31]

美國父親的改變

美國家庭中父親的地位，在過去四、五十年間急速地下降。美國流行文化把這個現象描述得很清楚：五十年前的電視節目《三個寶貝兒》（*My Three Sons*）由麥克墨雷（Fred MacMurray）飾演父親，和《老爺大過天》（*Father Knows Best*）由羅勃・楊（Robert Young）飾演父親。這兩位演員所飾演的父親都是聰明有智慧、愛孩子、很能幹（譯註：我在美國留學時，這兩部影集仍在電視上演，令我對美國的父親印象好極了，跟家人說美國父親態度溫和而且上自天文下至地理，無所不知，對孩子從不疾言厲色）。快轉到一九八〇年代，去看《天才家庭》（*Family Ties*）中麥可・葛羅斯（Michael Gross）飾演的父親，也是個睿智、有愛心、有能力的四個孩子的爸爸，也是深愛聰明妻子的丈夫，但與前面的麥克墨雷和羅勃・楊飾演的父親不同的地方是，葛羅斯是可以被開玩笑的角色，但是還沒有離譜，在每一次影集結束時，父親在孩子心目中的地位仍是不容置疑的。這個節目在一九八二年開播，一九八九年結束，收視率始終都很高。

在《天才家庭》下檔的同一年，《辛普森家庭》（*The Simpsons*）上演了。《辛普森家庭》是目前美國最長壽的一部情境喜劇（sitcom），連續演了近六百集，二十七季，而且越演越勇，收視率絲毫不見下降，唯一下降的（或正是拜此所賜？）只有主角的靜態特質。這部影集中的父親荷馬・辛普森（Homer Simpson）永遠是個白痴，充滿各種偏見，是整部影集中最沒有智慧的人，唯一可能凌駕他的是他的兒子巴特

（Bart），或是他們家的狗。相反地，荷馬的太太花枝（Marge）是個實際的人，很明顯是她在主持這個家，雖然有時花枝也很傻。最聰明的是女兒麗莎（Lisa），她從不接受父親的忠告，這些忠告通常是歇斯底里地糟。麗莎是全家最理性的人。

我不想過度渲染電視節目的重要性，我的看法是電視節目反映出我們的社會，當然它也會塑造我們的行為，但是前者比後者多。無論如何，《辛普森家庭》的威力很清楚地呈現出，在美國家庭中，父親的形象已經和四十年前不一樣了。

這裡的目的不是爭辯美國父親的形象從睿智轉變到丑角是「好」還是「不好」，我們要提出的是它的轉變，模糊了美國男孩心中成熟大人的概念。四十年前，如果一個男孩聽到有人要他「成熟點！」（**grow up!**），他知道那是什麼意思，他知道他要像麥克墨雷和羅勃・楊在《三個寶貝兒》和《老爺大過天》中，或賈利・古柏（**Gary Cooper**）在《日正當中》（***High Noon***）、詹姆斯・史都華（**James Stewart**）在《風雲人物》（***It's a Wonderful Life***）中，或薛尼・鮑迪（**Sidney Poitier**）在《惡夜追緝令》（***In the Heat of the Night***）中那樣，那就是成熟的表現。

但是假如你叫今天的男孩「成熟點」，這是什麼意思？他應該像誰一樣？像荷馬・辛普森嗎？阿肯？阿姆？小韋恩（**Lil Wayne**）？賈斯汀（**Justin Timberlake**）還是小賈斯汀（**Justin Bieber**）？

今天一個所謂的男人是什麼樣子？一個成熟的男人應該是什麼樣子呢？

二〇〇七年，哈佛一位有終身職的教授出版了一本書，書名就是《男子氣概》（*Manliness*）。作者門斯費爾（Harvey Mansfield）對當代美國文化中所看到對男子漢大丈夫價值的貶低感到很憂心，所以寫了這本書。書一開始，他要定義什麼叫男子漢大丈夫，他說：「約翰·韋恩至今仍是每個美國人心目中的男子漢大丈夫。」[32]然後他開始仔細分析，是什麼因素使約翰·韋恩成為美國人心中男人的縮影。

讀到「約翰·韋恩仍是每個美國人心目中男人的縮影」這句話時，我嚇了一跳，第一個進入我心目中的念頭是：「那是你個人的意見」。就像任何影迷一樣，我知道約翰·韋恩本名叫馬利翁·羅勃·摩利森（Marion Robert Morrison），真正的摩利森先生與銀幕上的「約翰·韋恩」角色有很大的不同。我自己心目中的男子漢大丈夫是像：

- 張伯倫（Joshua Chamberlain）上校，他是宗教和修辭學的波汀講座教授（Bowdoin professor），南北戰爭時指揮第二十軍緬因州自願軍團（20th Maine Volunteer Infantry Regiment，我們在下一章的結尾會談到他）。
- 潘霍華（Dietrich Bonhoeffer），德國牧師，他離開安全舒適的家，回到德國去組織反抗納粹的地下軍，被捕後在佛洛森堡（**Flosseuburg**）的集中營被吊死。

- 拉賓（**Yitzhak Rabin**），以色列總理，他有勇氣與巴勒斯坦人建立和平；他被自己的猶太同胞槍殺。

這些人與約翰·韋恩有許多不同之處，最重要的是他們的名聲來自於他們的確做了那些事。約翰·韋恩不是一個真實的人，他只是在銀幕上扮演那個人。此外，門斯費爾可能會很驚訝地發現，今天的年輕人根本不知道誰是「約翰·韋恩」！

門斯費爾最終界定了男子氣概是「在面對危機時有自信」[33]——一個「採取行動而非靜坐反思」（**in favor action over reflection**）的不理性偏見[34]。在他的心目中，大膽投入一個不確定的情況是男子氣概的核心。他宣稱對真正的男人「思考是一個挑戰」（**thinking is a challenge**），這個說法等於是把男子氣概跟愚蠢劃上等號。[35]

在面對不確定情況時，大膽投身向前而先不思考是否有其他不危險的方式，對我來說不是男子氣概，而是愚蠢；但它同時也反映出今日對男子氣概這個觀念的混淆。的確，假如連拿到哈佛終身教職的學者都不曉得什麼是真正的男子氣概，我們的兒子又怎麼可能知道呢？

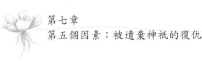

做為一個男人是什麼意思？

我住的地方離一所男校不遠，我在本章開頭時提過這間學校：馬里蘭州百瑟斯塔市的喬治城大學先修學校。每一年，這間學校都會送十六名學生、由四個成人陪同，去多明尼加共和國的高地參加為期五週的Somos Amigos（我們是朋友）專案。那個地方又濕又熱，沒有冷氣，男生們跟農夫一起住，吃他們吃的東西，大部分是米和豆子；睡他們睡的地板，通常是泥土和稻草。到處有老鼠，他們沒有水、沒有電，也沒有網際網路。

每一位去過這個國家、做過五週服務的男孩，回來後都說這是他們一生中最有意義的經驗。我想我知道為什麼。這些男孩從流汗中學到了「做為一個男人是什麼意思」這個問題的答案：做為一個男人，是用你的力量去服務別人。這間學校特別傳達出這個訊息。每一個學生都知道學校的校訓：「為別人服務」（Men for Others.），但這是課本上的知識、是*Wissenschaft*，這是不夠的。學校的領導者，包括校長在內，都了解孩子必須透過經驗來學習這個服務的真諦。「你可以苦口婆心地一直說教，但是沒有說教抵得上將一把鏟子放在孩子手上、讓他實際去學。」校長如此告訴我。

一個男生去到多明尼加，花五個禮拜時間，從早到晚蓋醫院、修馬路、挖水溝，工作完成後回到美國；當他在星期天下午看美式足球賽，然後看到啤酒廣告說真正的男人喝美樂（Miller）啤酒，這個男孩子會笑出來，因為他知道真正的男人跟喝任何牌子的啤酒都沒有關係，它和用你的力量去服務別人有關。

這個定義——盡你的全力幫助別人——是個猶太—基督教傳統，它主導了過去兩千年的西方歷史。這不是原創的想法，《聖經》中早就有：「人為朋友捨命，人的愛心沒有比這個大的。」（John 15:13; KJV）

我不是說這是真正男人唯一的定義。我清楚知道早期的希臘人、羅馬人都有非常不同的定義，無疑地，馬撒以人和山布魯人也有他們自己的定義。但是一個文化有一部分是由它怎麼回答「什麼是一個真正的男人」這個問題的答案所界定的，每個文化必須做它自己的價值判斷和選擇。的確，我們幾乎可以用其人民的選擇來界定一個文化。我們必須對我們如何定義男子氣概做個別和集體的選擇。假如我們不做這個選擇，這個不選擇本身也是一種選擇，這時，市場就會為我們做選擇了。達特茅斯研究團隊看到了這一點。

忽略這個問題的後果並不是一個雌雄同體的孩子的世代。這個結果是：從一方面來講，年輕男孩沒有動機去工作或服務，對無限期住在父母家不覺羞恥，對只拿不給也不覺得羞恥。這些年輕人——很多是白人、住在城郊——並不在乎有沒有被別人看成「真正的男人」，這問題對他們不重要。為什麼重要？網路和電影上充滿了很酷的懶漢，他們也住在爸媽家裡，不事生產也不想找工作。

這是一個結果。另一方面，我們開始得到一個可怕的收成，一些在乎自己是不是真正男人的年輕人，在沒有成年男子社群的引導下轉向幫派暴力、藥物濫用或飆車來肯定他們的男性認同。這個男子氣概的崩盤及貶值，是目前青少年流行文化現象背後的第五個因素。

富裕可能在北美洲男子氣概觀念的式微上扮演某種角色。吉爾摩教授發現，生存越困難，這個文化對男子及男子氣概的傳統就越強。記得我在第一章開頭時引用的一位加拿大人的話嗎？他說：「我小時候，我們必須走三哩路去上學。」今天，極少有美國孩子需要走三哩路去上學。對中產階級的美國小孩來說，更是從來不可能擔憂過桌上有沒有食物、頭上有沒有屋頂。這可能是在美國孩子心目中，為什麼「做一個真正的男人」比上個世代或上上世代來得不重要的原因。

現在，該怎麼做，才能把這些男孩導正回原來的軌道？這是最後一章的主題。

第8章 解藥：讓男孩重拾動機

我並沒有全部的答案，事實上，我還差得遠。
但是我知道我們至少在問對的問題。
那些採取策略的家長從美國的各個角落寄給我成功的故事，
這些故事是不分族群、種族、地理位置，
也不分男孩、少男、二十歲的年輕人。

假如這本書你看到這裡了，你知道我們還有很多的工作要做，
沒有人可以獨力完成，我們必須一起努力才行。

為了對抗五個使男生偏離常軌、沒有動機的因素，我們已經討論了許多策略，現在是把這些策略集合起來，看看就目前可以如何補救的時候。

第一個因素：教育中的改變

假如你和我有這個權力與資源去重建美國的教育制度，我們至少可以設定一個方向以緩和減輕二十一世紀教育方式對美國男孩和女孩的傷害。我們要做的第一件事，就是使幼兒園回到原來十九世紀由德國教育家福祿貝爾（Friedrich Froebel）創建的樣子，讓每個孩子對學校的第一印象是正面的。我們要把對英文和數學的強調推回它應該在的地方，從幼兒園趕出去，回到小學一年級和二年級。我們要使 *Kenntnis* 和 *Wissenschaft* 回到平衡，令孩子在沒有機會與真的青蛙和蝌蚪玩之前，不會先學什麼是青蛙和蝌蚪——我指的不是電腦螢幕上的青蛙和蝌蚪，而是戶外活生生的青蛙和蝌蚪。我們會給教師更多的自由去介紹競爭性的形態，用團體競爭的策略吸引孩子參與，讓他在這種環境中茁長，而不會對不適合或不需要這種教學方式的孩子不利。

但是你和我在最近的將來都不太可能有這個權力或這個資源。那麼在等待的期間，我們該怎麼辦呢？

第一，了解你孩子學校的狀況。假如學校的幼兒園是像今日大部分的幼兒園，強調閱讀和寫字及計算能力的加速課程，你應該慎重考慮直到你的孩子六歲之前，不要讓他去上幼兒園。這一年的延遲入學對他有天壤之別。在孩子上幼兒園之前，就先去參訪你住家附近的幼兒園，跟園長談，聽聽他的教育理念，如果可能，花點時間觀察實際上課的情形。這些應該會讓你對這所學校在學業的預期和推行策略上有相當好的概念。在體驗式學習之前，首先強調識字能力的學校，表明他們的優先事項可能不適合許多五歲男孩的發展。

看看園裡的小朋友，他們玩得愉快嗎？教室裡是否有歡樂的氣氛？他們有機會可以跑來跑去嗎？他們有機會接觸到大自然嗎？每天有機會去戶外玩耍嗎？看魚池裡的金魚不能算做「跟大自然接觸」，記得 ***Kenntnis*** 需要孩子觸摸、嗅聞、真正經驗到大自然的東西。透過玻璃或欄杆、籠子看是不夠的。

第二，找出學校是怎麼評估孩子的。如果唯一的評估是紙筆測驗來測 ***Wissenschaft***，那麼這所學校的領導者可能還不了解 ***Kenntnis*** 和 ***Wissenschaft*** 平衡的重要性。學校有團體競爭的教學方式嗎？不僅是運動方面，學業方面也有嗎？（假如你對這個建議背後的理由不清楚的話，請再看一遍第二章。）

一些簡單的改變可以完成很大的成就（不是常說小兵立大功嗎？），在內布拉斯加，全州的校長都贊同經驗的學習：***Kenntnis***，而不是課本的學習：***Wissenschaft***。內布拉斯加州的小學生在測試他們對電流的知識時，不是用紙筆的方式，而是要他們組一個電的迴路。假如他們正確組裝了這個迴路，那麼迴路板上的馬達就會動，鈴聲就會響。內布拉斯加州的教育者對這個結果很滿意。但不幸的是，美國的教育部偏好紙筆測驗。內布拉斯加州的教育者用經驗的測驗而非紙筆的測驗，所以教育部不鼓勵。[1]但是有好些年，內布拉斯加州的教育者勇於先讓經驗測試取代紙筆測試。整個課程已經有太多紙筆測驗了。內布拉斯加州的校長是想平衡經驗的方法和教誨的方法，甚至說，去平衡測驗和評估。[2]

內布拉斯加州的計畫在幾年前就被揚棄了。今天，很難在美國以全州的規模維持這樣一項計畫，因為這裡的所有測試都跟 ***Wissenschaft*** 有關，而非常地不看重 ***Kenntnis***。但你還是可以從某些學校找到了解這些問題的老師和管理階層。其中有些是蒙特梭利學校（Montessori school），有些是華德福學校（Waldorf school），還有些是開明的私校，只是名字裡沒有「蒙特梭利」或「華德福」，但學校的領導者依舊理解體驗式學習的重要性。這些學校裡有些是男校。也有幾間是正規的公立學校，但非常稀少。

第三，假如你的孩子在學校裡讀得很辛苦，假如你發現學校沒有為他提供體驗式學習，試著組織與你所見略同的家長。和學校的家長會或家長團體聊聊，不要單槍匹馬去找校長或其他學校的管理階層；一個家長只是一個困擾，人多才能造成力量。找六、七個理念相同的家長組成一個團體再去跟校長談，六個家長可不能忽略；六個家長聯手可以帶來改變——不是常常能成功，但偶爾可以。

請盡量避免負面的溝通，記住，基本上，校長和老師要的跟你要的相同，他們也希望學生能對學習感興趣。提供你孩子的校長和老師一本理察・羅浮（Richard Louv）的《森林中最後的孩子》（*Last Child in the Woods*），如我在第二章中所說的，它充分證明了自然界豐富孩子生活的力量。

但是不要摒息以待。我發現校長們常常拒絕改變，有的時候他們就是不動如山，這時，你可能要讓你的孩子轉學，有時，你必須搬到另外一州去，去找個適合你孩子的學校，這正是我和我的家庭所做的；我覺得我們必須要為孩子搬家。

這是很大的冒險。我曾經親眼看到一點小小的改變，就為男孩帶來極大的進步。舉例來說，某些小學裡的老師報告說，讓孩子選擇要不要坐著而非硬性規定坐著上課，就使男孩的表現有顯著的進步。在這些教室裡，有些男孩坐著，有些站著，有些盤腿坐在地上。在我主持的一場近芝加哥的會議上，芝加哥的兩位老師史塔勒（Betsy Stahler）和雷恩（Jill Renn）跟我們分享了在她們引進上課「選擇要不要坐著」的新策略後，她們芝加哥學校的男孩表現是如何快速地提升——配合可調整高度的桌子：桌子可以調得很低，適合喜歡坐在地上寫功課的孩子；也可以調得很高，滿足寧可站著的男生。[3]在愛荷華州滑鐵盧的另外一間學校，來自低收入家庭的孩子很用心地在做功課，他們的老師費格森（**Jeff Ferguson**）告訴我，孩子做功課這麼有動機，唯一的改變只是他們不想坐時，可以不必坐著上課，他們可以躺著、趴著，只要不妨礙別人即可。

其他國家充滿想像力的教學策略有的已開始結成果實了——只是美國人不知道而已。有一個令人興奮的例子是在說德語的歐洲國家：德國、奧地利及瑞士的東北部。這個專案叫 ***Waldkindergarten***。

Waldkardergarten 的字義是「森林幼兒園」。這是沒有房子、沒有圍牆的幼兒園（大多數 ***Waldkardergarten*** 確實有一個遮雨棚或類似的建築，帶有避雷針，可以在雷雨天提供安全的庇護。而且，儘管叫 ***Waldkardergarten***，但許多這些戶外學校都招收了從學前班到小學二年級的孩童），小朋友每天在當地的公園或森林區域跟老師見面，全年如此。他們花一天，或好幾天，研究一些樹：聞樹的味道，假如是秋天，玩它的葉子，學習四季的輪替和樹的生命循環，用掉下來的樹枝做翹翹板。

當美國家長聽到這個森林幼兒園時，他們的第一個反應就是：天氣不好的時候怎麼辦？假如下雪呢？下大雨呢？德國人的回答永遠是：「沒有什麼天氣叫不好，只有不合適的衣服。」假如你看到這些孩子在雪地裡怎麼玩，就會了解這句話的真義了。我們大人不喜歡暴風雪，因為壞天氣會使我們寸步難行；但是五歲的孩子可愛極了暴風雪。（上網搜尋 **Waldkindergarten** 和 **Iglu**——德文的冰屋——看孩子可以用雪做哪些事情。）

德國法蘭克福市南端達姆斯達特學院（Darmstadt College）教育學院的教授喬濟斯（**Roland Geoges**）評估小時候念森林幼兒園、現在已經四年級的小朋友各方面的表現。他發現，從森林幼兒園啟蒙的男生比較不會被診斷為注意力缺失過動症。他比較的是同一社區、但念的是一般幼兒園的孩子。[4]

這個 ***Waldkardergarten*** 運動成長得很快，一九九七年時，德國的這種幼兒園只有二十個不到，今天光是在德國就有超過一千五百間。有些家長擔心孩子花這麼多時間在戶外玩，會不會有安全問題，但是德國大自然與森林幼兒園聯盟（**Bundesverband der Natur-und Waldkindergärten in Deutschland**；網址：**http://bvnw.de**）的主席舒爾特—奧斯特曼（Ute Schulte-Ostermann）注意到：「因為我們的牆比較少，地板比較軟，又有樹葉和泥巴做緩衝，所以我們的意外比一般室內的幼兒園少多了。」[5]

美國的教育者和家長可以從 ***Waldkardergarten*** 學習。有些人已經在這麼做了。[6]

第二個因素：電玩遊戲

在第三章，我們考慮了一些策略來幫助你的孩子重新接觸真實世界，使他可以不這麼需要電玩遊戲的人工世界。假如你能提供一個另類的管道，重新引導他想玩電玩的衝動，你的介入會比較有效。所以假如你要限制孩子玩電玩的時間，你需要給他另外一條路，這條路要比電玩更有趣、更真實，你的限制才會有效。

所謂道高一尺，魔高一丈，對孩子是攻心為上，讓我先告訴你關於合法飆車（**RaceLegal**）的事。

合法飆車

我生動地記得那天打開《華盛頓郵報》時看到的恐怖照片，那是一輛撞爛的福特房車，旁邊是帶走匆忙包裹好屍體的急救人員。這些年輕人在馬里蘭州很少使用的公共道路上玩改裝車競速（**drag racing**）。街頭競速社群傳出賽車的消息，於是大約有五十個成人，大部分是男生，在漆黑的凌晨三點聚集圍觀。福特的車主不是來參賽的，也不知道街頭這些人是來看改裝車競速的；街上沒有任何圍籬可以阻擋車子在一片漆黑中以全速衝進觀看的人群中。這場車禍造成八個人死亡、超過六個人受傷，死者全是男性。[7]

街頭競速已經變成全北美的一個大問題，雖然警察盡全力去阻止，但是每一年仍然有許多人因此而死亡或受傷。難道沒有一個更好的方法來預防它嗎？

有的，解決方案就是「合法飆車」，以下是它的故事。

加州聖地牙哥警方發現市區街道飆車的風氣，讓青少年的死亡率和受傷率突然上升，一年裡就有十四名青少年因此喪命、三十一名重傷。聖地牙哥州立大學（San Diego State University）的教授班德（Stephen Bender）是流行病學教授，很擔心飆車會變成「流行病」；身為流行病學家，他知道自己在說什麼。

所以他募款成立了一個合法的賽車活動，叫做「合法飆車」；他取得使用聖地牙哥美式足球隊的美式足球場道路使用許可，所有的青少年都可以來裡面飆車，只要有一張合法的駕駛執照及證明他有車主的允許可以使用該輛車。一開始時沒有人來，男孩子看不出為什麼要付錢來運動場飆車，他們在馬路上玩是免費的。所以聖地牙哥就更嚴格地取締街頭飆車，便衣警察開始錄影拍攝違法者，然後叫拖車到飆車族的家裡把車子吊走、用手銬把飆車者帶走，送進監獄，吊銷其執照一年、罰鍰一千五百美元，執照記點兩點，車子入監三十天、罰鍰一千元。史隆（Greg Sloan）警官說：「假如你還敢在街上飆車，第二次被逮到時，你的車就永遠沒收，即使車主是你父母或是租來的。你也得在牢裡蹲得更久。」二〇〇一年，這個郡起訴了兩百九十件案子，二〇〇二年有一百五十五件，到二〇〇三年只剩六十件。「這個重點是製造了收口的網，包括警察和法律兩種強制執行者。」這個合法飆車計畫的主任狄內柯（Lydia DeNecohea）說：「情況就真的翻轉過來了。」[8]

聖地亞哥官員現在將街頭賽車的傷亡人數降低了百分之九十八的情況，歸功於「合法飆車」計畫。「在我和我同事的心中，我們都覺得合法飆車計畫提供了青少年一個合法的發洩管道，是它使不合法的街頭飆車事件急劇下降。」聖地牙哥警察局的小隊長雷沃（Glen Revell）說：「我們看到飆車減少，死亡與受傷也降低了。我們沒有像過去一樣看到有組織的活動。」聖地牙哥市警察局和警官湯普生（Scott Thompson）也同意：「合法飆車在解決這個問題上真是非常的有效。」[9]

班德教授的想法慢慢傳開了。在奧克拉荷馬州的諾伯（Noble），青少年花十五元就可以在星期五的晚上去雷谷賽車場（Thunder Valley Raceway Park）賽車。每個月的第二個星期五晚上，高中生可以用他自己的車子去和諾伯的警察賽車。[10]這個計畫叫做「涼下來」（Beat the Heat），現在同樣的計畫在全美三十個州推行，以及加拿大的安大略及英屬哥倫比亞。[11]在佛洛里達州的坦帕市（Tampa）也有類似的計畫「頂尖警察賽車」，[12]在加州瑞丁市（Redding）的「合法街車競賽」每一次都會吸引兩百名賽車手來參加，包括兩千人以上的觀眾。[13]你也會在路易安那州的貝爾蘿西市（Belle Rose, Louisiana）的「沒問題賽車公園」（No Problem Raceway Park），新墨西哥州阿布科基（Albuquerque, New Mexico）的「無牛街車競賽」（No Bull Street Car Series），密西西比州坎頓市（Canton, Mississippi）的「垃圾場賽車」（Junkyard #1 Dragway），紐約州蒙地契洛（Monticello）的「蒙地契洛汽車俱樂部」（Monticello Motor Club）以及愛達荷州鷹市（Eagle, Idaho）的「16號公路火馬賽車」，那裡離愛達荷州首府布宜斯（Boise）大約三十分鐘，找到合法的街頭飆車。[14]

當我稱讚合法飆車這個計畫時，我看到父母不安地在椅子上扭動。我可以了解父母對這個計畫不熱中，畢竟讓沒有特別受過訓練的孩子參加時速一百哩的賽車那真是玩命。我提醒父母，合法飆車用的是直線車道，沒有轉彎，而且只有八分之一哩長。最主要的是，告訴男孩不要去馬路上飆車不是有效的方法，除非你能提供一個合法的選擇。

這和電玩遊戲有什麼關係？

它們關係在這裡：合法飆車和與它類似的計畫，是對下面這個問題最好的回答：「在我把兒子的 PlayStation 和 Xbox 扔進垃圾箱後，下一步該怎麼做？」假如你的兒子在玩摩托車的電玩遊戲已經玩了幾個小時，把他帶到摩托車賽車場、租一部摩托車給他，讓他學習騎摩托車，做真的事情。他可能會抱怨，可能會說他比較喜歡電玩遊戲的賽車，而不想在車道上一趟一趟地騎。挑戰他，「電玩遊戲只是模仿，只是假裝，」你可以提醒他：「這是真正的賽車，你是大男孩，你可以做到。」

寧可要電玩遊戲而不要真正東西的男孩，他的選擇跟寧可要線上色情而不要跟真正的女孩打交道的情形一樣。事實上，這通常會是同一個男孩。那個每天花幾個小時在電玩遊戲上的人，在我的經驗裡，通常是偏好線上色情而非與真的女孩互動的人。

假如你的兒子對第一人稱的射擊遊戲上癮，如《俠盜獵車手》，你可能會認為這個策略不適用；畢竟，你總不能放任他到馬路上，告訴他去搶劫一輛最新出廠的跑車，然後謀殺警察。但是這些男孩通常有一些尼采所謂的「權力意志」（見第三章），而且這個權力意志的慾望可能還不小。他們不怕身體上的挑戰，至少他們認為自己不怕——替這些孩子報名參加有實際身體接觸的運動，如美式足球或橄欖球。全力衝撞倒另一個男孩、很用力地打他，「鼻涕飛出我的鼻子，我幾乎不能呼吸。」（一個男孩很熱情地對我描述）這會滿足他的衝動和慾望，就是驅使他去玩《俠盜獵車手》的同樣東西。

這一點對很多父母親來說，是與他們的直覺相反的，尤其是母親。「為什麼任何男孩，尤其是我的兒子，要去跟別人狠狠地撞在一塊兒，鼻涕都飛出來了還幾乎不能呼吸？」這個答案是：因為有些男孩就是像這樣，而他就是那種男孩。接受這個事實與他攻擊的想望，然後利用它幫助你兒子成為一個運動員，而不是電玩的上癮者。

在《養男育女調不同》中，我引用了一個有經驗的學校輔導員的話：「你無法把一個小霸王變成天使，但是你可以把小霸王變成騎士。」我要把這句話放到電玩遊戲中：「你不能把電玩遊戲的上癮者改變成一個喜歡煲電話粥的人，但可以把他改變成一個有競爭性的運動員。」多年來我曾指導過幾個男孩，恰好看到了這樣的轉變。

第三個因素：ADHD的用藥

在第四章中我們看到，今天一個男孩有多容易被貼上「注意力缺失過動症」的標籤。結合第二章與第四章，你會看到過去教育的改變，使注意力缺失過動症藥物的處方顯著增加。三十年前，小學並不預期一個五或六歲的男孩會安靜地坐上一個小時；今天，他們會。這個結果造成「父母或老師會認為任何男孩在椅子上想亂動，而且敢不聽老師的話，他就有注意力缺失過動症。」兒童精神科醫生羅勃特（**Elizabeth Roberts**）說。[15] 大人不去問幼兒園應不應該要求一個五歲的孩子安靜地坐著，反而是去找醫生開藥；畢竟，安靜下來可以學習最重要，吃藥有什麼關係？

我們現在看到這種想法的傷害了。我們也知道為什麼這個想法很糟：不管是不是注意力缺失過動症，先開藥給他吃吃看，如果安靜下來了，就是注意力缺失過動症。「試試看，你會喜歡的」（try it, you will like it）是很糟的選擇，尤其當這個處方藥是用到你兒子身上的時候。

所以，當學校示意你的兒子有注意力缺失過動症時，你該怎麼做？第一，堅持讓合格的專家來評估你的孩子。這個人必須是沒有偏見、不傾向於診斷注意力缺失過動症的專家。在大部分情況下，那個人不宜同時是你孩子的醫生。主要照顧的醫生——小兒科醫生和家庭醫生——通常沒有很多這方面的經驗，無法區辨注意力缺失過動症和其他可以解釋為什麼這個孩子在教室中不能專心的細微差別。大多時候，主要照顧的醫生——尤其在富裕的市郊社區——會建議試試看藥物，「只是看看會不會有效」。這是個壞主意。

許多學校會聘請心理學家來做這種評估。但很不幸地是，我發現這些心理學家一般來說不是好選擇。他們通常工作量過大，有太多的孩子需要評估，卻沒有足夠的時間。更重要的是，假如這個心理學家同意這孩子有注意力缺失過動症，那麼，他的工作就完成了——這個孩子的名字就會從需要評估的名單上劃掉，每個人都很快樂，至少對在同一學區的心理學家的同事來說是如此。

假如你的兒子念私立學校，也是相似的過程。我發現私立學校推薦的心理學家從來不會認為學校有什麼不對，他們幾乎一致性地同意老師的看法，說這個孩子有注意力缺失過動症。

假如心理學家不同意老師的評估、質疑這個診斷是不是注意力缺失過動症，他會很快陷入麻煩。因為當一個孩子不注意聽課時，問題往往不是出在孩子身上，而是老師的教法不適合他。你需要一個心理學家，他有足夠的勇氣和獨立性來告訴學校：「這個男孩沒有問題，有問題的是這間學校。學校對這孩子在發展上有不恰當的要求，必須改變它的方式。」假如一個男孩不能安靜地坐著，他不一定是注意力缺失過動症，不應該只為了讓他安靜而要他服藥。學校應該了解期待一個小男孩坐著不動、安靜不能講話，根本就有違我們所知道的兒童發展。假如你把這個男孩移到對男生友善（boy-friendly）的教室（見第二章有關這個意見的詳細說明），那麼這個男生上課的表現會很好。

這句話並不是臆測。我參訪過芝加哥、愛荷華州滑鐵盧、佛羅里達州狄蘭（Deland）的學校，接觸過許多社經地位不同、種族背景各異的男孩，他們以前都被貼上「注意力缺失過動症」的標籤，後來卻都變成高成就、學業表現很好的學生。他們沒有吃藥，只是換到一間對男生友善的教室而已。這個轉變並不需要改變班級大小或任何經費，只要增加老師的知覺，知道如何去建構一間對男孩友善的教室即可。

我通常在這兒就停住。我過去會對父母說：「去找一個有勇氣的心理學家評估你的孩子。」但我發現越來越難找到一個心理學家，願意挑戰這個已把這麼多孩子推去服藥的蒸氣壓路機。所以，假如你沒有被說服你的孩子需要服藥，而你家附近又找不到有勇氣的心理學家，你該怎麼做？

你可以自己做一部分的評估，所以我把下面這一段叫做：

父母親自己做神經發展評估的指引，特別著重在注意力缺失過動症，專門為小學的男生所設計（中學生和高中生在後面）。

在評估你的孩子有沒有注意力缺失過動症時，你需要了解五個診斷注意力缺失過動症的正式標準。我是從正式的源頭《精神疾病診斷統計手冊》第五版中節錄出來的，一個孩子必須達到這五個標準，才能診斷為注意力缺失過動症：

1 **過動／衝動或不注意**（hyperactivity/impulsivity or inattention）：這個門檻通常是最容易過的。我要強調的是，它是必要條件，但不是充分條件。許多孩子是過動、衝動又不注意，但是只有這樣並不構成注意力缺失過動症的診斷。

2 **在十二歲以前出現症狀：**那些嚴重到引起顯著學習失功能的問題，必須在十二歲以前出現。

3 **多重出現：**由於過動、衝動或不注意所引起的失功能，必須在很多不同地方都出現，不是只有在一處或兩處。對年幼的孩子來說，這是決定他是不是真的有注意力缺失過動症最重要的一個標準。我們每個人都有注意力不集中的時候，假如你叫我坐一個小時聽有關刺繡歷史的演講，我也會注意力不集中。一個孩子如果只是偶爾注意力不集中，可能不是注意力缺失過動症。假如你孩子閱讀和語言藝術的老師說他上課動來動去、不專心，但是他的自然科老師、體育老師和數學老師都說他的學習沒問題時，那麼你的孩子很可能沒有注意力缺失過動症。即使所有的老師都說有問題，但是你兒子童子軍的隊長和美式足球隊的教練都說沒有問題，我還是會很猶疑說他沒有注意力缺失過動症。只有在學校有問題的孩子，在其他地方都沒有問題的話，通常沒有注意力缺失過動症。把孩子轉到不同的學校——或改變那個學校教你孩子的方式——可能可以解決問題。

4 **在社交和學業上有顯著的失功能：**什麼叫顯著失功能？我在很多富裕的城郊住宅區聽過一個笑話：在這個社區裡，每個孩子要不是資優，就是有學習障礙，或兩者皆是。有些父母就是不願意聽到他兒子的功課只有B和C是因為他不夠聰明，寧可聽到他們的兒子有注意力缺失過動症、需要服藥，而不是兒子資質平平，或是低於一般人。但在每一百個孩子中，有四十九個會低於平均水平。這不是侮辱，只是「平均」一詞的含義。

5 **不能歸因到其他的疾病：**有的時候，一個孩子注意力不集中、衝動、過動是有其他原因，與注意力缺失過動症沒有關係。家庭問題是一個常見的激發點。我曾經參訪阿拉巴馬州佛利（**Foley**）的佛利學校，一位老師班特（**William Bender**）告訴我，有個學生達米安在三年級時都很好，四年級卻變得無法管教，也不可理喻。達米安會在教室撒野、亂跑，不理老師的懇求，或是坐在他的椅子上，誰也不睬。達米安被分到班特老師的全男生班上，他在那裡比較肯說出為什麼他要表現得這麼糟。「我想假如我夠壞，他們會打電話給我爸來揍我屁股嗎？」他微笑著說。達米安的爸爸在前一年夏天拋棄他們離家了，現在他一個月打一次電話回家，有時更少。

班特老師帶達米安在學校散步，繞著教室走。「讓我告訴你一件事，」他說：「你要好好聽著，你爸爸雖然不常打電話回來，但是當他打來時，他希望能聽到好消息。他會想聽到你是好孩子，在學校很乖，學校也很好，每一件事都很好。假如他聽到的全都是你媽媽在抱怨你有多不乖，我可以向你保證，他不會想回來的。孩子，我是很坦白跟你說的。」班特老師知道這個年齡的孩子不要聽加了糖衣的謊言。

達米安果然變乖了。他的「注意力缺失」立刻消失，就跟它的突然出現一樣，來得快，去得快。但是請不要把它當作輔導父母離婚或分居孩子的指引，這不是我把它放在這裡的原因。你也注意到，班特老師沒有叫達米安坐下來，跟他面對面地談，而是帶他在學校校園散步，肩並肩地談。為什麼肩並肩比面對面好？請參閱《養男育女調不同》，或是記得這個簡單的規則：跟你孩子談話最好的地方在車上，你在開車而你兒子在乘客座上——這是肩並肩，不是面對面。現在回到班特老師的話。的確有一些專業輔導員會把班特老師對達米安說的話拿來做文章，也有人會說班特老師給了達米安一個虛假的希望，誤導他他的父親可能會回來。我把達米安的故事放在這裡只是想強調，一個孩子過動、衝動的原因可能跟注意力缺失過動症毫無關係。

我也看到兒童憂鬱症可以模仿注意力缺失過動症，模仿得幾乎讓人分不出來；另外，兩極症（bipolar disorder，躁鬱症）也可以，這就是為什麼要有第五個標準：必須先排除其他疾病的可能性。在你做任何動作之前，請記住，不是所有注意力不能集中的孩子都有注意力缺失症！

當然，我並不是說讀了這本書你就知道所有神經發展評估的專業。但是我想你至少該知道一些專用術語和定義，使你自己的知識比較豐富，比較能為你兒子的最佳利益做判斷。

華盛頓特區維吉尼亞州郊區的心理學家薩耶爾（Kathleen Salyer）擁有多年評估經驗，許多評估注意力缺失過動症的男孩會轉介給她。對那些使用花俏的電腦程式以示其診斷比實際更具說服力的眾諮詢顧問，她感到憂心忡忡。複雜的軟體也可用來證明高昂的費用——三千美元，以及更貴的「綜合評估」。她最近寫信跟我說：

現在有可以替你寫出漂亮診斷報告的電腦軟體，評估者只要把給孩子做的各種測驗分數打進去，它就印出這個孩子獨特的人格特質和行為來。不管是不是用電腦軟體，心理學的報告都是用測驗分數來支持注意力缺失過動症的診斷，我可以用同樣的數據、非常令你信服地告訴你，這些分數不支持注意力缺失過動症的診斷。[16]（譯註：這是心理治療師很為人垢病的地方，同樣的分數，隨著解釋者的不同會得出不同的結論）。

假設你的兒子去做了測驗，你相信他的確符合注意力缺失過動症的五個門檻，一旦診斷確定了，就要準備開藥。假如父母和臨床心理師都認為服藥是必須的，我一般會建議從最安全的藥物開始，即已被證明對注意力缺失過動症兒童有效的藥物，如擇思達或威克倦或長效胍法辛。所有的藥物都有風險，但是這些藥物對大腦沒有危害，不像興奮劑的藥物那樣。我建議避免興奮劑類的藥物，如甲磺酸賴氨酸安非他命、阿迪羅、利他能、專思達、鹽酸醋甲酯、右哌甲酯、憶思能，以及其他類似的、含有安非他命和派醋甲酯的藥物。假如擇思達本身不夠有效，可以考慮加低劑量的威克倦或是先用威克倦，不足時加一些擇思達。先不要用興奮劑類的藥物，在我的經驗中，真正有注意力缺失過動症的孩子每天需要三十毫克的阿迪羅才能在學校表現正常，而這個劑量可以用四十毫克的擇思達和五毫克的阿迪羅來取代；阿迪羅的劑量越低（或其他興奮劑類的藥物），大腦中毒的風險就越低。

當我建議用低劑量的阿迪羅或甲磺酸賴氨酸安非他命時，有些家長會很驚恐地說，「薩克斯醫生，你在《浮萍男孩》中說這些藥物會損傷大腦，怎麼可以開這些藥物給我的兒子吃？」我解釋風險跟藥物的劑量和服用時間長短有關，假如孩子服用的是低劑量，而且只在上學期間服用——週末或放假時不吃——那麼風險很小，父母可以用安全的藥物開始，如擇思達、威克倦；假如必要，加一點點的興奮劑類藥物是可以的；我的意思是，假如完全有必要的話。

許多醫生對這種做法感到不耐煩，大部分的醫生對已診斷為注意力缺失過動症的孩子會直接開興奮劑類的藥物。目前在美國，甲磺酸賴氨酸安非他命和阿迪羅是注意力缺失過動症開出最多的處方藥，其次是專思達、鹽酸醋甲酯和利他能。但是這些藥對大腦都有危險，而擇思達和威克倦則沒有。

用一個問題來診斷

在第二章和第四章中，我強調現在很多孩子對學校不感興趣。他們沒有動機、不在乎學校的表現，但是這跟注意力缺失過動症不同。注意力缺失過動症是認知的缺陷，一個真正有注意力缺失過動症的孩子，是他想在課堂上注意聽講卻辦不到，一個討厭學校的孩子會對學校的事漠不關心，這不是因為他不能而是他不想去注意。你要如何分辨一個認知有缺陷的真正注意力缺失過動症孩子，跟一個討厭學校的孩子？

我的經驗是只要問一句話就可以區分出來：「你在學校最喜歡的科目是什麼？」請務必強調「科目」。好幾年前，有個青少年轉介到我的診所，因為小兒科醫生診斷他為注意力缺失過動症。他有服用注意力缺失過動症的藥物，但是他的父母想要聽第二個醫生的意見，所以帶他來找我。我問他：「你在學校最喜歡的科目是什麼？」他回答：「我很喜歡數學，也喜歡音樂和藝術，但是我很討厭英文、語文、創作、寫作那些東西。」這個回答帶出很多訊息：他告訴了我，他不喜歡任何牽涉到文字的東西。在一次的療程，不到四十分鐘，我發現了這個孩子是罹患失讀症（dyslexia）。他沒有被發現這一點，是因為他非常聰明，掩蓋了這個缺陷；現在得出正確的診斷後，我把注意力缺失過動症的藥物停掉，找出幫助他解決問題的方法，他後來表現得很好，完全不必服藥。

但是我也看過另外一個十四歲的男孩，他也是在學校中好幾個科目都表現得不好。我問他：「你在學校最喜歡的科目是什麼？」

他很快樂地回答：「午餐！」

假如他回答午餐或下課時間，你就需要退一步。這個孩子知道午餐不是科目，假如他明知故犯，告訴你午餐，這代表他對學校沒興趣、不尊重，也不在乎。他在告訴你他跟學校是疏離的，他的問題不在認知上；他的老師是對的，他上課不專心，但是這個不專心的理由不是注意力缺失過動症，而是因為他認為去上學完全是浪費時間，他不想專心聽講。

一個青少男有多常會「發展」出注意力缺失過動症?

我評估過一個男孩布萊德，他在小學時是成績幾乎全A的學生，對所有的科目都很感興趣，但是進了中學以後就變了。在教室裡不再舉手回答問題、要母親催他才會把功課做完，而她以前完全不必。很多老師說布萊德在教室中發呆，他就是不注意、不在乎。

「我們在網路上讀到有關注意力缺失過動症的資訊，他看起來好像符合這些條件。」他的母親這樣告訴我。

「他以前有這個問題嗎?幾年前?」我問道。

「完全沒有。他在小學是個榮譽學生，每一科都是。」

那麼，他就沒有符合所有的標準，我想說。尤其是他沒有符合第二項標準：「症狀要在十二歲以前出現」。但是我並沒有說出口。我問他母親：「他的交友狀況如何?」

她投給我一個奇怪的眼光，好像說，奇怪，你怎麼會這麼問。「從他進國中以後就不再交朋友了。他以前有兩、三個好朋友，梅根和艾胥利以前常來家裡玩，凱特琳一個月也會過來一次到兩次。現在都沒有人來玩，也從來沒有人打電話給他。」

「而梅根、艾胥利和凱特琳和布萊德都在同一所學校、同一個年級？」

「是啊，這正是為什麼奇怪的地方。他小學時最好的朋友都在同一個國中，但是他們好像不再是朋友了。」

長話短說，布萊德沒有注意力缺失過動症，他是個在性別刻板印象上比較不同的孩子。他喜歡閱讀、寫詩，而不喜歡打美式足球或說些無意義的笑話。這種男孩在小學通常過得很好，他們通常會有好朋友，多半是女生，但是到了國中，女生發現你平常跟誰在一起決定你在學校或班級受歡迎的程度。而在性別行為上與別人不太一樣的孩子通常不是「酷」的孩子，所以過去跟他玩的女生就捨他而去、找有肌肉的校隊球員了。這個沒人理的男孩，有時會因此而全力投入到學業上，讓別人看他有多聰明；有的時候，這個「沒人理」就使他不喜歡上學。布萊德便是後者。

在評估過布萊德之後，我確定他沒有注意力缺失過動症，他是介於心理沮喪、輕度憂鬱症（dysthymia）和臨床憂鬱症之間。他想念他的朋友、覺得自己沒有價值——因為同伴看不起他。這是個嚴重的問題，需要嚴肅以待。很諷刺的是，布萊德在另一個醫生開了阿迪羅後，表現有進步，但不是因為他有注意力缺失過動症，而是阿迪羅有抗憂鬱的作用。就藥物來說，一種比較安全、比較好的藥應該是曲唑酮（Desyrel）。曲唑酮跟阿迪羅一樣有效，但是安全多了。

更重要的是，布萊德需要輔導，而他的父母需要幫助，他們都需要發展出新的生活策略。我在《養男育女調不同》的第九章中有提到一些這種與眾不同的男孩所面對的挑戰。在這裡我想把重點再說一次：當一個以前功課很好的男孩，在十一歲以後「第一次」被診斷為注意力缺失過動症時，正確的診斷很少會是注意力缺失過動症。

第四個因素：內分泌干擾物質

嘉吉（Cargill）是間跨國公司，有十四萬名員工，分布在全世界六十六個國家。二〇〇五年時，我在嘉吉位於明尼亞波里斯的國際總部對他們的員工演說。我知道嘉吉公司已從玉米中發展出塑膠的替代品，叫聚乳酸（Polylactic acid, PLA）。我從嘉吉用聚乳酸製作的水瓶中倒出礦泉水來喝。那只瓶子與一般的透明塑膠瓶沒有兩樣，只是你不會嚐到些微的塑膠味，那是你在喝聚乙烯對苯二甲酸酯（PET）製造的塑膠瓶中會嚐到的。大部分在美國和加拿大所喝到的礦泉水，都是裝在用聚乙烯對苯二甲酸酯製造的瓶子裡。

我跟嘉吉國際公司負責發展和行銷新產品的行銷部門經理塔克（Ann Tucker）談了很久。塔克小姐在塑膠工業多年，她來嘉吉是因為「我想跟好人站在一邊」。雖然她和她的同事都了解塑膠瓶的危險，卻很不願在行銷上強調這一點，因為他們不想得罪大客戶，如可口可樂公司（Coke）和百事可樂公司（Pepsi）。所以他們強調他們的產品聚乳酸價格穩定，而聚乙烯對苯二甲酸酯的價格在上揚。聚乙烯對苯二甲酸酯是從石油而來的，石油價格節節高漲，聚乙烯對苯二甲酸酯的價格因此不穩定。玉米則很便宜。生產聚乳酸的主要工廠位於內布拉斯加州的布萊爾，就在玉米之鄉中部。截至二〇一四年，聚乳酸的銷售量已超過十億磅。[17]石油製成的塑料也減少了十億磅。

在美國，有關內分泌干擾物質的辯論已經變得政治化。左派人士傾向於將大企業視為敵人，而右派人士則常常試圖淡化人造化學物質的風險。但是風險是真實存在的，而嘉吉公司不是敵人，就像塔克女士觀察到的，他們站在好人這一邊。可口可樂和百事可樂也不是敵人，他們會用比較安全、比較環境友善的聚乳酸做的瓶子，假如有足夠的人堅持他們該這麼做的話。你和我必須去驅使生產水和蘇打汽水的大公司，將裝礦泉水和可樂的塑膠瓶改換成聚乳酸和其他以玉米原料為主的瓶子。

避免使用由聚乙烯對苯二甲酸酯、雙酚A和其他石油衍生物製成的塑料產品。

第五個因素：失去正向的角色模範

請把上一章我們談到的進入成人期是靠模仿的那一段記在你心中。一個男孩會變成他在生活周遭所見的男人，一個男孩需要健康的男性角色模範（就像女生需要健康的女性角色模範一樣）。假如你不能提供他們健康的角色模範，他可能會去選市面上、流行音樂中、電視或電影，甚至電玩遊戲上不健康的角色模範。這個挑戰就像營養一樣。如果不管他們，任由他們去選擇食物，很少男生會去選花椰菜和抱子甘藍（**Brussels sprout**，小菜心，味略苦），他們會去選炸薯條和冰淇淋。這是為什麼他們需要父母，引導孩子做出對的選擇是父母的責任。

幾年前，加州建立了幾間男校，福特基金會（Ford Foundation）給了三個學者達瑙（Amanda Datnow）、哈伯（Lea Hubbard）和伍狄（Elisabeth Woody）研究經費去評估這個只有兩年壽命的計畫成效。一般來說，當研究者要評估一個教育計畫有沒有成效時，他們看的參數會包括成績、考試分數和出席率，以及學生被送到校長室讓校長做行為管理的次數。這個教育計畫有增進孩子的考試分數和成績嗎？大部分的孩子都有來上課嗎？他們在教室的行為表現良好嗎？不過達瑙、哈伯和伍狄三人問的卻不是這種問題，他們把注意力放在單一性別的教育計畫是加強還是減弱性別的刻板印象。

這三位作者譴責單一性別計畫加強了性別的刻板印象。那些沒有辦法替學生打破性別主義者權力關係的老師受到嚴苛的批評，其中之一是位男老師，因為他竟然敢對他的學生——全是男生——說怎麼樣才是一個有作為的男人。這個老師說：「我們談到力量，我們也談到自我控制和能夠控制你的情緒及為別人犧牲。你知道我們談到假如你有一個家庭，而你只夠錢買兩個起司漢堡，你不會自己吃，你會讓你的太太和孩子先吃。」[18]

達瑙、哈伯和伍狄非難、責備這位老師，嚴懲這種趨勢，使其他老師不敢強調傳統的性別刻板印象。他們對男生「被教導要學習強壯，照顧他們的妻子」感到失望。他們認為「在這個計畫裡，還是強調傳統的刻板印象角色，而性別還是從本質主義者的觀點來描述。」[19]

這位老師只是想提供男生一個健康的角色模範。他告訴這些男孩做為丈夫、父親，他要等到最後才吃，在他已經照顧好他的妻與子之後；他是想給孩子一些指引、一些想法，讓他們知道做為一個男人是什麼意思。

並不是所有的傳統性別角色都該被打入十八層地獄。性別刻板印象有一些是好的，有一些是不好的。那種「笨金髮女郎」（dumb blonde）是負面的、有破壞性的性別刻板印象，就好像「笨運動員」（dumb Jock，譯註：中國的俚語「四肢發達，頭腦簡單」講的也是dumb Jock）。但是不應該譴責丈夫和父親的性別刻板印象：難道一個做丈夫和做父親的，不應該為他的太太和孩子犧牲嗎？這種父親和丈夫應該受到肯定，使這種行為變成孩子的角色模範。

「破壞」所有過去對丈夫和父親的形象，並不會使父親堅持他的太太分擔所有的犧牲，反而會造就自私的年輕男生，他對從己身而出的孩子沒什麼責任和義務的感覺。在美國，有百分之四十的嬰兒來自未婚媽媽。[20]這種未婚生子的趨勢越來越嚴重，而且是橫跨不同種族皆如此。我們在第六章有談到，美國現在結婚且有一個以上孩子的家庭只占五分之一了。[21]

加州男校的報告令人不安的是，學者們拒絕了父親作為提供者的傳統角色，卻沒有找到其他替代。這種態度在美國研究人員和大學教授中已非常普遍。達瑙和同事們對應該教給男孩如何成為一個男人方面，沒有任何建議。他們的建議完全是消極的：男孩不應該被教導成傳統的丈夫與父親。

但是大自然討厭真空。如果大人沒有為男孩提供積極的指導，那麼男孩將轉向網路和社交媒體找尋；他們通常會在其中發現一種不尊重的文化，在這種文化裡，男孩子覺得玩電子遊戲並上網瀏覽色情內容是很酷的事。

要成為一個男人，男孩必須看到一個男人。這個男人不一定是他的父親，事實上，最理想的方式是不應該只有他父親。就算你的兒子有個很強壯的父親或像父親的人在他生活中，他還是需要一個社群的男人（集體的男人）提供他不同的男性角色。

重建世代之間的聯結

我們已看到歷史悠久的文化都有個別性別的團體，來教導孩子一個文化中性別的常模應該是什麼樣，這是一代傳一代的文化傳承，女人教女孩、男人教男孩。當然，這並不排斥男人教女孩和女人教男孩的可能性。但是沒有任何一個歷史悠久的文化是單獨由女性來教社會行為的規範，甚至女性不會是主要的教導者。

這裡還有一個更基本的真相應加以強調：所有歷史悠久的文化，世代之間都有很強的聯結。在近代的美國文化，我們看到這個聯結消失得很快，在一個世代之間就沒有了。《華盛頓郵報》最近刊載了一系列六十歲以上老人的訪談，作者指出「最近一個世代的黑人，他們共享的記憶是特別被教導如何在這世界上生存」。這些人都被教導「努力工作是一切的根本」，它是「有尊嚴和成為一個男人」。這些人都記得四十年前的社區是什麼樣子：年輕人會在年長者的家中聚會。華盛頓特區的城郊喬治王子郡（Prince George County，一個居民主要是中產階級黑人的社區）有許多男孩子的俱樂部，很受男孩們歡迎而且也管理得很好。「整個社區就像是另一個媽媽和爸爸。」一個老人說，沒有人會鎖上自家的門。

接著男孩俱樂部歇業，事情變得不一樣了。年輕男孩不再想跟年長者說話，毒品開始侵入社區，緊接著是犯罪。現在這些老人看到年輕人沒有動機就覺得很討厭。「有些年輕人甚至不願意在麵包廠做試吃嚐味的人。」一個老人如此抱怨道。[22]

當然這有很多因素影響，並不是只因男孩俱樂部的關門。但是當男孩俱樂部關上它的大門時，並沒有另外一個替代的方案使不同家庭的祖父、父親和青少年男孩可以聚在一起交換心得。典型的美國男孩在週末時已經不跟中年人一起出門了，他們和其他的男孩子混在一起。

我在第六章所說的故事：年輕的阿拉斯加原住民自己去打獵，他們使海豹受傷，又沒有殺死牠，白白浪費一條生命，這個重點是世代之間的聯結斷裂了。把這個聯結切斷就像把綁住船錨的繩子切斷一樣，船會漂走。這些年輕人也失去方向和目標，他們尋求眼前的歡樂，他們逃避責任。

這樣的情況已經在我們的文化中發生了，父母親則有權力可以停止它。假如你有上教堂，與你的牧師或拉比談，安排一個全男生的活動。傳統的猶太教、各種基督教派及伊斯蘭教，都有長久的傳統讓男生和女生各自去做各種活動。這些傳統的真義就是孩子必須教才會成大人，而教的人應該是大人而不是另一個孩子。

假如你沒有信教，你可以和當地的童軍團聯絡。或是如我們前面說過的，讓你的孩子去參加一整年的球類活動，或參加華頓聯盟（Izaak Walton League, www.iwla.org）的活動（譯註：這是一個致力於保護美國的土地、空氣、水和野生動物的組織，全美皆有分會，它的活動多半是戶外的環境保護及動物保育），或是任何戶外保護大自然的活動。它的目標是使年輕人走到戶外，只要是投入大自然的組織都可以。你必須先做功課：與領導這些計畫的人見面、確保將和你兒子一起工作的成年人都是好人。這些計畫中大多數都應該有適當的程序來篩掉性犯罪者等等。但這些程序是對你自己評估的補強，不能是替代。

假如你的孩子認為他喜歡打獵，幫助他參加當地的射擊俱樂部，讓他學習使用槍枝，更重要的是讓他跟社區中不同年齡、不同背景，但是有相同嗜好的人在一起。對於那些不了解的家長來說，定向飛靶（Skeet shooting）就是射擊由機器拋擲向空中的黏土目標。在奧運中有它的男女競賽項目。一個良好的運動項目應該有教授槍枝安全的恰當程序，並確保教師是合格且經過嚴格審查的。

不要等你的孩子來做選擇，假如他是像我所接觸到的大多數男孩，他需要有人在背後推一把。幫他做決定沒有關係，只要選擇他可以跟別的男人互動，有機會看到其他男人怎麼生活、休閒、照顧家庭和服務社區就行了。在大部分的情況下，就算是一個不怎麼理想的選擇、甚至一個錯誤的選擇，都比完全沒有選擇的好，至少你這麼做可以使你的兒子和外面的真實世界有所接觸。

一句警語

在前面一章，我說了很多讚美傳統文化的話，如納瓦荷的印地安人和東正教的猶太人。現在，我們必須說一些真實但不怎麼好聽的話：這兩個文化都是性別主義者的文化——納瓦荷的女性永遠不能成為巫醫，東正教的女性永遠不可能成為拉比。[23]

許多歷史悠久的文化，那些經過幾千年仍然存在的文化，都是性別主義者，這真是非常地不幸。這些傳統文化常常把女生和男生推入粉紅和淺藍的模式中。我們並不贊同這一點，但我不認為解決這個問題的方法是忽略性別。三十年來，我們假裝男生和女生是一樣的，除了他們的性器官以外。我們這樣做了三十年，並沒有創造出一個性別平等的天堂，男生尊敬女生；我們反而製造出阿姆（**Eminem**）、五角或阿肯，在暢銷歌中侮蔑女生，那些歌詞在三十年前是想都想不到的。我們的文化忽略性別的顯著結果就是：年輕人的文化從最低的一端改變態度和言論了。

這裡一定有第三種方法，在完全忽略性別和把孩子推向狹窄的性別角色之間，一定有第三種方法。第三種方法必須從承認性別的重要性開始。我們一定要用這個對性別的新了解去打開男生和女生的視野，而不是強調《小英雄》（*Leave It to Beaver*）這種五〇年代電視劇的性別傳統角色模版。

康寶（**Joseph Campbell**）有句話講得很對：「文化是從它所說的神話來定義的。」（**Cultures are defined in large part by the myths they tell.**）[24] 這句話裡有許多的真實性。假如我們要與這第五個因素打仗，假如我們要重新創造一個真正的男人，一個使男生受益而女生不吃虧的男人，就必須仔細思考我們要對男生講的故事是什麼。

我們必須告訴孩子真正的男人和男性的真正價值為何，其中不能有不尊敬女生、貶低女生的成就和重要性的話。

請讓我跟你講一個這樣的故事。

一個故事

張伯倫（Joshua Lawrence Chamberlain）在一八二八年生於緬因州的小鎮伯魯爾（Brewer），一八四八年他去離家一百哩外的包登學院（Bowdoin College）念書。畢業前，他聽到史陶（Harriet Beecher Stowe）大聲朗讀後來變成《黑奴籲天錄》（*Uncle Tom's Cabin*）一書的章節，儘管張伯倫從來沒有親眼看過奴隸（緬因州在北方），史陶的書仍給他留下不可磨滅的印象。他相信蓄奴是對上帝的不敬，每個基督徒都有責任消滅蓄奴制。

他在一八五二年從包登學院畢業，回到家鄉去上神學院的課。一八五五年，他完成神學院的課程，並和芬妮・亞當斯（Fannie Adams）結婚，芬妮是當地牧師的女兒。他們一共育有五個孩子。同一年，張伯倫接到聘書回到包登學院教授修辭學、宗教和語言，他的德語、法語、拉丁文和希臘文都很流利。

當一八六一年南北戰爭爆發時，張伯倫要去參加北軍。他反對蓄奴。他不像大部分的北方人，是真的相信白人應該為了解放黑奴而戰，即使犧牲性命也在所不惜。他向學校請了一年的假要去從軍。申請被學校駁回，學校給他一年的時間，付他薪水去歐洲學古代和現代的語言。他接受了，離開了學校——加入陸軍。[25]

一八六三年七月二日，在著名的蓋茨堡戰役（Battle of Gettysburg）的第二天，當時已經是上校的張伯倫教授，帶領著他的緬因州第二十軍團在蓋茨堡南邊的小山丘上，是聯邦軍隊的最左翼。張伯倫上校對打仗的知識來自他讀的希臘古典文學而非十九世紀的戰略手冊，但是他了解第二十軍團位置的重要性：保護聯邦軍團的左邊並占據高地。他了解如果南軍取代了他的位置，那麼他們就可以從腹背處攻擊北軍的主力，果真如此，北軍只有投降一途。南軍會俘虜成千上萬的北軍，在李將軍（General Lee）和哥倫比亞特區之間將沒有任何的聯邦軍隊可以保護首都。許多歷史學家認為，美國的命運懸在小圓丘（Little Round Top）這一役上。[26]假如南軍打敗緬因軍團、攻占了小圓丘，南方將會打贏這一戰役，可能最後就贏了南北戰爭。

七月間，阿拉巴馬州的第十五軍團連續五次攻打小圓丘，緬因州的第二十軍團都在張伯倫上校的指揮下逼退敵軍。在第五次退敵之後，張伯倫發現他的部下沒有子彈了。每天早上開始打仗時，每個人都發了六十顆子彈，但是在五次攻防戰後，子彈用光了。[27]

該怎麼辦？撤退嗎？他了解撤退的後果，他們會輸掉這場戰役，甚至整個戰爭。

繼續打嗎？用什麼打呢？

「上刺刀！」張伯倫喊道。只有一句話，但是每個人都了解它的意義，上刺刀，衝鋒。

命令兩百人用刺刀向五百名用來福槍的敵軍衝鋒，那是很可怕的事，但這是張伯倫的命令。他的士兵服從他；不但服從他，而且像瘋子一樣往前衝。一位目擊者說，他的士兵「狂喊一聲往前衝，沒有人願意落後，所有人在槍林彈雨中衝下山坡，決一死戰。」[28]南軍看到北軍拿著刺刀發狂地往下衝，認為他們後面一定有援軍（其實沒有），才敢這樣大膽，所以阿拉巴馬軍團就撤退了。「我們像一群野牛那樣奔跑。」一個南方的士兵後來承認。[29]不久天就黑了。

蓋茨堡戰役當然比小圓丘的故事還多，但是張伯倫在那一瞬間的勇氣和膽識，還是一個非常值得告訴今天年輕人的故事。就我們的目的來說，或許張伯倫的另一個作為更有關係。

格蘭特將軍（**General Grant**）選擇張伯倫做為一八六五年四月十二日南軍投降時接受南軍軍旗的人。當南方的代表戈登將軍（**John B. Gordon**）率領他的敗軍前往繳械時，他們沮喪、難過，很多人還受了傷，心想在北方勝利者的手上不知要吃什麼苦頭。當他們進來時，張伯倫對他的士兵下令：「立正，敬禮。」

張伯倫的士兵跳起來立正，將他們拿武器的手伸出來，好像在將手上的武器交給對方；這是對投降南軍的致敬。戈登將軍回馬過來，命令他的士兵將南軍的軍旗低放以回應張伯倫的軍禮。當場「沒有勝利的喇叭聲或鼓聲，沒有一句歡呼，沒有一個字，沒有人動一下，只有完全的安靜，好像是送葬的行列那樣。」[30]

張伯倫的致敬命令被報導在北方報紙上，引起一些爭議。許多北方人認為張伯倫不應該命令他的士兵向吃敗仗的南軍致敬，有些人覺得張伯倫的士兵應該侮辱、虐待，至少應該大大取笑那些敗軍；但是張伯倫所受的教育不允許他這樣做。他受的是古典的文學教育，相信寬宏大量的價值遠超過一般人的復仇與記恨。在第七章中，我們談到紳士的定義，張伯倫的故事對紳士的定義又多加了一條：一個紳士是勝而不驕（**magnanimous in victory**）。

在美國歷史上，有很多像這樣的真實英雄故事。我述說張伯倫的故事有好幾個原因：第一，他的故事很多人不知道，對很多二十世紀的人來說，張伯倫的事蹟僅是歷史學家一個不起眼的註解而已。在蓋茨堡你不會看到張伯倫的銅像（不過緬因州第二十軍團有座小小的紀念碑），他等了三十年，一八九三年，才拿到政府因他在蓋茨堡的英勇事蹟所頒發的獎章。

我喜歡講這個故事的第二個理由是：張伯倫並不是超級英雄。他的行為和華盛頓（**George Washington**）、李將軍、林肯（**Abraham Lincoln**），或老羅斯福（**Theodore Roosevelt**）比起來，可能微不足道，但是這使得男生更容易看到自己也有機會跟他一樣。一般年輕人很難想像自己是華盛頓或林肯，因為成為超級偉人的條件太多了，不易做到，但是孩子很容易了解張伯倫的作為。

我要提醒孩子，張伯倫其實不必去打仗的。包登學院要他去歐洲進修語言，所有的錢都替他付了，他大可以去歐洲好好地玩一年，不會丟任何面子。但是他選擇去打仗，冒危害自己生命之險，只因他認為這是一件對的事情、應該去做，只因他認為反對蓄奴是基督徒的責任。在當時，許多基督徒並不同意他的看法，他也知道，但是他有勇氣，對的事，雖千萬人吾往矣。

另一點我跟孩子們強調的是，張伯倫是個偉大的領袖，因為他是個學者，是個神學院畢業的人。他不是職業軍人，不是硬漢。他不是因為長得又高又大、拳頭比人粗而去參戰的。他參戰是因為他的信仰，而這信仰來自他的教育，他知道什麼才是真正有關係的。他並沒有自己躲在安全的地方下命令讓別人去送死，他身先士卒，和他的士兵並肩作戰。

讓我再告訴你一個故事，一個正在發生的故事。

麥克連（Craig McClain）在堪薩斯州歐弗蘭帕克（Overland Park）長大。他的童年時代還不錯，但是從四年級開始，情況開始改變。「我走下坡，」他告訴我。學校和生活成了不斷的掙扎求生。正如麥克連所說：「我父親不知道該拿我怎麼辦。」到他十幾歲的時候，麥克連就在做「大麻，海洛因以及介於兩者之間的所有事情」。十八歲時，他因輕罪盜竊被定罪，並在郡立監獄關了九十天。獲釋後，他在一家油漆廠工作，然後自學攝影。隨著時間的流逝，他成為一名專業攝影師。他相當成功，能夠養活自己、妻子和兩個孩子。但是他在隨波逐流。

然後，在四十歲時，他參加了一個週末的男士「入門活動」。「他們拿走你所有的東西。像新兵訓練營似的活動。但是我們聊天。我開始哭了。一把鼻涕一把眼淚。那個週末很神奇。我記得自己開車離開時想著：『老天我應該在十六歲的時候做這件事而不是在四十歲啊。』」

一九九六年，麥克連遇到了另外兩個人，西格森（Herb Sigurdson）和他的兒子喬（Joe）。他們決定一起創建一個類似的論壇，但針對的是青少年而不是成年男子。一九九七年，他們啟動了稱之為「男孩到男人」的計畫。這個聚會很簡單：十幾歲的男孩跟幾個男人一起在房間中談話，只有男人，沒有別人。這給男孩們一個安全的環境去問：「做一個男人是什麼意思？」給他們答案的只是普通男人，不是什麼名人，就是他們社區裡的男人罷了（不過每一個導師都經過訓練，確定他們會給出好的忠告）。他們也有「男孩冒險週末」（Boys Adventure Weekend），在聖地牙哥郡北面的帕洛瑪山（Palomar Mountain）舉辦。這個計畫已經執行了二十年，記錄了很多走上歧途又被拉回正途的個案；現在麥克連是全職的計畫執行人，他監督這個計畫的成長，從一開始聖地牙哥郡的幾個男孩，到現在全美各地，以及加拿大、英國和南非都有分會。（www.boystomen.org）

我訪問一位從「男孩到男人」畢業的學員卡斯特洪（Louis Castrejon），他說他十四歲的時候很憤怒，因為爸媽成天吵架、酗酒，完全不注意他和他的兄弟姊妹；他曾遭受虐待，他姊姊的男友有天差點殺了他，而他的爸媽似乎沒有注意到，或說不在乎。當他在聖地牙哥附近的米格爾山高中（Mount Miguel High School）讀高一時，他每天去到學校都準備找人挑釁，「只要有人看我一眼、不合我的意，我就要跟他打架。」除了打架，他還吸毒，服用迷幻藥、大麻和酒精。他先是被學校停學，一停再停，最後被開除。

他被送到所謂的少年感化院（reform school），專收被一般學校退學的孩子。他去的感化院是曾經存在於拉梅莎（La Mesa）的一間社區學校。一個以前跟他一起在米格爾山高中，後來同樣被開除的朋友，鼓勵他去參加「男孩到男人」的聚會。「它讓我永生難忘，」他說，「能夠跟其他的人、和大人談這些事。」

「有關什麼的事？」我問道。

「像受虐待、酗酒的問題。我了解我不是世界上唯一有這些問題的人。我花了一年的時間才把心胸打開。這是我真正需要的，顯然我過去有信任男人的問題，因為我姊姊男朋友的身體虐待。有一個大人願意聽我說、在乎發生在我身上的事，感覺非常好。這令我不自在也有點害怕，但是我很喜歡。」

這聽起來好像沒什麼。一個禮拜一次，每次一或兩個小時，幾個男孩聚在一起，一或兩個男人聆聽——但就是這樣扭轉了卡斯特洪的人生。一年以後，他準備好了可以回到他原來的高中讀書了。

他告訴我回到原本的高中讀書很困難，因為「那些學生都恨我，老師也恨我，但是安東尼（**Anthony**，他是「男孩到男人」的導師）告訴我，最好的方式是證明他們錯了。我花了一年的時間才扭轉老師和同學對我的態度。」他持續參加「男孩到男人」的聚會，以及帕洛瑪山的男孩成年禮儀式。他現在已經參加過十次以上的儀式了，我請他告訴我這些儀式在做什麼。「我們不可以說，」他回答。我也沒有逼問他。

「是不是一定全部都是男生？女生可以參加嗎？」我問道。

「有些事是只有男生可以教男生的，女生沒辦法。」他簡短地回答。

卡斯特洪現在是埃爾卡洪（**El Cajon**）葛羅斯曼特（**Grossmont**）學院大一的新生，他希望在衛生健康領域服務，或許當個輔導員。

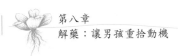

麥克連這位「男孩到男人」的創始人，有時會僱用男孩們來幫忙做帕洛瑪山牧場的一些雜事，讓他們可以賺些零用錢，通常幾個小時的工作可以拿到五十美元。他最近僱一個男孩來牧場幫忙，包括把釘子從舊木材中拔出來。他指給男孩看木材在哪裡，給他一把鎚子（**hammer**）就走開了。

他告訴我這整個大約三十分鐘就可以做完的工作，男孩只拔完一片木板上的釘子。這個孩子不會用鎚子上的槓桿去拔，所以拔不下來；沒人教過他槌子另一邊的槓桿是做什麼用的。

麥克連從孩子手上把鐵鎚拿走，在不到一分鐘的時間，教他如何正確使用鐵鎚的另一端把釘子拔出來。麥克連把鐵鎚還給這個男孩，他接下去完成了工作。

這種故事現在很普遍：我們都假設青少年知道如何用鐵鎚去把釘子拔出來，但是假如從來沒有人教過他，假如他從來沒有看過一個男人這樣使用鎚子，他該如何得知？麥克連把這個故事當作一個比喻：

如今有很多年輕人不知道怎麼使用傳統的男人工具，因為從來沒有人教過他們。他們長大了，憤怒、挫折，不會使用工具。但這不是工具的錯，而是文化的錯：文化沒有提供訓練男孩的男人。

這個錯的最後結果就是一個憤怒的年輕人，手上拿著一個他不知如何使用的鎚子。

麥克連的男孩到男人計畫是解決方案之一，他是聚焦在創造一個跨世代的聯結：從男孩到男人。但這不是唯一的解決方案。我對另外一個方案也感到同樣驚豔，是我在威斯康辛州伯林頓市（Burlington, Wisconsin）看到的，那邊的家長與當地的學區合作，創造出一個家長團體，彼此同意遵守一些基本規則，在每一個家庭中實施：

- 不允許任何一個孩子或青少年在家中吸毒或喝酒。
- 在家中開派對或有聚會時，至少要有一個家長（父親或母親）在場。
- 上學期間，晚上十點半宵禁，週末延長到子夜。

這些規則看起來不怎麼樣，重要的是它創造了一個家長的團體，彼此同意負起保護孩子的責任，而其中包括了青少年。

青少年想要過有趣的生活，伯林頓的家長們了解。這些家長提供健康的有趣活動，如乒乓球比賽、《吉他英雄》（*Guitar Hero*）競技，甚至躲避球比賽——假如你不了解躲避球比賽跟男孩友誼的重要關係，請再讀一遍本書的第二章——請注意，這個家長團體並沒有支持《最後一戰》或《俠盜獵車手》之類的電玩比賽。《吉他英雄》競技可以，《俠盜獵車手》不行，假如你不了解這個差別，請重讀第三章。一個家長

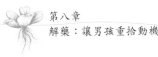

告訴我「這是乾淨、良善的趣味活動」，假如對你來說，不明白這種機會是多麼地不容易，那你就不了解在今天的美國，這種機會是多麼地稀有。

這種活動是家長支持、家長作監護人的，這些家長的一個指導守則就是他們必須在派對中、跟孩子在一起。你不應該扮演「酷」家長的角色，或躲在樓上書房、把門關著，放任孩子在樓下開派對。你應該在樓下，找各種理由在房間裡走來走去。一個家長告訴我說：「不停地端出馬鈴薯片、M&M巧克力糖諸如此類的藉口，你要確定裝那些點心的盤子都很小，才可以公然在房間裡走進走出，添加食物。要確定，一次只添滿一小盤。」

這個叫做「也是夥伴」（Partners 2）的家長團體，對柏林頓的男孩造成了有形的影響。我訪談了一個叫凱爾（Kyle Krien）的男孩，他說在「也是夥伴」出現之前，他以為他高中所有的男生都喝酒，因為那些喝酒的孩子常會誇大或吹噓他們的酒量，而不喝酒的孩子通常默不作聲，所以給人一個高中生都喝酒的印象。但「也是夥伴」調查了一下高中生喝酒的情況，發現有三分之一的高中生其實不喝酒也不想喝酒。他們讓所有的孩子都知道這一點。凱爾告訴我，「這真的造成很大的差別，」使他知道他不是唯一選擇不喝酒的青少年。

更重要的是家長有了互相聯繫的資訊。當父母們簽同意書時，他們在通訊錄上留下了電話號碼和郵件地址。所以當你的孩子告訴你「我要去傑生家玩」，你可以查一下傑生父母的名字是否在通訊錄上，假如他們是，那表示他們希望跟你一起來確定，他們的孩子和你的孩子是安全的，你可以打電話過去。事實上，登在通訊錄上就是他們邀請你打電話過去，你可以打給傑生的爸爸或媽媽說：「我兒子要過去你家玩，你會在家嗎？你可以幫忙確定我兒子沒有玩暴力電玩嗎？我有告訴他，他不可以玩任何暴力的電玩遊戲。」對方的家長很可能會幫你留意孩子有沒有犯規，因為這個家長會加入「也是夥伴」，就表示他同意成為這團體的一員、了解只有社區的家長同心協力，教養才會有效。

凱爾告訴我，對他來說「也是夥伴」最大的好處是讓他了解酗酒或吸毒不是唯一的選擇。這是一個很重要的洞悉，它使我想起另外一個家長團體：是奧力佛（**Bill Oliver**）在發現他十五歲的女兒是毒品上癮者後發起的組織，因為他們發覺今天的青少年誤以為：

1 酗酒和吸毒很正常
2 性交是運動
3 暴力和死亡是娛樂

這是「有毒文化」（toxic culture）的三個特質。

你必須去抵抗這三個錯誤的信念，而加入你社區有相同信念的家長組織是個好的開始。

當我告訴家長，他們必須行使他們的教養權力和責任時，他們顯得很緊張。我在我的《教養，你可以做得更好》一書中，賦予家長這個權力、使他們有勇氣去盡他們的責任。有些家長認為做父母的應該比較放鬆、不焦慮，當孩子的朋友。有家長告訴我：「孩子永遠在做父母不喜歡的事，今天的孩子也不例外。」我告訴這位家長前面列出的今日有毒文化三信念，它們是病態的，沒有任何一個健康的文化會為這種信念背書。四十年前，假如青少年有上面任何一種想法，都會被送去看精神科醫生。今天，青少年如果沒有上述三種看法，則會被他的同儕認為是怪胎。

我們面對一個挑戰：我們的男孩和少男是生長在一個認為學業成就是非男性化（unmasculine）的文化裡。我們的女孩和少女所面對的文化是聚焦在她們的外表，只注重你在 Instagram 上穿比基尼泳裝的照片有多少個讚，不在乎你是個什麼樣的人。

為了孩子，我們必須反抗這種文化，必須創造一個對他們來說陌生的看法文化來加以對抗：

1 真正的男人喜歡閱讀
2 真正有關係的不是你的外表，而是你是個什麼樣的人
3 真實世界的成就比虛擬世界的成就更重要

我了解在二十一世紀的文化中，教導孩子這些理念不容易，但是為了孩子，我們必須完成這個任務。

在我完成《浮萍男孩》的研究並且寫了大部分的書稿後，我在維吉尼亞州阿靈頓市中央圖書館的演藝廳對父母做了一場演講。我告訴他們使孩子疏離學校（甚至疏離生活），疏離真實世界的掙扎、成就與失落的五個因素；我告訴他們如何可以反轉這個趨勢，鼓勵更多的男孩邁向成功，或至少更加努力。這時，女生也會獲利，因為我們努力的改變對女生也同樣有利，女孩子要找的是一個可靠、努力工作的好男人，而不是霸凌、不負責任的花花公子。

下面是發問時間。從過去的經驗，我知道發問時間的挑戰遠大於演講時。

「我相信你對電玩遊戲的看法，」一個家長說：「但我孩子的朋友呢？他會去同學家打那些你警告我們不要給他玩的遊戲。」

「你不能孤軍奮戰，」我說：「打給你孩子朋友的家長。問他們的男孩都在玩哪些遊戲，組織那些跟你一樣對電玩感到憂心的家長、在你的學校創造一個社團；請家長會主辦一場演講，教育其他父母有關電玩的危險性。把話傳出去。」

「薩克斯醫生，我必須承認你說有關阿迪羅的事嚇壞我了。」一個女士說：「我的兒子吃了阿迪羅三年，從十歲吃到十三歲。當他上九年級時，我們把藥停掉了，但是我現在必須跟在他後面一直念，叫他去做功課，叫他去外面運動一下，我甚至要叫他跟朋友打電話。假如我不推他，他就待在房間裡看電視或上網打電玩遊戲。他完全沒有動機，你認為這是因為阿迪羅傷害了他的大腦嗎？」

「讓我跟你分享兩個想法。第一，把電腦和電視搬出他的房間，放到公共空間，像是廚房或飯廳。當他一個人在房間中瀏覽網路時，你根本不知道他在看什麼。但假如是放在公共空間，至少你比較容易知道他在幹什麼。不要膽怯，告訴他，你有責任知道他在網路上做什麼。對你來說，執行這個任務的最簡單方法，就是叫他把電腦搬到房子的公共空間，這樣你不必進入他的房間就能盡到你的監護人責任。他的房間內不許有任何螢幕，包括手機。任何跟網際網路有關的設備都在公共空間裡使用，比方廚房。」

「萬一我兒子因為吃了三年的阿迪羅，大腦已經永遠受損了呢？」這個母親問道。

「好，這是第二點：我們對阿迪羅及其他興奮劑藥物的作用還不是那麼清楚，我看過停藥後重新回到真實世界但是表現很正常的個案。我們不知道這個藥要服用多久，損壞才會發生，也不知道停藥後，這個損壞容不容易反轉過來。」

「這實在不能令人感到安心。」她說。

「但是請記住，卡列松醫生並沒有去替那些實驗室的老鼠做復健，」我指的是哈佛大學的教授，他在幼小的動物身上測試興奮劑藥物的藥效（見第四章）：「沒有跟牠們一起騎腳踏車，或帶牠們去爬山，或鼓勵牠們去讀好書；大腦比我們過去以為的更有生長和改變的能力。幫你的兒子離開電玩遊戲，走向戶外，這是好的開始。」

「他以前很喜歡騎車上山，」她說：「我先生還是會騎車上山，但我兒子已經很久沒跟他一起這麼做了。他或許可以跟他父親重新開始做這件事。」

我點點頭。

「你說的關於塑膠瓶的事情，教我震驚得說不出話來，」另外一位女士說：「我以為沒有比喝瓶裝礦泉水更健康的事了，現在我該怎麼做呢？我是說為了我的孩子和我自己？」

「找一間像是全食（Whole Foods）或威格曼斯的超市（Wegmans），它的經營者了解塑膠對人體的傷害，去那裡購物。現在美國每一個城市，甚至小鎮都有像這樣的商店，你可以買玻璃瓶裝的水，幾乎所有你能想像的飲料現在都有玻璃瓶裝的了。那些替全食超市進貨的人很清楚這些問題，他們提供了安全、環境友善的食物，不只是飲料，還包括雞、魚、肉、蔬菜——任何你吃的、喝的都有。」

時間不早了，很多家長必須回家，好讓臨時保姆（babysitter）下班，也讓自己的孩子上床睡覺。我留下跟一群家長聊天，直到十點左右清潔工人來把我們趕出去。

我很受鼓舞。雖然我們沒有找出全部的答案，但至少我們問對了問題。採取這些策略的父母親，從全國各地寄給我他們成功教育孩子的故事，從小男孩、青少年到少男都有；許多家長在聽我演講之前已經自行找出這些因素，但是他們歡迎我所提供的證據，「我知道電玩遊戲對孩子不好，但是我無法說服其他人。現在有了研究，有了證據，我可以跟別的家長分享了。」一個父親這樣告訴我。

我們還有很長的路要走，沒有一個人可以單獨完成這項使命。家長們必須團結起來，請讓我們保持聯繫，你可以透過我的網站跟我聯絡：www.leonardsax.com。

你跟我要的都是同樣的東西：給我們的孩子和孫子一個健康的世界。我們都了解，健康不只是衣食豐足而已，它表示我們的兒子和女兒能過著有意義、充實的生活，它表示女孩能長大成為有自信的女人，男孩能長大成為一名紳士。

讓我們開始工作吧！

第一章　謎團：缺乏動機的男孩

1. 本書所有的故事都是真實的，在很多情況下，我更改了當事人的名字及可能會指認出他的細節，以保護他的隱私，電子郵件信箱號碼是得到對方的首肯，以便讀者與他們溝通。
2. 實例參見 Tamar Lewin 為《紐約時報》寫的文章："At College, Women Are Leaving Men in the Dust," July 9, 2006, pp. A1, A18, A19.
3. 美國教育部、教育科學研究院的國家教育統計中心（NCES）二〇一二年八月所發表的《高等教育：機會和持續差距的研究》（*Higher Education: Gaps in Access and Persistence Study,*），可在網路上下載全文：http://nces.ed .gov/pubs2012/2012046.pdf（譯註：這是國會要求教育部所做的有關性別和種族在高等教育上就學機會的報告）。
4. 根據美國教育部二〇一五年五月三十日所公布的數據，二〇一三年有 1,699,704 位女性就讀美國大學的研究所，而只有 1,201,160 位男性念研究所，所以是 58.6% 女性 VS. 41.4% 男性追求學士後的學位。這數據來自美國教育部教育科學研究院的國家教育統計中心《教育統計文摘》（*Digest of Education Statistics*）圖表 303.60「從註冊學生的性別和其他特質來看二〇一三年研究所秋季註冊情形」（Total Fall Enrollment in Degree-Granting Postsecondary Institutions, by Level of Enrollment, Sex of Student, and Other Selected Characteristics, 2013）本資料可從網站上下載：http://nces.ed.gov/programs /digest/d14/tables/dt14_303.60.asp。
5. 這些資料來自美國教育部，教育科學研究院，國家教育統計中心，教育統計文摘，表 303.70「從一九七〇到二〇二四，秋季註冊授予學位的大學部學生的性別實際上課情形」，這份資料可以從網上下載：http://nces.ed.gov/programs/digest/d14/tables/dt14_303.70. asp。二〇一四年之後為預測。
6. 摘自美國教育部，教育科學研究院，國家教育統計中心，二〇一五年五月《教育情況》（*The Condition of Education 2015,* May 2015, p. xxxiv）二〇〇七年秋季開始他們學士學位的學生中，有 59% 的學生在六年之內拿到學位，女性的畢業率為 62%，比男性的 56% 高，見 http:// nces.ed.gov/pubs2015/2015144.pdf，在一九七六—七七年間，有 494,424 的男性從美國大學獲得他們的學士學位，而女性只有 423,476，所以男性是 53.9% 而女性只有 46.1%，但是到了二〇一一—一二年時，男性拿到學士學位的為 765,317 而女性為 1,025,729，也就是說，在所有拿到學士學位的學位中，男性為 42.7% 而女性為 57.3%。一九七六—七七年的資料來自美國教育部，教育科學研究所，國家教育統計中心，《教育統計文摘》，表 262「一九七六—七七到二〇〇二—〇三，美國授予學士學位大學學生性別和種族類別統計」，該份資料可以從網路下載：http://nces.ed.gov/programs /digest/d04/tables/dt04_262.asp，二〇一一—一二數據來自美國教育部，教育科學研究院，國家教育統計中心《教育統計文摘》表 301.10「從大學或專科，學生性別，職員種類和學位不同來看二〇一〇秋季，二〇一一年秋季，和二〇一一—一二年賦予學位和不賦予學位高中以上學校學生註冊情形」，這份資料在 https://nces.ed.gov/programs/digest/d13/tables/dt13_301 .10.asp。
7. 同樣請參見前註釋 3, 4, 5, 6。
8. 我的論文題為 "Reclaiming Kindergarten: Making kindergarten less harmful to boys," published in Psychology of Men and Masculinity, vol. 2, pp. 3-12, 2001. 你可以在以下的網址免費閱覽：www.BoysAdrift.com. 但其實文中所言本書不僅都有，而且多更多。

第二章　第一個因素：學校的改變

1. Jerry D. Weast, Superintendent of Schools for Montgomery County, Maryland, "Why We Need Rigorous, Full-Day Kindergarten," from the May 2001 issue of Principal magazine.
2. Hyo Jung Kang 和他二十四位來自美國、克羅西亞、英國、德國和葡萄牙共同作者發表了這篇令人震驚的論文，從胚胎期到嬰兒期、童年期、青春期、成年初期，中期到晚期大腦中基因展現所導致的性別差異，我用「令人震驚」這個字，因為大腦最大的性別差異是在胚胎期的時候。這篇論文的名字是「人類大腦，空間時間的轉錄組 」（Spatiotemporal Transcriptome of the Human Brain），二〇一一年發表於《自然期刊》（*Nature*）四七八卷，四八三—四八九頁。

3. Jay Giedd 和同事們「青少年大腦結構男女性別在功能性核磁共振上差異的評論」（Review: Magnetic Resonance Imaging of Male/Female Differences in Human Adolescent Brain Anatomy）刊登在二〇一二年的 *Biology of Sex Differences* 第三卷一九期。整篇論文可在網路上下載：www.biomedcentral.com/content/pdf/2042-6410-3-19.pdf。
4. Jennifer Bramen 和同事的「Sex Matters During Adolescence: Testosterone-Related Cortical Thickness Maturation Differs Between Boys and Girls」發表在二〇一二年三月二十九日的 *PLOS One*，DOI: 10.1371 /journal.pone.0033850，請同時參考 Tuong-Vi Nguyen 和同事的「從童年到青春期：跟睪固酮有關的皮質成熟」（Testosterone-Related Cortical Maturation Across Childhood and Adolescence），發表在二〇一三年《大腦皮質》（*Cerebral Cortex*）二三卷，一四二四—一四三二頁。
5. Rhoshel Lenroot 和同事（一共十二位共同作者）的「從童年到青春期大腦發展的性別差異」（Sexual Dimorphism of Brain Developmental Trajectories During Childhood and Adolescence），發表在二〇〇七年《神經影像》（*NeuroImage*）三六卷，一〇六五—一〇七三頁。
6. Madhura Ingalhalikar 和同事的「人類大腦連接組結構在性別上的差異」（Sex Differences in the Structural Connectome of the Human Brain）刊登在二〇一四年《美國國家科學院學報》（*Proceedings of the National Academy of Sciences*）一一一卷，八二三—八二八頁。這些作者認為「研究結果顯示男性在腦半球內的溝通最佳，而女性在腦半球間的溝通最佳」（八二三頁），請參考 Julia Sacher 和她的同事在「人類大腦的性別差異：來自大腦影像的證據」（Sexual Dimorphism in the Human Brain: Evidence from Neuroimaging），二〇一三年於《核磁共振》（*Magnetic Resonance Imaging*）三一卷，三六六—三七五頁。這些研究者在大小孩和小小孩的大腦中發現很大的性別差異，然而 Vickie Yu 和她的同事用腦磁波儀（magnetoencephalography, MEG）而不是 MRI，發現四到九歲兒童與十歲以上的大小孩比起來，有更大的性別差異，請參考她們的論文「語言側化中跟年齡有關的性別差異：兒童的腦磁波儀研究」（Age-Related Sex Differences in Language Lateralization: A Magnetoencephalography Study in Children），二〇一四年發表在《發展心理學》期刊（*Developmental Psychology*）五〇卷，二二七六—二二八四頁。同樣的，在六到十七歲兒童的腦磁波儀研究中，Abhijeet Gummadavelli 和同事發現六到十三歲兒童的性別差異大於十四到十七歲的孩子，請參考他們的論文「時間空間和字頻在發展中大腦的字辨識作業上：一個腦磁波儀的研究」（Spatiotemporal and Frequency Signatures of Word Recognition in the Developing Brain: A Magnetoencephalographic Study），二〇一三年《大腦研究》（*Brain Research*）一四九八卷，二〇—三二頁。腦磁波儀測量電波的活動，而核磁共振顯現大腦結構，這些研究所顯現的性別差異不同，有可能是因為幼年期大腦性別差異的電流活動比較顯著，而童年後期和青春期時，神經連接和大腦結構在性別差異上比較顯著。
7. 本節的評論是以我在馬里蘭州蒙哥馬利郡花了十八年時間（一九九〇—二〇〇八）觀察上千名孩童，以及史提派克（Deborah Stipek）一系列的論文為基礎的。請參見：
    - Deborah Stipek and colleagues, "Good Beginnings: What Difference Does the Program Make in Preparing Young Children for School?" in the *Journal of Applied Developmental Psychology*, volume 19, pp. 41–66, 1998.
    - Deborah Stipek, "Pathways to Constructive Lives: The Importance of Early School Success," in the book Constructive & Destructive Behavior: Implications for Family, School, & Society, published by the American Psychological Association, pp. 291–315, 2001.
    - Tricia Valeski and Deborah Stipek, "Young Children's Feelings About School," *Child Development,* volume 72, pp. 1198–1213, 2001. In this review, Valeski and Stipek observe that children who fail to do well in kindergarten develop "negative perceptions of competence," and those negative perceptions may be "difficult to reverse as children progress through school" (p. 1199).

8. 這些數據來自二〇一四年「經濟合作和發展組織」（Organisation for Economic Co- operation and Development, OECD）的《PISA 二〇一二年結論：學生知道什麼和可以做些什麼：學生在數學、閱讀和科學上的表現》（*PISA 2012 Results: What Students Know and Can Do: Student Performance in Mathematics, Reading, and Science,*），www.oecd.org/pisa/keyfindings/pisa -2012-results-volume-i.htm，圖 1.4.1，「比較國家和經濟在閱讀上的表現」（Comparing Countries' and Economies' Performance in Reading）。

9. 我不認為七歲才入學是芬蘭教育成功的唯一因素，但是我的確認為這個因素沒有得到它應有的重視。另一個重要的因素是芬蘭老師選拔的標準——比照美國醫科學生的選擇。對於芬蘭教育成另的原因請閱讀 Pasi Sahlberg 二〇一四年出版的《芬蘭教育改革學到什麼？》（*Finnish Lessons 2.0: What Can the World Learn from Educational Change in Finland?*）紐約：教師學院出版社（New York: Teachers College Press）。

10. 我從美國教育部，教育科學研究院國家教育統計中心 PISA 專案表 S2 拿到這些資料，這個表的標題為「二〇一二年十五歲學生在教育系統中 PISA 科學素養尺度的平均分數」（Average Scores of 15-Year-Old Students on PISA Science Literacy Scale, by Education System: 2012），此表在網站：http://nces.ed.gov/surveys/pisa/pisa2012/pisa2012highlights_4a.asp。上海、香港、台北和澳門都表現的比美國學生好，二〇一二年的資料我在二〇一五年十一月時上網去查都還可以查得到。

11. 例如 Daphna Bassok 和 Sean Reardon「晚入學幼稚園：盛行率、形態和意義」（Academic Redshirting' in Kindergarten: Prevalence, Patterns, and Implications），發表於二〇一三年《教育評鑑和政策分析》（*Educational Evaluation and Policy Analysis*）三五卷，二八三—二九七頁。

12. Betsy Newell 及 Dana Haddad 的引文都來自 Elissa Gootman 刊登在《紐約時報》頭版的文章 "Preschoolers Grow Older as Parents Seek an Edge," October 19, 2006.

13. 參見我的論文 "Reclaiming kindergarten: Making kindergarten less harmful to boys," Psychology of Men & Masculinity, vol. 2, pp. 3-12, 2001. 你可以到 www.BoysAdrift.com 網站免費觀看所有的內容。

14. Elizabeth Lonsdorf, Lynn Eberly, and Anne Pusey, "Sex Differences in Learning in Chimpanzees," Nature, volume 428, pp. 715–716, 2004.

15. Elizabeth Lonsdorf 和同事們的「男孩永遠是男孩：野外黑猩猩嬰兒在社交互動上的性別差異」（Boys Will Be Boys: Sex Differences in Wild Infant Chimpanzee Social Interactions），二〇一四年刊登在《動物行為》（*Animal Behavior*）八八卷，七九—八三頁。另外 Lonsdorf 和她的同事還有一篇「野外黑猩猩嬰兒性別差異的顯現」（Sex Differences in Wild Chimpanzee Behavior Emerge During Infancy），發表於二〇一四年六月九日的 *PLOS One*，DOI: 10.1371/journal.pone.0099099。

16. Derek Wildman 和他的同事「天擇時人類和黑猩猩之間 99.4% 非同義突變 DNA 的意義」（Implications of Natural Selection in Shaping 99.4 Percent Nonsynonymous DNA Identity Between Humans and Chimpanzees），二〇〇三年《美國國家科學院學報》第一〇〇期，七一八一—七一八八頁。

17. 我對人類和靈長類視覺的性別差異分析，請看我的書《棉花糖女孩》，台灣遠流出版公司出版，第一三一—一三八頁，同時請看 Robert Handa 和 Robert McGivern 的論文「視覺系統中性別在類固醇、荷爾蒙、感受體和視知覺與認知上的差異」（Steroid Hormones, Receptors, and Perceptual and Cognitive Sex Differences in the Visual System），二〇一五年發表於 Current Eye Research 四〇卷，一一〇—一二七頁。而我對聽力性別差異的分析，請看我的論文「聽力的性別差異：教室中最佳措施的意義」（Sex Differences in Hearing: Implications for Best Practice in the Classroom），二〇一〇年發表於 Advances in Gender and Education 第二期一三—二一頁。對於跨物種和感官（聽覺、視覺和嗅覺）的評論，請看 Joseph Schroeder's 在《心理學性別研究手冊》（*Handbook of Gender Research in Psychology*）的章節，二三五—二五七頁。這本書是由 J. C. Chrisler 和 D. R. McCreary 主編，紐約 Springer 公司二〇一〇年出版。

18. Gillian Brown and Alan Dixon, "The Development of Behavioural Sex Differences in Infant Rhesus Macaques," *Primates*, volume 41, pp. 63–77, 2000.
19. 靈長類學家不用保姆（babysitting）這個字，他們喜歡用「異親」（alloparenting）。當媽媽需要去找食物時，牠會把寶寶交給女兒，但不會交給兒子，我們的靈長類親戚一般都是用這種異親撫育，都是交給女兒照顧，請看 David Watts 和 Anne Pusey「大猿的少年和青少年行為」（Behavior of Juvenile and Adolescent Great Apes）一四八—一六七頁，在 Michael Pereira 和 Lynn Fairbanks 主編之《少年的靈長類：生命史，發展和行為》（*Juvenile Primates: Life History, Development, and Behavior*），紐約牛津大學出版社，二〇〇二年出版。
20. Carolyn Pope Edwards, "Behavioral Sex Differences in Children of Diverse Cultures: The Case of Nurturance to Infants," chapter 22 in Pereira and Fairbanks, Juvenile Primates.
21. 我們教男生和女生未成年不可以喝酒，但是在男女合校的情況下，忽略這條法律會使你在男生的眼裡地位升高，因此，現在發現，念男女合校的高中女生及男女合校的大學女生，酗酒及因酒後而鬧事的情形比同一社區讀女校的女生比例來得高。請見 Avshalom Caspi, Donald Lynam, Terrie Moffitt, and Phil Silva, "Unraveling Girls' Delinquency: Biological, dispositional, and contextual contributions to adolescent misbehavior." *Developmental Psychology*, vol. 29, pp. 19-30, 1993。至於女子大學的女生跟其他條件相同但是男女合校的女生比較的研究，請見 George Dowdall, Miriam Curtin 的「十五—十六歲女孩的抽菸和喝酒行為：男性的同儕對她們有影響嗎？」（Smoking and Drinking Among 15–16-Year-Old Girls: Do Male Peers Have an Influence?），二〇〇四年《愛爾蘭醫學科學期刊》（*Irish Journal of Medical Science*）第一七三卷，一九一—一九二頁。
22. Marianne Hurst, "Girls Seen to Help Avert Violence," *Education Week*, May 18, 2005, p. 12.
23. 例如參見 Omar Yousaf, Elizabeth Grunfeld, and Myra Hunter, "A Systematic Review of the Factors Associated with Delays in Medical and Psychological Help-Seeking Among Men," *Health Psychology Review*, volume 9, pp. 264–276, 2015.
24. 雖然很多研究者都注意到女生問路跟男生不同，但是 Deborah Tannen 把這一點說明的最清楚，請看她的書《你不了解男生和女生在聊天上的不同》（*You Just Don't Understand: Men and Women in Conversation*）修訂版，紐約 HarperCollins 二〇〇一年出版。
25. Pereira and Fairbanks, Juvenile Primates, Part II, "Growing into Different Worlds," p. 75.
26. Russell Mittermeier and colleagues, "Primates in Peril: The World's 25 Most Endangered Primates, 2004–2006," *Primate Conservation*, volume 20, pp. 1–28, 2006.
27. Lisbeth B. Lindahl and Mikael Heimann, "Social Proximity in Early Mother-Infant Interactions: Implications for Gender Differences?" *Early Development and Parenting*, volume 6, pp. 83–88, 1997.
28. 參見 Jianzhong Xu, "Gender and Homework Management Reported by High School Students," *Educational Psychology*, volume 26, pp. 73–91, 2006; and also Wei-Cheng Mau and Richard Lynn, "Gender Differences in Homework and Test Scores in Mathematics, Reading and Science at Tenth and Twelfth Grade," *Psychology, Evolution, and Gender,* volume 2, pp. 119–125, 2000.
29. Lynne Rogers and Sue Hallam, "Gender Differences in Approaches to Studying for the GCSE Among High-Achieving Pupils," *Educational Studies*, volume 32, pp. 59–71, 2006.
30. Angela Lee Duckworth and Martin E. P. Seligman, "Self-Discipline Gives Girls the Edge: Gender in Self-Discipline, Grades, and Achievement Test Scores," *Journal of Educational Psychology*, volume 98, pp. 198–208, 2006.
31. Valeski and Stipek, "Young Children's Feelings About School," cited above.

32. Eva Pomerantz, Ellen Altermatt, and Jill Saxon, "Making the Grade but Feeling Distressed: Gender Differences in Academic Performance and Internal Distress," *Journal of Educational Psychology*, volume 94, pp. 396–404, 2002.

33. Duckworth and Seligman, "Self-Discipline Gives Girls the Edge." 34. Rene A. Spitz, "Hospitalism: An Enquiry into the Genesis of Psychiatric Conditions in Early Childhood," *Psychoanalytic Study of the Child*, volume 1, pp. 53–74, 1945.

35. Richard Louv, *Last Child in the Woods: Saving Our Children from Nature-Deficit Disorder* (Chapel Hill, NC: Algonquin Books, 2005).

36. Louv, *Last Child in the Woods*, p. 57.

37. Louv, *Last Child in the Woods*, pp. 63, 67.

38. Quoted in Louv, *Last Child in the Woods*, p. 66.

39. Quoted in Louv, *Last Child in the Woods*, p. 104.

40. 例如參見 Andrea Faber Taylor and Frances E. Kuo, "Could Exposure to Everyday Green Spaces Help Treat ADHD? Evidence from Children's Play Settings," *Applied Psychology: Health and Well-Being*, volume 3, pp. 281–303, 2011.

41. 對於美國過去三十年來，ADHD 診斷率的上升以及它升起的背後原因，請看我的書《教養，你可以做得更好》遠流出版，第三章。

42. Quoted in Louv, *Last Child in the Woods*, p. 47.

43. 這個最簡單的定義是取自奈瑟（Ulric Neisser）。奈瑟是一九六七年創造出「認知心理學」（cognitive psychology）的第一人，他對於認知（cognition）的定義如下：「這個名詞『認知』是指感覺輸入在轉變、減少、精緻化、儲存、提取和使用所有的過程。它主要是訊息處理的過程，就算是沒有相關的刺激，如幻覺時和心像時，它的運作歷程仍是認知的一部分。認知在這麼廣的定義下，就跟人類所有可以做的事情都有關了，每一個心理的現象都是認知的現象。」（Ulric Neisser, *Cognitive Psychology*, New York: Appleton-Century-Crofts, 1967, p. 4; emphasis added.）

44. Gabrielle Weiss and Lily Hechtman, "The Hyperactive Child Syndrome," *Science*, volume 205, pp. 1348–1354, 1979.

45. Alan Schwarz and Sarah Cohen, "A.D.H.D. Seen in 11% of U.S. Children as Diagnoses Rise," *New York Times*, March 31, 2013.

46. Jay Mathews 的文章叫做「研究對男孩危機產生懷疑：成績的進步逼近女生的領先」（Study Casts Doubt on the Boy Crisis: Improving Test Scores Cut into Girls' Lead），《華盛頓郵報》二〇〇六年六月二十六日頭版。

47. Judith Warner, "What Boy Crisis?," *New York Times, July* 3, 2006.

48. Judith Warner, "Is There Really a 'Boy Crisis' ? Most Boys Are Doing Just Fine," March 21, 2013, http://ideas.time.com/2013/03/21/the-boy-crisis-is-it-fictional.

49. David Von Drehle, "The Myth About Boys," *Time*, July 26, 2007.

50. 關於種族、性別和社會階級交互作用的討論，請見 Richard Whitmire 和 Susan McGee Bailey 二〇一〇年春的對話「性別差異」（Gender Gap），Education Next 網站 http://educationnext.org/gender-gap。

51. 克萊費爾教授是在二〇〇六年六月六日白宮所舉辦的「幫助美國年輕人」（Helping America's Youth）研討會上報告的資料。你可以在 www.singlesexschools.org/Kleinfeld.htm. 網站上讀到全文及她的分析。

52. 你可以去美國教育部，教育科學研究院，國家教育統計中心，國家教育進步評估（National Assessment of Education Progress, NAEP）的網址 http://nces.ed.gov/nations reportcard/naepdata 點下 Main NDE（NAEP Data Explorer），就會看到我在這一章中所有引用的 NAEP 數據，這些數據來自二〇一一年寫作評估，這資料在二〇一五年十一月仍可查到。

53. Judy Willis, "The Gully in the 'Brain Glitch' Theory," *Educational Leadership*, volume 64, pp. 68–73, 2007. The quotation comes from p. 72.

54. Mark Bauerlein and Sandra Stotsky, "Why Johnny Won't Read," *Washington Post*, January 25, 2005, p. A15.

55. 請看 William Killgore、Mika Oki 和 Deborah Yurgelun-Todd 的「大腦發展上杏仁核對情緒面孔反應的性別改變」（Sex-Specific Developmental Changes in Amygdala Responses to Affective Faces），二〇〇一年 *Neuro-Report* 第十二卷四二七—四三三頁；William Killgore 和 Deborah Yurgelun-Todd 的「在看到情緒面孔時杏仁核活化的性別差異」（Sex Differences in Amygdala Activation During the Perception of Facial Affect），二〇〇一年 *Neuro- Report* 第十二卷，二五四三—二五四七頁。和 William Killgore 和 Deborah Yurgelun-Todd 的「在看到情緒面孔時，前額葉皮質和杏仁核側化上跟性有關的發展差異」（Sex-Related Developmental Differences in the Lateralized Activation of the Prefrontal Cortex and Amygdala During Perception of Facial Affect），二〇〇四年 *Perceptual and Motor Skills* 第九九卷，三七一—三九一頁。Dr. Yurgelun-Todd 博士現在改到猶他大學（University of Utah）任教。

56. 北美洲各地都有「雪就是應該留在地上」（引申不應拿來打雪球戰）的政策，例如加拿大、安大略省、約克學區、牽牛花公立學校（Morning Glory Public School of the York Region District School Board）就提醒學生「雪無論何時都應該在地上而不在學生手上」，這條規則自二〇一三年十二月起就刊登在學校的報紙上，也公布在網路上，www.yrdsb.ca/schools/morningglory.ps/NewsEvents / Documents/Dec%202013%20vol%201%20mgps.pdf。

57. 請見 Stephanie Martinez「一個發狂的系統：一個零容忍政策如何影響學校?」（A System Gone Berserk: How Are Zero-Tolerance Policies Really Affecting Schools?）刊登在《防止學校失敗》（*Preventing School Failure*）第五三卷一五三—一五八頁，二〇〇九年；以及 Russell Skiba 和 Kimberly Knesting 的「零容忍，零證據：學校管教方式的分析」（Zero Tolerance, Zero Evidence: An Analysis of School Disciplinary Practice），二〇〇一年 New Directions for Youth Development 九二期，一七—四三頁。

58. Margaret Shih, Todd Pittinsky, and Nalini Ambady, "Stereotype Susceptibility: Identity Salience and Shifts in Quantitative Performance," *Psychological Science*, volume 10, pp. 80–83, 1999.

59. 普林斯頓的心理學家 Joel Cooper and Kimberlee Weaver 在他們合著的 Gender and Computers: Understanding the digital divide (Mahwah, New Jersey: Lawrence Erlbaum, 2003) 中，描述了許多年輕女孩在數學和科學測驗中的表現會低於預期，尤其在提醒她們性別刻板印象之後。特別參見 chapter 3, "The Social Context of Computing" 和 chapter 5, "A Threat in the Air." 兩位作者同時描述月在單一性別班級中的女孩平均的表現有多好，部分原因可能是不再有刻板印象的威脅，參見 chapter 7, "*Solutions: Single-sex schools and classrooms?*"

60. Roy Baumeister and colleagues , "Does High Self-Esteem Cause Better Performance, Interpersonal Success, Happiness, or Healthier Lifestyles?" *Psychological Science in the Public Interest*, volume 4, pp. 1–44, 2003.

61. Martinez, "A System Gone Berserk" ; Skiba and Knesting, "Zero Tolerance, Zero Evidence," both cited above.

62. 在這個主題經典的學術論文為 "The Classroom Avenger"。作者為 James McGee 及 Caren DeBernardo，最初發表在 *The Forensic Examiner*, vol. 8, May-June 1999。兩位作者都是 Sheppard Pratt 精神病院的醫生。這篇論文可以免費在 Sheppard Pratt 醫院的網站 http://www.sheppardpratt.org/Documents/classavenger.pdf 上看到。

63. Peter Langman, "School Shooters: The Warning Signs," *Forensic Digest*, Winter-Spring 2012.

64. 這一段中所引用的話全來自 Dave Cullen's *Columbine* (New York: Twelve, 2010), pp. 307–308.

65. Cullen, *Columbine*, p. 309.

66. "Court Found Cho Mentally Ill," The Smoking Gun, www.thesmokinggun.com/file/court-found-cho-mentally-ill.

67. Michael Luo, "U.S. Rules Made Killer Ineligible to Purchase Gun," *New York Times*, April 21, 2007.

68. 這一段中所引用的話全來自二〇〇七年四月十八日《紐約時報》所刊登 Manny Fernandez 和 Marc Santora 的「槍手顯現憤怒的信號」

（Gunman Showed Signs of Anger）。

69. 這段中二個引用的話來自二〇〇七年八月三十日《紐約時報》所刊登Ian Urbina的「維琴尼亞理工學院因射擊案而被批評」（Virginia Tech Criticized for Actions in Shooting）。

70. Liz Klimas, "10-Year-Old Suspended for an Imaginary Weapon," The Blaze, December 9, 2013, www.theblaze.com/stories/2013/12/09/10-year-old-suspended-for-shooting-imaginary-bow-and-arrow.

71. Donna St. George, "Anne Arundel Officials Decline to Clear Record of Second-Grader Who Made 'Pastry Gun,'" *Washington Post*, May 15, 2013.

72. 這個例子來自Paul Rosenzweig和Trent England在二〇〇四年八月五日所寫的「普通常識的零容忍」（Zero Tolerance for Common Sense），可見傳承基金會（Heritage Foundation）網站www.heritage.org/research/commentary/2004 /08/zero-tolerance-for-common-sense。

73. 拉丁原文為Naturam expellas furca, tamen usque recurret，摘自*Epistles of Horace*卷一 8 十第二四行。

第三章　第二個因素：電玩遊戲

1. 我在本書中提到的global *Halo*（《最後一戰》）比賽是在二〇〇五年五月份舉辦的，雖然主辦者要求參與者必須十八歲以上才能進入，但是會場並無任何機制來執行這個規定。電玩遊戲競賽現在叫做「電子運動」（e-sports），從二〇〇五年就有了，《紐約時報》二〇一四年八月三十日有篇文章「電子運動吸引了真正的人群和大量的金錢」（In E-sports, Video Gamers Draw Real Crowds and Big Money），記者Nick Wingfield把這個競賽形容為Defense of the Ancients (DOTA) 競賽，是兩隊電玩專家在西雅圖籃球場比賽，獎金高達一千一百萬美元，現場觀賽的門票很貴但仍有一萬一千人去觀賽。芝加哥的Robert Morris大學提供贏家五十萬美金的獎學金，就像運動員的獎學金一樣，現在美國的長春藤盟校（Ivy League）也提供校際比賽。Wingfield的文章可在網路上下載，www.nytimes.com/2014/08/31/technology/esports-explosion- brings-opportunity-riches-for-video-gamers.html。

2. John S. Watson, "Memory and 'Contingency Analysis' in Infant Learning," *Merrill-Palmer Quarterly*, volume 13, pp. 55–76, 1967.

3. Henry Gleitman, *Psychology* (New York: W. W. Norton, 1980), p. 147.

4. 尼采自己在他寫自由意志（free spirit）時特別強調這一點，他的free spirit是指一個人受他自己意志去做，不受其他考量的干擾「這個人有很多直覺反應，對戰爭、對勝利的直覺，這些直覺必須超越其他的，如快樂的直覺，一個自由的人，更重要的是他的心智、精神變得自由了——踩著小商人、基督徒、牛、女人、英國人和其他民主人士的大夢」這是我的翻譯，德文的原文是"Freiheit bedeutet, daß die männlichen, die kriegs-und siegsfrohen Instinkte die Herrschaft haben über andre Instinkte, zum Beispiel über die des »Glücks." Der freigewordne Mensch, um wie viel mehr der freige- wordne Geist, tritt mit Füßen auf die verächtliche Art von Wohlbe- finden, von dem Krämer, Christen, Kühe, Weiber, Engländer und andre Demokraten träumen。取自尼采一八八九年的《偶像的黃昏》（*Götzen-Dämmerung*）第三八段，很容易在網站上找到，例如www.textlog.de /8119.html。

5. 引自section 349 of Nietzsche's *The Will to Power*, 譯者為Walter Kaufmann and R. J. Hollingdale (New York: Vintage Books, 1968), p. 191.

6. 這些例子來自Mike Musgrove在《華盛頓郵報》（*Washington Post*）上的文章"Family Game Night, version 2.0," March 4, 2007, pp. F1, F4.

7. 看這個廣告最簡單的方法是去YouTube，在搜尋的地方打「Greatness Awaits, PS4」。

8. Alan Castel, Jay Pratt, and Emily Drummond, "The Effects of Action Video Game Experience on the Time Course of Inhibition of Return and the Efficiency of Visual Search," *Acta Psychologica*, volume 119, pp. 217–230, 2005.

9. Edward Swing和他同事的「暴露在電視和電玩遊戲之下和注意力發展的問題」（Television and Video Game Exposure and the Development of Attention Problems），二〇一〇年刊登在《小兒科期刊》（*Pediatrics*）第一二六卷，二一四—二二一頁。也請看Douglas Gentile和他

同事合著的「玩電玩遊戲，注意力問題和衝動性：來自雙向因果關係的證據」（Video Game Playing, Attention Problems, and Impulsiveness: Evidence of Bidirectional Causality）刊登在二〇一二年 *Psychology of Popular Media Culture* 卷一，六二—七〇頁。
10. Jay Hull, Ana Draghici, and James Sargent, "A Longitudinal Study of Risk-Glorifying Video Games and Reckless Driving," *Psychology of Popular Media Culture*, volume 1, pp. 244–253, 2012.
11. Kathleen Beullens and Jan Van den Bulck, "Predicting Young Drivers' Car Crashes: Music Video Viewing and the Playing of Driving Games. Results from a Prospective Cohort Study," *Media Psychology*, volume 16, issue 1, 2013.
12. Stervo Mario 和他的同事合著的「年輕男性打電玩頻率跟腹部脂肪堆積和高糖、低纖飲食的關係」（Frequent Video-Game Playing in Young Males is Associated with Central Adiposity and High-Sugar, Low-Fibre Dietary Consumption），二〇一四年於 *Eating and Weight Disorders* 卷一九，五一五—五二〇頁。請看 Catherine Berkey 和她的同事合著的「前青春期和青春期男生和女生在活動、飲食和體重改變的長期追蹤研究」（Activity, Dietary Intake, and Weight Changes in a Longitudinal Study of Preadolescent and Adolescent Boys and Girls），二〇〇〇年刊登在 *Pediatrics* 期刊，一〇五卷 e 五六頁。以及 Elizabeth Vandewater 和她同事合著的「看電視和打電動遊戲與肥胖症及活動程度的關係」（Linking Obesity and Activity Level with Children's Television and Video Game Use），二〇〇四年《青少年期刊》（*Journal of Adolescence*）二七卷七一—八五頁。
13. Jean-Philippe Chaput 和他同事合著的「青少年打電玩會增加食量：一個隨機的交叉研究」（Video Game Playing Increases Food Intake in Adolescents: A Randomized Crossover Study），二〇一一年 *American Journal of Clinical Nutrition*，九三卷，一一九六—一二〇三頁。
14. Megan Mathers and colleagues, "Electronic Media Use and Adolescent Health and Well-Being: Cross-Sectional Community Study," *Academic Pediatrics*, volume 9, pp. 307–314, 2009.
15. Brock Bastian, Jolanda Jetten, and Helena Radke, "Cyber-Dehumanization: Violent Video Game Play Diminishes Our Humanity," *Journal of Experimental Social Psychology*, volume 48, pp. 486–491, 2012. See also Tobias Greitemeyer and Neil McLatchie, "Denying Humanness to Others: A Newly Discovered Mechanism by Which Violent Video Games Increase Aggressive Behavior," *Psychological Science*, volume 22, pp. 659–665, 2011.
16. Jay Hull and colleagues, "A Longitudinal Study of Risk-Glorifying Video Games and Behavioral Deviance," *Journal of Personality and Social Psychology*, volume 107, pp. 300–325, 2014.
17. Julia Fischer and colleagues, "The Delinquent Media Effect: Delinquency-Reinforcing Video Games Increase Players' Attitudinal and Behavioral Inclination Toward Delinquent Behavior," *Psychology of Popular Media Culture*, volume 1, pp. 201–205, 2012. See also Peter Holtz and Markus Appel, "Internet Use and Video Gaming Predict Problem Behavior in Early Adolescence," *Journal of Adolescence*, volume 34, pp. 49–58, 2011.
18. Alessandro Gabbiadini and colleagues, "Interactive Effect of Moral Disengagement and Violent Video Games on Self-Control, Cheating, and Aggression," *Social Psychological and Personality Science*, volume 5, pp. 451–458, 2014.
19. Mirko Pawlikowski and Matthias Brand, "Excessive Internet Gaming and Decision Making: Do Excessive World of Warcraft Players Have Problems in Decision Making Under Risky Conditions?" *Psychiatry Research*, volume 188, pp. 428–433, 2011.
20. Jih-Hsuan Lin, "Do Video Games Exert Stronger Effects on Aggression Than Film? The Role of Media Interactivity and Identification on the Association of Violent Content and Aggressive Outcomes," *Computers in Human Behavior*, volume 29, pp. 535–543, 2013.
21. Marc Sestir and Bruce Bartholow, "Violent and Nonviolent Video Games Produce Opposing Effects on Aggressive and Prosocial Outcomes,"

Journal of Experimental Social Psychology, volume 46, pp. 934–942, 2010. See also Muniba Saleem, Craig Anderson, and Douglas Gentile, "Effects of Prosocial, Neutral, and Violent Video Games on College Students' Affect," *Aggressive Behavior*, volume 38, pp. 263–271, 2012.

22. Bruce Bartholow and colleagues, "Chronic Violent Video Game Exposure and Desensitization to Violence: Behavioral and Event-Related Brain Potential Data," *Journal of Experimental Social Psychology*, volume 42, pp. 532–539, 2006. See also Tom Hummer and colleagues, "Short-Term Violent Video Game Play by Adolescents Alters Prefrontal Activity During Cognitive Inhibition," *Media Psychology*, volume 13, pp. 136–154, 2010.
23. Christopher Barlett and Christopher Rodeheffer, "Effects of Realism on Extended Violent and Nonviolent Video Game Play on Aggressive Thoughts, Feelings, and Physiological Arousal," *Aggressive Behavior*, volume 35, pp. 213–224, 2009.
24. Craig Anderson and colleagues, "Violent Video Game Effects on Aggression, Empathy, and Prosocial Behavior in Eastern and Western Countries: A Meta-Analytic Review," *Psychological Bulletin*, volume 136, pp. 151–173, 2010. For a thoughtful comment on this paper—observing that some doubters will never be persuaded, no matter how strong the evidence—see L. Rowell Huesmann, "Nailing the Coffin Shut on Doubts That Violent Video Games Stimulate Aggression: Comment on Anderson et al. 2010," *Psychological Bulletin*, volume 136, pp. 179–181, 2010.
25. See Craig Anderson, "Violent Video Games: Myths, Facts, and Unanswered Questions," *Psychological Science Agenda*, volume 16, October 2003.
26. Alito 法官的完整意見書可在美國最高法院網站：www.supremecourt.gov/opinions/10pdf/08-1448.pdf 找到，書中所引用的這段來自意見書的第十二和十四頁。
27. 這段所引用的句子來自 Patrick Welsh 在《華盛頓郵報》二〇〇四年十二月五日的文章：「這不是競賽，男孩會長大成男人，但是他們還是會選擇電玩遊戲」（It's No Contest; Boys Will Be Men, and They' ll Still Choose Video Games）。
28. 你可上網看安得生教授的綱要：Iowa State University of Science and Technology, Department of Psychology, www.psychology.iastate.edu/faculty/caa/VG_recommendations.html.
29. Welsh, "It's No Contest," p. B1.
30. Tamar Lewin, "At Colleges, Women Are Leaving Men in the Dust," *New York Times*, July 9, 2006, pp. A1, A18, A19.
31. Lewin, "*At Colleges*," pp. A18, A19.
32. Craig Anderson, *Douglas Gentile, and Katherine Buckley, Violent Video Game Effects on Children and Adolescents* (New York: Oxford University Press, 2007), p. 66.
33. David Riley, "Average Time Spent Playing Games on Mobile Devices Has Increased 57 Percent Since 2012," January 27 2015, online at NPD Group, www.npd.com.
34. 我把 AAP 的守則上傳到：www.leonardsax .com/guidelines.pdf，這個守則並沒有特別說明怎麼去用監控的軟體，但是明確建議父母不讓孩子在沒人監督之下去上網，除非你能親自監督到你孩子在網上所做的每一件事情，唯一能防止他們隨意上網瀏覽的方法就是安裝一種監督的軟體，同時伴隨著父母親的控制。

第四章　第三個因素：ADHD的藥物

1. "National Institute of Mental Health Multimodal Treatment Study of ADHD Follow-up: Changes in Effectiveness and Growth After the End of Treatment," *Pediatrics*, volume 113, pp. 762–769, 2004. See also Stephen Faraone and colleagues, "Effects of Lisdexamfetamine Dimesylate [Vyvanse] Treatment for ADHD on Growth," *Journal of the American Academy of Child & Adolescent Psychiatry*, volume 49, pp. 24–32,

2010.

2. Peter Breggin 博士是認為注意力缺失過動症是藥廠用來賣藥的幌子的作家之一，參見他的著作 *Talking Back to Ritalin: What Doctors Aren't Telling You About Stimulants for Children* (Monroe, ME: Common Courage Press, 1998)；以及 *The Ritalin Fact Book: What Your Doctor Won't Tell You* (New York: Perseus, 2002)。

3. *American Psychiatric Association, Diagnostic and Statistical Manual of Mental Disorders*, 5th edition (Washington, DC: APA, 2013), p. 59. (DSM-5 hereafter.)

4. 如我在我的書《教養，你可以做得更好》（遠流出版）中指出，一九七九年時，只有 1.2% 的美國孩子，即一千個人中有十二個，被診斷為我們現在稱之為 ADHD 的孩子，那個時候叫做「童年期動感過度反應症」（hyperkinetic reaction of childhood），男女生的比例為二比一或更多，所以我們可以推測在一九七九年時應該是 1.6% 的男生和 0.8% 的女生（這樣得出的平均值為 1.2%）。到二〇一三年時，美國疾病控制和預防中心（Centers for Disease Control and Prevention）宣布美國高中男生有 20% 被診斷為 ADHD，幾乎是一九七九年的十倍，從 1.6% 漲到 20%，請看《教養，你可以做得更好》第三章。

5. The phrase "medicate young minds" is borrowed from Elizabeth Roberts's article, "A Rush to Medicate Young Minds," *Washington Post*, October 8, 2006, p. B7.

6. DSM-5 對對立反抗症（313.81, p. 462）的定義包括：
   - 常常跟大人爭辨
   - 故意違反或拒絕去做有權力人士的要求
   - 常常故意去惹惱別人

7. Jennifer Harris, Psychotherapy Networker, February 2006, quoted in Roberts's article, "A Rush to Medicate Young Minds."

8. Leonard Sax and Kathleen Kautz, "Who First Suggests the Diagnosis of Attention-Deficit Hyperactivity Disorder? A Survey of Primary-Care Pediatricians, Family Physicians, and Child Psychiatrists," *Annals of Family Medicine*, volume 1, pp. 171–174, 2003.

9. Gabrieli 醫生的報告題目是「教育大腦」（Educating the Brain），你可以上 Fleetwood Onsite Conference Recording 的網站去買這份光碟，www.fleetwoodonsite .com 在搜索的地方打入 Gabrieli 這個字就會看到，一片光碟為美金十五元。

10. 這章節大部分的資料，尤其是註釋，是來自我的書《教養，你可以做得更好》裡的討論。

11. 下面是 Carlezon 在這個題目上的三篇論文：
   - 「早期被餵食派醋甲酯（利他能）老鼠的長期行為效果」（Enduring Behavioral Effects of Early Exposure to Methylphe- nidate in Rats）刊登在二〇〇三年《生物精神醫學》（*Biological Psychiatry*）第五四卷，一三三〇—一三三七頁。
   - 「了解早期服用精神藥物的神經生物後果」（Understanding the Neurobiological Consequences of Early Exposure to Psychotropic Drugs）刊登在二〇〇四年《神經藥物學》（*Neuropharmacology*）四七卷附件一，四七—六〇頁。
   - 「早期暴露在派醋甲酯會降低老鼠大腦刺激回饋所引發古柯鹼的增強效果」（Early Developmental Exposure to Methylphenidate Reduces Cocaine-Induced Potentiation of Brain Stimulation Reward in Rats）二〇〇五年《生物精神醫學》（*Biological Psychiatry*）五七卷一二〇—一二五頁。

12. 很多學術研究都顯現派醋甲酯和安非他命——這兩個是藥物的主要成分——會對發展中的大腦多巴胺感受體聚集的地方有長期的改變，這個干擾效應在伏隔核的地方最大，這不令人驚奇，因為伏隔核正是多巴胺感受體最密集的地方，密西根大學的 Terry Robinson 和 Bryan Kolb 是最早發現低劑的安非他命會導致伏隔核神經細胞受損的幾個人之一，他們第一次把這發現寫在「使用安非他命所導致的伏隔核和前額葉皮質神經細胞持久的結構改變」（Persistent Structural Modifications in Nucleus Accumbens and

Prefrontal Cortex Neurons Produced by Previous Experiences with Amphetamine）刊登在《神經科學期刊》（*Journal of Neuroscience*）一九九七年一七卷八四九一—八四九七頁。They later reviewed this emerging field in their article "Structural Plasticity Associated with Exposure to Drugs of Abuse," *Neuropharmacology*, volume 47, pp. 33–46, 2004. See also Claire Advokat, "Literature Review: Update on Amphetamine Neurotoxicity and Its Relevance to the Treatment of ADHD," *Journal of Attention Disorders*, volume 11, pp. 8–16, 2007. Other relevant articles include (in alphabetical order):

- Esther Gramage and colleagues, "Periadolescent Amphetamine Treatment Causes Transient Cognitive Disruptions and Long-Term Changes in Hippocampal LTP," *Addiction Biology*, volume 18, pp. 19–29, 2013.
- Rochellys D. Heijtz, Bryan Kolb, and Hans Forssberg, "Can a Therapeutic Dose of Amphetamine During Pre-adolescence Modify the Pattern of Synaptic Organization in the Brain?" *European Journal of Neuroscience*, volume 18, pp. 3394–3399, 2003.
- Yong Li and Julie Kauer, "Repeated Exposure to Amphetamine Disrupts Dopaminergic Modulation of Excitatory Synaptic Plasticity and Neurotransmission in Nucleus Accumbens," *Synapse*, volume 51, pp. 1–10, 2004.
- Manuel Mameli and Christian Luscher, "Synaptic Plasticity and Addiction: Learning Mechanisms Gone Awry," *Neuropharmacology*, volume 61, pp. 1052–1059, 2011.
- Shao-Pii Onn and Anthony Grace, "Amphetamine Withdrawal Alters Bistable States and Cellular Coupling in Rat Prefrontal Cortex and Nucleus Accumbens Neurons Recorded in Vivo," *Journal of Neuroscience*, volume 20, pp. 2332–2345, 2000.
- Margery Pardey and colleagues, "Long-Term Effects of Chronic Oral Ritalin Administration on Cognitive and Neural Development in Adolescent Wistar Kyoto Rats," *Brain Sciences*, volume 2, pp. 375–404, 2012.
- Scott Russo and colleagues, "The Addicted Synapse: Mechanisms of Synaptic and Structural Plasticity in the Nucleus Accumbens," *Trends in Neuroscience*, volume 33, pp. 267–276, 2010.
- Louk J. Vanderschuren 和他的同事合著的論文「老鼠只要暴露在安非他命一次就足以引發長效的行為、神經內分泌和神經化學上的敏感度」（A Single Exposure to Amphetamine Is Sufficient to Induce Long-term Behavioral, Neuroendocrine, and Neurochemical Sensitization in Rats）刊登在一九九九年的《神經科學期刊》（*Journal of Neuroscience*）第一九卷，九五七九—九五八六頁。若想了解神經化學背後的機制，興奮型處方藥物和古柯鹼的異同，以及服用這種藥物的長期風險，請看 Heinz Steiner 和 Vincent Van Waes 合著的「與上癮有關的基因調控：暴露在認知強化物與其他興奮劑的風險」（Addiction-Related Gene Regulation: Risks of Exposure to Cognitive Enhancers vs. Other Psychostimulants）發表在二〇一三年 *Progress in Neurobiology* 第一〇〇卷六〇—八〇頁。

13. 現在大家都同意派醋甲酯的作用是增加突觸多巴胺的活化，請看 Nora Volkow 和她同事合著的「派醋甲酯在大腦多巴胺上效用的影像證據：治療 ADHD 的新模式」（Imaging the Effects of Methylphenidate on Brain Dopamine: New Model on Its Therapeutic Actions for Attention-Deficit / Hyperactivity Disorder）刊登在二〇〇五年的《生物的精神醫學》（*Biological Psychiatry*）五七卷一四一〇—一四一五頁。人們很早也知道安非他命是模仿多巴胺在大腦的活動，而多巴胺系統正是 ADHD 的關鍵，請看 James Swanson 和他同事合寫的「注意力缺失症中的多巴胺和麩胺酸」（Dopamine and Glutamate in Attention Deficit Disorder）收錄在 Werner Schmidt 和 Maarten Reith 編輯、二〇〇五年出版的《精神疾病中的多巴胺和麩胺酸》（*Dopamine and Glutamate in Psychiatric Disorders*）一書中的二九三—三一五頁。

14. 想知道伏隔核在動機上所扮演的關鍵角色的人，請看 Carlezon 醫生的論文「報酬和厭惡的生物基質：伏隔核活化的假設」（Biological Substrates of Reward and Aversion: A Nucleus Accumbens Activity Hypothesis）刊登在二〇〇九年的《神經藥物學》

(*Neuropharmacology*)五六卷附件一，一二三一—一三二頁。

15. 參見 Elseline Hoekzema and colleagues, "Stimulant Drugs Trigger Transient Volumetric Changes in the Human Ventral Striatum," *Brain Structure and Function*, volume 219, pp. 23–34, 2013, especially figures 2 and 3. See also Monica Franco Emch, "Ventro-Striatal / Nucleus Accumbens Alterations in Adult ADHD: Effects of Pharmacological Treatment: A Neuroimaging Region of Interest Study," *Universitat Pompeu Fabra*, 2015, especially figure 2. The full text is online at http://repositori.upf.edu/bitstream/handle/10230/24651/Franco_2015.pdf.
16. 參見 Scott Mackey and colleagues, "A Voxel-Based Morphometry Study of Young Occasional Users of Amphetamine-Type Stimulants and Cocaine," *Drug and Alcohol Dependence*, volume 135, pp. 104–111, 2014.
17. L. J. Seidman and colleagues, "Dorsolateral Prefrontal and Anterior Cingulate Cortex Volumetric Abnormalities in Adults with Attention Deficit / Hyperactivity Disorder Identified by Magnetic Resonance Imaging," *Biological Psychiatry*, volume 60, pp. 1071–1080, 2006. See also Hoekzema and colleagues, "Stimulant Drugs," and Emch, "Ventro-Striatal / Nucleus Accumbens Alterations," both cited above.
18. 參見 Nicolas Carriere and colleagues, "Apathy in Parkinson's Disease Is Associated with Nucleus Accumbens Atrophy: A Magnetic Resonance Imaging Shape Analysis," *Movement Disorders*, volume 29, pp. 897–903, 2014. See also Robert Paul and colleagues, "Apathy Is Associated with Volume of the Nucleus Accumbens in Patients Infected with HIV," *Journal of Neuropsychiatry and Clinical Neuroscience*, volume 17, pp. 167–171, 2005.
19. 有關注意力缺失過動症神經基質的性別差異概論，請參見我的論文 "The Diagnosis and Treatment of ADHD in Women," *Female Patient*, volume 29, pp. 29–34, November 2004. 並參見 Julia Rucklidge, "Gender Differences in Attention-Deficit / Hyperactivity Disorder," *Psychiatric Clinics of North America*, volume 33, pp. 357–373, 2010.
20. 傑瑞推薦的這本書是 *Unearthing Atlantis*, by Charles Pellegrino (New York: Random House, 1994).
21. Leonard Sax, "The Feminization of American Culture: How Modern Chemicals May Be Changing American Biology," *The World & I*, pp. 243–261, October 2001.

第五章　第四個因素：內分泌干擾物質

1. David Fahrenthold, "Male Bass Across Region Found to Be Bearing Eggs: Pollution Concerns Arise in Drinking-Water Source," *Washington Post*, September 6, 2006, pp. A1, A8.
2. Fahrenthold, "Male Bass Across Region Found to Be Bearing Eggs."
3. 請看 Blazer 博士和 Jo Ellen Hinck 還有其他人合著的「一九九五—二〇〇四年間美國河流中廣泛發生的黑鱸魚雙性交配」(Widespread Occurrence of Intersex in Black Basses (Micropterus species) from US Rivers, 1995–2004)刊登在二〇〇九年的 *Aquatic Toxicology* 期刊，九五卷六〇—七〇頁。若想知道波多馬克河最新的資料，請見 Blazer 博士和他同事合著的「波多馬克河谷小口黑鱸繁殖內分泌的干擾：生物效應的時間和空間比較」(Reproductive Endocrine Disruption in Smallmouth Bass (Micropterus dolomieu) in the Potomac River Basin: Spatial and Temporal Comparisons of Biological Effects)刊登在二〇一二年 *Environmental Monitoring and Assessment* 期刊，一八四卷四三〇九—四三三四頁，這些學者注意到雙性交配和工廠汙水、農業以及其他人造殺蟲劑和化學物品的逕流有很強的關聯，不過使這些雄魚雌性化的化學分子現在還不清楚。
4. Laura Sessions Stepp, "Cupid's Broken Arrow: Performance Anxiety and Substance Abuse Figure into the Increase in Reports of Impotence on Campus," *Washington Post*, May 7, 2006.

5. 引自 Dr. Brodie and Dr. Pryor both come from Stepp, "Cupid's Broken Arrow," 同前。

6. 跟野生動物因殺蟲劑所導致的雌性化議題可參考 Heinz-R. Köhler 和 Rita Triebskorn 合著的「殺蟲劑對野生動物生態毒理學，我們可以把這效果追蹤到群體的程度和之外嗎？」（Wildlife Ecotoxicology of Pesticides: Can We Track Effects to the Population Level and Beyond）發表在《科學》期刊三四一卷七五九—七六五頁，下面是我所引用的幾個二〇一三年的特別案例：
   - 華盛頓州和愛達荷州：James Nagler 和他的同事檢查華盛頓州和愛達荷州哥倫比亞河流域，發現許多看起來像雌魚的魚，撈起來做DNA檢驗時發現其實是雄魚。這些魚已經完全雌性化了。牠們看起來像雌性，牠們產卵而不產精子，但是牠們在基因上是雄性，參見 James Nagler and colleagues, "High Incidence of a Male-Specific Genetic Marker in Phenotypic Female Chinook Salmon from the Columbia River," *Environmental Health Perspectives*, volume 109, pp. 67–69, 2001.
   - 佛羅里達州：美國漁業與野生動物管理署的 Louis Guillette 和他的同事發現佛羅里達州中部雄性鱷魚的睪丸萎縮。這些鱷魚血液中的雄性荷爾蒙也異常的少，但是雌性荷爾蒙卻不正常的高。同樣的，在阿波卜卡湖附近，離奧蘭多市不遠的野生動物保護區中的雄性蟒蛇快要絕種了，一部分原因是這些雄蟒蛇已不能再製造精子了。這個雄蟒蛇的去男性化和水池裡塑膠中含的鄰苯二甲酸鹽與丙二酚有關。參見 Louis J. Guillette Jr. and colleagues, "Developmental Abnormalities of the Gonad and Abnormal Sex Hormone Concentrations in Juvenile Alligators from Contaminated and Control Lakes in Florida," *Environmental Health Perspectives*, volume 102, pp. 680–688, 1994. 並參見 Charles F. Facemire, Timothy S. Gross, and Louis J. Guillette Jr., "Reproductive Impairment in the Florida Panther," *Environmental Health Perspectives*, volume 103, Supplement 4, pp. 79–86, 1995.
   - 五大湖區：Theo Colborn, Frederick vom Saal, and Ana Soto, "Developmental Effects of Endocrine-Disrupting Chemicals in Wildlife and Humans," *Environmental Health Perspectives*, volume 101, pp. 378–384, 1993.
   - 阿拉斯加：Kurunthachalam Kannan, Se Hun Yun, and Thomas J. Evans, "Chlorinated, Brominated, and Perfluorinated Contaminants in Livers of Polar Bears from Alaska," *Environmental Science and Technology*, volume 39, pp. 9057–9063, 2005.
   - 英國：Susan Jobling 和她的同事合著「野外魚類廣泛的性別干擾現象」（Widespread Sexual Disruption in Wild Fish）刊登在一九九八年的 *Environmental Science and Technology* 三二卷二四九八—二五〇六頁。
   - 格棱蘭：Christian Sonne 和同事合著的「內分泌干擾物可能會降低東格棱蘭北極熊的性器官大小」（Xenoendocrine Pollutants May Reduce Size of Sexual Organs in East Greenland Polar Bears (Ursus maritimus)）刊登在二〇〇六年 *Environmental Science and Technology* 四〇卷，五六六八—五六七四頁。

7. Carmen Saenz de Rodriguez, Alfred Bongiovanni, and Lillian Conde de Borrego, "An Epidemic of Precocious Development in Puerto Rican Children," *Journal of Pediatrics*, volume 107, pp. 393–396, 1985.

8. Lambertina Freni-Titulaer and colleagues, "Premature Thelarche in Puerto Rico: A Search for Environmental Factors," *Archives of Pediatrics & Adolescent Medicine* (now known as JAMA Pediatrics), volume 140, pp. 1263–1267, 1986.

9. 參見 Guillette and colleagues, "Developmental Abnormalities of the Gonad and Abnormal Sex Hormone Concentrations," 同前．並參見 Charles F. Facemire and colleagues, "Reproductive Impairment in the Florida Panther," 同前。

10. 聚對苯二甲酸乙二酯（PET）在化學上與聚乙烯不一樣，然而，一個由 PET 所製造的瓶子可能會使聚乙烯滲進瓶中的飲料內，在二〇一〇年我就喚起學者對此的注意，請看我的論文「聚對苯二甲酸乙二酯可能會造成內分泌失調」（Polyethylene Terephthalate May Yield Endocrine Disruptors）刊登在二〇一〇年的 *Environmental Health Perspectives* 一一八卷四四五—四四八頁，整篇論文在 www.leonardsax.com/pet.pdf，我的文章引發 Ralph Vasami 寄給編輯一封憤怒的信。這個人是 PET Resin Association，代表 PET 製造商的團體的執行幹事，他的信和我的回答都以「PET 和內分泌失調」為題目，都刊登在二〇一〇年的 *Environmental Health Perspectives* 一一八卷 A 一九六—A 一九七頁。你也可以在網上看 Vasami 先生的信和我的回答：www.leonardsax.com/wordpress/wp -content/uploads/2015/01/PET-response.pdf，也請參考 Chun Yang 和同事的「大部分的塑膠產品會釋出雌激素化學：一個可以被解決的潛在健康問題」（Most Plastic Products Release Estrogenic Chemicals: A Potential Health Problem That Can Be Solved）刊登在二〇一一年 Environmental Health Perspectives 一一九卷九八九—九九六頁；Martin Wagner 和 Jörg Oehlmann 的「瓶裝礦泉水的內分泌干擾物：E-screen 中的雌激素活動」（Endocrine Disruptors in Bottled Mineral Water: Estrogenic Activity in the E-screen）刊登在二〇一一年 Journal of Steroid Biochemistry and Molecular Biology 一二七卷一二八—一三五頁。以及 Syam Andra 和同事合著的「瓶裝水所共同滲出的溴化物和銻」（Co-leaching of Brominated Compounds and Antimony from Bottled Water）刊登在二〇一二年 *Environment International* 三八卷四五—五三頁。

11. Ivelisse Colon and colleagues, "Identification of Phthalate Esters in the Serum of Young Puerto Rican Girls with Premature Breast Development," *Environmental Health Perspectives*, volume 108, pp. 895–900, 2000.

12. Danielle Bodicoat and colleagues, "Timing of Pubertal Stages and Breast Cancer Risk: The Breakthrough Generations Study," *Breast Cancer Research*, volume 16, 2014, online at www.breast-cancer-research.com/content/16/1/R18.

13. Paul Kaplowitz and Sharon Oberfield, "Reexamination of the Age Limit for Defining When Puberty Is Precocious in Girls in the United States: Implications for Evaluation and Treatment," *Pediatrics*, volume 104, pp. 936–941, 1999.

14. 例如參見 Jonathan Roy and colleagues, "Estrogen-like Endocrine Disrupting Chemicals Affecting Puberty in Humans—A Review," *Medical Science Review*, volume 15, pp. 137–145, 2009. See also Samim Ozen and Sukran Darcan, "Effects of Environmental Endocrine Disruptors on Pubertal Development," *Journal of Clinical Research in Pediatric Endocrinology*, volume 3, pp. 1–6, 2011.

15. Sandra Steingraber, The Falling Age of Puberty in U.S. Girls: What We Know, What We Need to Know (San Francisco: Breast Cancer Fund, 2007).

16. 關於安殺番這個殺蟲劑對青少年的影響，請看 Kate Ramsayer 的「青春期變慢？殺蟲劑可能延緩了男孩的發展」（Slowing puberty? Pesticide may hinder development in boys）刊登在《科學新聞》（*Science News*）二〇〇三年一六四卷三七二頁。這篇報導是根據 Habibullah Saiyed 和同事合著的「安殺番在男性生殖發展上的效應」（Effect of endosulfan on male reproductive development）的論文所寫成，原文刊登在二〇〇三年的 *Environmental Health Perspectives* 第一一一卷一九五八—一九六二頁。也請看 R. Sebastian 和 S. C. Raghavan 合著的「暴露在安殺番下會因睪丸萎縮精子數量減少而造成男性不孕症」（Exposure to endosulfan can result in male infertility due to testicular atrophy and reduced sperm count）刊登在二〇一五年的 *Cell Death Discovery*，全篇論文可在網上 http://www.nature.com /articles/cddiscovery201520 找到關於安殺番的製造，根據美國環保署（EPA）二〇〇二年的報告，美國每天用安殺番的量是一百三十八萬磅，用的最多的是棉花、哈密瓜、蕃茄和馬鈴薯，這些數字來自安殺番重新登記決定報告的第一頁，二〇〇二年十一月 EPA 公布，全份報告在網站 http://archive.epa.gov/pesticides/reregistration/web /pdf/endosulfan_red.pdf。

17. 請看 Marla Cone 的文章「環保署禁用在小黃瓜和其他蔬菜上的農藥」（EPA Bans Pesticide Found on Cu- cumbers and Other Vegetables）最初發表在二〇一〇年六月十四日的 *Daily Green*，當 *Daily Green* 被 *Good Housekeeping* 雜誌在二〇一三年買去後，大部分原來刊登在 *Daily Green* 的文章被刪除了，所以在它的新家網站上找不到了，我找到 Marla Cone 的文章是在 www.highstrangeness. tv/0–10346-epa-bans-pesticide-found-on-cucumbers-and-other -vegetables.html（二〇一五年十月十日仍可找到）。

18. Dale Kemery, "EPA Moves to Terminate All Uses of Insecticide Endosulfan to Protect Health of Farmworkers and Wildlife," June 9, 2010, online at US Environmental Protection Agency, http://yosemite.epa.gov/opa/admpress.nsf/eeffe922a687433c85257359003f5340/44c035d59d5

e6d8f8525773c0072f26b!opendocument.

19. 我第一次看到這個研究是在「食器中所用的化學物質會傷害大腦發育」（Chemical Used in Food Containers Disrupts Brain Development），二〇〇五年十二月三日的 *Science Daily* 雜誌，這篇文章是根據 Dr. Scott Belcher 和他同事合著的一篇論文而來：(1)「老鼠小腦皮質上，雌激素所導致的快速細胞間激酶訊號來源：環境雌激素雙酚 A 對非基因活化劑和內分泌的干擾活動」（Ontogeny of Rapid Estrogen-Mediated Extracellular Signal-Regulated Kinase Signaling in the Rat Cerebellar Cortex: Potent Nongenomic Agonist and Endocrine Disrupting Activity of the Xenoestrogen Bisphenol A）刊登在二〇〇五年《內分泌學》（*Endocrinology*）一四六卷五三八八—五三九六頁。(2)「小腦顆粒細胞跟 G 蛋白質和蛋白激酶機制和細胞間蛋白質監酸酶 2A 活化的快速細胞間激酶訊號調控雌激素」（Rapid Estrogenic Regulation of Extracellular Signal-Regulated Kinase 1/2 Signaling in Cerebellar Granule Cells Involves a G Protein- and Protein Kinase A-dependent Mechanism and Intracellular Activation of Protein Phosphatase 2A）二〇〇五年《內分泌學》一四六卷五三九七—五四〇六頁。

20. Walter Adriani and colleagues, "Altered Profiles of Spontaneous Novelty Seeking, Impulsive Behavior, and Response to D-Amphetamine in Rats Perinatally Exposed to Bisphenol A," *Environmental Health Perspectives*, volume 111, pp. 395–401, 2003.

21. Yoshinori Masuo and Masami Ishido, "Neurotoxicity of Endocrine Disruptors: Possible Involvement in Brain Development and Neurodegeneration," *Journal of Toxicology and Environmental Health*, volume 14, pp. 346–369, 2011.

22. Paola Palanza and colleagues, "Effects of Developmental Exposure to Bisphenol A on Brain and Behavior in Mice," *Environmental Research*, volume 108, pp. 150–157, 2008.

23. For a review, see Beverly Rubin' s article "Bisphenol A: An Endocrine Disruptor with Widespread Exposure and Multiple Effects," *Journal of Steroid Biochemistry and Molecular Biology*, volume 127, pp. 27–34, 2011.

24. George Bittner and colleagues, "Estrogenic Chemicals Often Leach from BPA-Free Plastic Products That Are Replacements for BPA-Containing Polycarbonate Products," Environmental Health, May 28, 2014, online at www.ehjournal.net/content/13/1/41. See also Chun Yang and colleagues, "Most Plastic Products Release Estrogenic Chemicals," cited above.

25. John Meeker, "Exposure to Environmental Endocrine Disruptors and Child Development," *JAMA Pediatrics*, volume 166, pp. 952–958, 2012. The estimate of 84,000 chemicals comes from this article.

26. 這句話來自 Philippe Grandjean 和 Philip Landrigan 合著的「發展中毒性的神經行為效應」（Neurobehavioural Effects of Developmental Toxicity），二〇一四年發表在 *Lancet Neurology* 一三卷三三〇—三三八頁。

27. Yoshinori Masuo and colleagues, "Motor Hyperactivity Caused by a Deficit in Dopaminergic Neurons and the Effects of Endocrine Disruptors: A Study Inspired by the Physiological Roles of PACAP in the Brain," *Regulatory Peptides*, volume 123, pp. 225–234, 2004. See also Masami Ishido and colleagues, "Dicyclohexylphthalate Causes Hyperactivity in the Rat Concomitantly with Impairment of Tyrosine Hydroxylase Immunoreactivity," *Journal of Neurochemistry*, volume 91, pp. 69–76, 2004.

28. Bung-Nyun Kim and colleagues, "Phthalates Exposure and Attention-Deficit / Hyperactivity Disorder in School-Age Children," *Biological Psychiatry*, volume 66, pp. 958–963, 2009.

29. Stephanie Engel and colleagues, "Prenatal Phthalate Exposure Is Associated with Childhood Behavior and Executive Functioning," Environmental Health Perspectives, volume 118, pp. 565–571, 2010. See also Amir Miodovnik and colleagues, "Endocrine Disruptors and Childhood Social Impairment," *Neurotoxicology*, volume 32, pp. 261–267, 2011.

30. 我在我的書《棉花糖女孩》的第四章有談到暴露在會干擾內分泌的物質之下，和後來乳癌風險之間的關係，對於干擾內分泌和前列腺癌之間的關係，請看 Gail Prins 所著「內分泌干擾物和前列腺癌的風險」（Endocrine Disruptors and Prostate Cancer Risk）二〇〇八年 *Endocrine-Related Cancer* 一五卷六四九—六五六頁。關於內分泌干擾物可能引起睪丸癌的證據，請看 Fabrizio Giannandrea 和同事合著之「睪丸癌之內生和外生的荷爾蒙效應：流行病學上的證據」（Effect of Endogenous and Exogenous Hormones on Testicular Cancer: The Epidemiological Evidence）刊登在二〇一三年 *International Journal of Developmental Biology* 五七卷二五五—二六三頁。對於假如目前這個趨勢繼續下去會怎樣的警告，請看 Charlotte Le Cornet 和同事所著之「二〇二五年歐洲的睪丸癌會上升 25% ？：用四十個國家人口註冊數據所預測的模式」（Testicular Cancer Incidence to Rise by 25% by 2025 in Europe? Model-Based Predictions in 40 Countries Using Population-Based Registry Data）刊登在二〇一四年 *European Journal of Cancer* 五〇卷八三一—八三九頁。

31. Laura Vandenberg and colleagues, "Hormones and Endocrine-Disrupting Chemicals: Low-Dose Effects and Nonmonotonic Dose Responses," Endocrine Reviews, volume 33, pp. 378–455, 2012. See also Frederick vom Saal and Claude Hughes, "An Extensive New Literature Concerning Low-Dose Effects of Bisphenol A Shows the Need for a New Risk Assessment," *Environmental Health Perspectives*, volume 113, pp. 926–933, 2005.

32. 數據出自 Cheryl Fryar and colleagues, "Prevalence of Obesity Among Children and Adolescents: United States, Trends 1963–1965 Through 2009–2010," published September 13, 2012, by the Centers for Disease Control and Prevention, full text online at www.cdc.gov/nchs/data/hestat/obesity_child_09_10/obesity_child_09_10.htm.

33. Yann Klimentidis and colleagues, "Canaries in the Coal Mine: A Cross-Species Analysis of the Plurality of Obesity Epidemics," *Proceedings of the Royal Society*, volume 278, pp. 1626–1632, 2011.

34. Jill Schneider and colleagues, "Our Stolen Figures: The Interface of Sexual Differentiation, Endocrine Disruptors, Maternal Programming, and Energy Balance," *Hormones and Behavior*, volume 66, pp.104–119, 2014. See also Shane Regnier and Robert Sargis, "Adipocytes Under Assault: Environmental Disruption of Adipocyte Physiology," *Biochimica et Biophysica Acta—Molecular Basis of Disease*, volume 1842, pp. 520–533, 2014.

35. Nathaniel Mead, "Origins of Obesity: Chemical Exposures," *Environmental Health Perspectives*, volume 112, p. A344, 2004.

36. 所引用文句來自米德「Origins of Obesity」這個發現的學術論文，請見 Frederick vom Saal 的「干擾雌激素的化學雙酚 A (BPA) 和肥胖症」（The Estrogenic Endocrine Disrupting Chemical Bisphenol A (BPA) and Obesity），二〇一二年發表於 *Molecular and Cellular Endocrinology* 三五四卷，七四—八四頁。

37. Ines Sedlmeyer and Mark Palmert, "Delayed Puberty: Analysis of a Large Case Series from an Academic Center," *Journal of Clinical Endocrinology and Metabolism*, volume 87, pp. 1613–1620, 2002.

38. Antony Johansen and colleagues, "Fracture Incidence in England and Wales: A Study Based on the Population of Cardiff ," *Injury*, volume 28, pp. 655–660, 1997.

39. A. Gulati and colleagues, "Pediatric Fractures: Temporal Trends and Cost Implications of Treatment Under General Anesthesia," *European Journal of Trauma and Emergency Surgery*, volume 38, pp. 59–64, 2012.

40. Juha-Jaakko Sinikumpu, Forearm Shaft Fractures in Children (Oulu, Finland: Oulu University Hospital, 2013), full text online at http://herkules.oulu.fi/isbn9789526203003/isbn9789526203003.pdf. A condensed version of this report was published under the title "The Changing Pattern of Pediatric Both-Bone Forearm Shaft Fractures Among 86,000 Children from 1997 to 2009," *European Journal of Pediatric Surgery*, volume 23, pp. 289–296, 2013. See also C. E. de Putter and colleagues, "Trends in Wrist Fractures in Children and Adolescents, 1997–2009,"

Journal of Hand Surgery, volume 36, pp. 1810–1815, 2011.

41. 關於過去四十年，從牛奶轉到汽水的文獻，請看我的書《教養，你可以做得更好》（遠流出版）第二章，關於可樂飲料如何影響孩子骨頭的礦物質，請看我在 Victor Preedy 編輯的 *Annual Reviews in Food & Nutrition* 書中第二章「飲食的磷酸化是營養的毒：對年齡和性別的影響」（Dietary Phosphorus as a Nutritional Toxin: The Influence of Age and Sex）一五八—一六八頁（二〇〇三年倫敦 Taylor 和 Francis 出版）。

42. E. M. Clark and colleagues, "Adipose Tissue Stimulates Bone Growth in Prepubertal Children," *Journal of Clinical Endocrinology & Metabolism*, volume 91, pp. 2534–2541, 2006.

43. Dimitrios Agas and colleagues, "Endocrine Disruptors and Bone Metabolism," *Archives of Toxicology*, volume 87, pp. 735–751, 2013.

44. 參見 Mari Golub and colleagues, "Endocrine Disruption in Adolescence: Immunologic, Hematologic, and Bone Effects in Monkeys," *Toxicological Sciences*, volume 82, pp. 598–607, 2004; Monica Lind and colleagues, "Abnormal Bone Composition in Female Juvenile American Alligators from a Pesticide-Polluted Lake (Lake Apopka, Florida)," *Environmental Health Perspectives*, volume 112, pp. 359–362, 2004; and Christian Sonne and colleagues, "Is Bone Mineral Composition Disrupted by Organochlorines in East Greenland Polar Bears (Ursus maritimus)?" *Environmental Health Perspectives*, volume 112, pp. 1711–1716, 2004.

45. 在《棉花糖女孩》（遠流出版）的第五章中，我談到人類兒童與猴子在遊戲行為上的研究，男生和雄猴都偏好玩一個灰色有輪子的卡車而不喜歡鮮豔顏色但沒有輪子的洋娃娃，請看 Janice Hassett、Erin Siebert 和 Kim Wallen 合著的「恆河猴在玩具的偏好上跟人類的性別差異一樣」（Sex Differences in Rhesus Monkey Toy Preferences Parallel Those of Children）刊登在二〇〇八年的 *Hormones and Behavior* 五四卷，三五九—三六四頁。其他在黑猩猩的研究上也得到同樣的結果，請見 Sonya Kahlenberg 和 Richard Wrangham 合著之「黑猩猩在用樹枝作玩具跟人類兒童的性別差異一樣」（Sex Differences in Chimpanzees' Use of Sticks as Play Objects Resemble Those of Children）刊登在二〇一〇年 *Current Biology* 二〇卷，一〇六七—一〇六八頁。

46. A. K. Hotchkiss and colleagues, "Androgens and Environmental Antiandrogens Affect Reproductive Development and Play Behavior in the Sprague-Dawley Rat," *Environmental Health Perspectives*, volume 110, Supplement 3, pp. 435–439, 2002.

47. 參見 Beverly Rubin and colleagues, "Evidence of Altered Brain Sexual Differentiation in Mice Exposed Perinatally to Low, Environmentally Relevant Levels of Bisphenol A," *Endocrinology*, volume 147, pp. 3681–3691, 2006; and Frederick vom Saal, "Bisphenol A Eliminates Brain and Behavior Sex Dimorphisms in Mice: How Low Can You Go?" *Endocrinology*, volume 147, pp. 3679–3680, 2006.

48. 例如參見 Ernie Hood' s essay, "Are EDCs Blurring Issues of Gender?" *Environmental Health Perspectives*, volume 113, pp. A670–A677, 2005.

49. Leonard Paulozzi「尿道下裂和隱睪症的國際趨勢」（International Trends in Rates of Hypospadias and Cryptorchidism）刊登在一九九九年的 *Environmental Health Perspectives* 一〇七卷二九七—三〇二頁。Paulozzi 的數據只到九〇年代，最近的數據顯示這兩種缺陷的趨勢持續上升，請看二〇一二年的「International Clearinghouse for Birth Defects Surveillance and Research Annual Report」，它可見網站 www.icbdsr.org/filebank/documents/ar2005 /Report2012.pdf，根據這個報告，一九七四—一九八〇年，亞特蘭大市嬰兒的尿道下裂和隱睪症上升了五倍（二三五頁），請見 C. L. Acerini 和同事合著之「英國嬰兒研究：先天和後天尿道下裂、隱睪症的描述性流行病學」（The Descriptive Epidemiology of Congenital and Acquired Cryptorchidism in a UK Infant Cohort），刊登在二〇〇九年 Archives *of Diseases in Childhood* 九四卷八六八—八七二頁。這些研究者記錄這個他們稱之為「上升的睪丸」的現象，這個現象又稱之為後天的隱睪症，嬰兒出生時是正常的下降睪丸，但是後來一個或兩個睪丸縮回到腹股溝管去了。

50. Thomas Travison 和同事合著之「美國男士血清中睪固酮濃度下降」(A Population-Level Decline in Serum Testosterone Levels in American Men)刊登在二〇〇七年 *Journal of Clinical Endocrinology and Metabolism* 九二卷一九六—二〇二頁。在歐洲也偵察到同樣的濃度下降，見 Anna-Maria Andersson 和同事合著之「丹麥人口調查男性睪固酮和結合血清球蛋白的性荷爾蒙濃度長期的下降」(Secular Decline in Male Testosterone and Sex Hormone Binding Globulin Serum Levels in Danish Population Surveys)刊登在二〇〇七 *Journal of Clinical Endocrinology and Metabolism* 九二卷四六九六—四七〇五頁。

51. 例如參見 Tina Lassen and colleagues, "Trends in Male Reproductive Health and Decreasing Fertility: Possible Influence of Endocrine Disruptors," International Studies in Population, volume 11, pp. 117–135, 2014. See also Julia Barrett, "Fertile Grounds for Inquiry: Environmental Effects on Human Reproduction," *Environmental Health Perspectives*, volume 114, pp. A644–A649, 2006.

52. Nils Skakkebak, E. Rajpert-De Meyts, and Katharina Main, "Testicular Dysgenesis Syndrome: An Increasingly Common Developmental Disorder with Environmental Aspects," *Human Reproduction*, volume 16, pp. 972–978, 2001. The quotations are from p. 977.

53. Shanna H. Swan 和同事合著之「懷孕期間暴露在磷苯二甲酸酯之男嬰肛門性器間距離」(Decrease in Anogenital Distance Among Male Infants with Prenatal Phthalate Exposure)刊登二〇〇五年的 *Environmental Health Perspectives* 一一三卷一〇五六—一〇六一頁。關於最近的數據請看 Swan 博士的論文（與六人合著）「懷孕第一期暴露在磷苯二甲酸酯新生兒的肛門性器間距離」(First Trimester Phthalate Exposure and Anogenital Distance in Newborns)刊登在二〇一五年 *Human Reproduction* 三〇卷，九六三—九七二頁。

54. 史萬醫生寫給我的 e-mail, February 7, 2007.

55. 請看 Norman Barlow 和同事合著之「在子宮中暴露在磷苯二甲酸二丁酯的男性生殖器官傷害，在六個月、十二個月和十八個月的情形」(Male Reproductive Tract Lesions at Six, Twelve, and Eighteen Months of Age Following In Utero Exposure to Di(n-butyl) Phthalate)刊登在二〇〇四年的 *Toxicology and Pathology* 三二卷七九—九〇頁。以及 Makato Ema 和 Emiko Miyawaki 合著的「老鼠懷孕後期服用磷苯二甲酸二丁酯，一個磷苯二甲酸二丁酯的代謝物對男性下一代生殖系統發育的不利作用」(Adverse Effects on Development of the Reproductive System in Male Offspring of Rats Given Monobutyl Phthalate, a Metabolite of Dibutyl Phthalate, During Late Pregnancy)刊登在二〇〇一年的 *Reproductive Toxicology* 一五卷，一八九—一九四頁。

56. Shanna Swan, E. P. Elkin, and L. Fenster, "The Question of Declining Sperm Density Revisited: An Analysis of 101 Studies Published 1934–1996," *Environmental Health Perspectives*, volume 108, pp. 961–966, 2000.

57. 請看 Loa Nordkap 和同事合著的「男性生殖健康的區域差異和時間趨勢：精蟲質量可能是環境暴露的敏感指標」(Regional Differences and Temporal Trends in Male Reproductive Health Disorders: Semen Quality May Be a Sensitive Marker of Environmental Exposures)刊登在二〇一二年 *Molecular and Cellular Endocrinology* 三五五卷，二二一—二三〇頁。M. Rolland 和同事合著的「法國一九八九年到二〇〇五年 26,609 名男士精液中精蟲濃度和精蟲形態的下降」(Decline in Semen Concentration and Morphology in a Sample of 26,609 Men Close to General Population Between 1989 and 2005 in France)刊登在二〇一三年的 *Human Reproduction* 二八卷，四六二—四七〇頁。Jaime Mendiola 的「南西班牙大學生精蟲數量可能下降」(Sperm Counts May Have Declined in Young University Students in Southern Spain)刊登在二〇一三年的 *Andrology* 第一卷，四〇八—四一三頁。Helena Virtanen 和同事合著的「芬蘭追隨著趨勢—芬蘭男性的精子質量」(Finland Is Following the Trend—Sperm Quality in Finnish Men)刊登在二〇一三年 *Asian Journal of Andrology* 一五卷一六二—一六四頁。Edson Borges 等人合著的「過去十年來巴西不孕症男子精蟲質量的下降」(Decline in Semen Quality Among Infertile Men in Brazil During the Past 10 Years)刊登在二〇一五年 *International Brazilian Journal of Urology* 四一卷七五七—七六三頁。這個效應不只是在發展的國家中人民身上重複得到印證，同時在牛群身上也有發現，請見 Tomaz Snoj 等人

合著之「公牛精子質量反思研究－跟所用的殺蟲劑有相關嗎？」（Retrospective Study of Bull Semen Quality—Possible Correlation with Pesticide Use?）刊登在二〇一三年的 *Acta Veterinaria Hungarica* 六一卷四九五—五〇四頁。

58. Shanna Swan and colleagues, "Geographic Differences in Semen Quality of Fertile U.S. Males," *Environmental Health Perspectives,* volume 111, pp. 414–420, 2003. For a more recent review, see Sheena Martenies and Melissa Perry, "Environmental and Occupational Pesticide Exposure and Human Sperm Parameters: A Systematic Review," *Toxicology*, volume 307, pp. 66–73, 2013.

59. Susan Duty and colleagues, "Phthalate Exposure and Human Semen Parameters," *Epidemiology*, volume 14, pp. 269–277, 2003. See also Richard Grady and Sheela Sathyanarayana, "An Update on Phthalates and Male Reproductive Development and Function," Pediatric Urology, volume 13, pp. 307–310, 2012. There is also evidence that exposure to phthalates decreases male hormone levels. See, for example, John Meeker and Kelly Ferguson, "Urinary Phthalate Metabolites Are Associated with Decreased Serum Testosterone in Men, Women, and Children from NHANES 2011–2012," *Journal of Clinical Endocrinology and Metabolism*, volume 99, pp. 4346–4352, 2014; and Jaime Mendiola and colleagues, "Urinary Concentrations of Di(2-ethylhexyl) Phthalate Metabolites and Serum Reproductive Hormones: Pooled Analysis of Fertile and Infertile Men," *Journal of Andrology*, volume 33, pp. 488–498, 2012.

60. Jane Fisher, "Environmental Anti-Androgens and Male Reproductive Health: Focus on Phthalates and Testicular Dysgenesis Syndrome," *Reproduction*, volume 127, pp. 305–315, 2004. See also Lise Aksglaede and colleagues, "The Sensitivity of the Child to Sex Steroids: Possible Impact of Exogenous Estrogens," Human Reproduction Update, volume 12, pp. 341–349, 2006.

61. 這一段綜合了很多研究的結果，過去三十年來，有一百多個研究都發現睪固酮和人類缺乏驅力動機有相關。以下是一些具代表性的研究，按年代排序：

- Alan Booth and colleagues, "Testosterone and Winning and Losing in Human Competition," *Hormones and Behavior*, volume 23, pp. 556–571, 1989.
- B. Gladue, M. Boechler, and K. McCaul, "Hormonal Response to Competition in Human Males," *Aggressive Behavior*, volume 15, pp. 409–422, 1989.
- K. D. McCaul, B. Gladue, and M. Joppa, "Winning, Losing, Mood, and Testosterone," *Hormones and Behavior*, volume 26, pp. 486–504, 1992.
- A. Mazur, E. J. Susman, and S. Edelbrock, "Sex Differences in Testosterone Response to a Video Game Contest," *Evolution and Human Behavior*, volume 18, pp. 317–326, 1997.
- A. Mazur and Alan Booth, "Testosterone and Dominance in Men," *Behavioral and Brain Sciences*, volume 21, pp. 353–363, 1998.
- E. Cashdan, "Are Men More Competitive Than Women?" *British Journal of Social Psychology*, volume 34, pp. 213–229, 1998.
- David Geary and M. V. Flinn, "Sex Differences in Behavioral and Hormonal Response to Social Threat," *Psychological Review*, volume 109, pp. 745–750, 2002.
- H. S. Bateup and colleagues, "Testosterone, Cortisol, and Women's Competition," *Evolution and Human Behavior*, volume 23, pp. 181–192, 2002.
- Katie Kivlighan, Douglas Granger, and Alan Booth, "Gender Diff erences in Testosterone and Cortisol Response to Competition," *Psychoneuroendocrinology*, volume 30, pp. 58–71, 2005.
- Goncalo Oliveira and colleagues, "Testosterone Response to Competition in Males Is Unrelated to Opponent Familiarity or Threat

Appraisal," *Frontiers in Psychology*, volume 5, article 1240, pp. 1–7, 2014.

62. 這些建議有一部分來自 Dr. Swan 的文章「父母親不需要等到政府立法才來保護孩子不受有毒產品的傷害」（Parents Needn't Wait for Legislation to Shield Kids from Toxins in Products），二〇〇六年一月九日 *San Francisco Chronicle* 報。

第六章　結果：賴家王老五

1. 我很感謝 Walt Prichard 提供這則軼聞——他堅信這是個真實的故事。
2. 我在二〇〇五年八月的美國心理學會（APA）年會中，主持了一個討論會，題目是聽覺、視覺和嗅覺的性別差異，在我的討論會中報告的有費城 Monell 化學中心的 Pamela Dalton 博士。Dalton 博士做了很多嗅覺研究，發現女性的嗅覺比男性好了十萬倍，她和同事發表了兩篇這方面的論文「特定性別差異導致的嗅覺敏感度」（Gender-Specific Induction of Enhanced Sensitivity to Odors）刊登在二〇〇二年三月的 *Nature Neuroscience* 五卷，一九九—二〇〇頁。以及 Jeanmarie Diamond、Pamela Dalton 等人合著的「性別特定的嗅覺敏感度：荷爾蒙和認知的影響」（Gender-Specific Olfactory Sensitization: Hormonal and Cognitive Influences）刊登在二〇〇五年的 *Chemical Senses* 三〇卷附件一，二二四—二二五頁。最近有更多的研究提供證據嗅腦中性別的差異是先天設定的，例如 Ana Oliveira-Pinto 等人合著的「人類嗅腦的性別差異：女性比男性有著更多的神經元和膠質細胞」（Sexual Dimorphism in the Human Olfactory Bulb: Females Have More Neurons and Glial Cells Than Males）刊登在二〇一四年 *PLOS One* 的十一月號，也可見網路 http://journals.plos.org/plosone/article?id=10.1371 /journal.pone.0111733 下載。
3. Charles Murray 的「職業學校怎麼了？」（What's Wrong with Vocational School?），刊載於二〇〇七年一月十七日的《華爾街日報》（*Wall Street Journal*）。
4. 這一段所有的引句來自 Murray「職業學校怎麼了？」（What's Wrong with Vocational School?）。
5. 克萊費爾教授寫給我的 E-mail, January 19, 2007.
6. 此一分析出自 "The State of American Manhood," by Tom Mortenson, writing for the September 2006 edition of Postsecondary Education Opportunity, www.postsecondary.org.
7. Louis Uchitelle, David Leonhardt, and Amanda Cox, "Men Not Working, and Not Wanting Just Any Job," *New York Times*, July 31, 2006, pp. A1, A18, A19.
8. Steven Hipple, "People Who Are Not in the Labor Force: Why Aren' t They Working?" Bureau of Labor Statistics, Beyond the Numbers, volume 4, number 15, December 2015, Table 2, "Men Aged 25 to 54 Years Who Did Not Work or Look for Work in 2004 and 2014," www.bls.gov/opub/btn/volume-4/pdf/people-who-are-not-in-the-labor-force-why-arent-they-working.pdf.
9. Laura Sessions Stepp, Unhooked: How Young Women Pursue Sex, Delay Love and Lose at Both (New York: Riverhead/Penguin, 2007), p. 9. Stepp hired an independent research group, Child Trends, to conduct this study, www.childtrends.org.
10. 到二〇一五年十一月為止，美國人口調查局最新的報告是 Jonathan Vespa 等人合著的「二〇一二年美國的家庭和生活方式」（America's Families and Living Arrangements: 2012）發表在二〇一三年的該局報告中，可以在網站上下載：www.census.gov/prod/2013pubs/p20 -570.pdf，這些數字來自這篇文章的前言。
11. 這些圖片來自「單身漢的大型調查」（Share of Men Never Married, by Cohort），出自 Wendy Wang 和 Kim Parker 發表於二〇一四年九月二十四日的報告「Pew Report Record Share of Americans Have Never Married」，可從網站 www.pewsocialtrends.org/2014/09/24 / record-share-of-americans-have-never-married 下載。

12. 這一段所有的引用句來自 Blaine Harden 的文章「結婚有孩子的人數下降」（Numbers Drop for the Married with Children），二〇〇七年三月四日《華盛頓郵報》。
13. Eduardo Porter and Michelle O'Donnell, "Facing Middle Age with No Degree, and No Wife," *New York Times*, August 6, 2006, p. A18.
14. US Census Bureau, Families and Living Arrangements, "Living Arrangements of Adults," Table AD-1, "Young Adults Living at Home," www.census.gov/hhes/families/data/adults.html, accessed October 19, 2015.
15. Centers for Disease Control and Prevention, National Center for Health Statistics, "Data Brief 162: Recent Declines in Nonmarital Childbearing in the United States. Data Table for Figure 1: Number, Percentage, and Rate of Births to Unmarried Women: United States, 1940–2013," online at www.cdc.gov/nchs/data/databriefs/db162_table.pdf, accessed October 23, 2015.
16. Sam Roberts and colleagues, "51 Percent of Women Are Now Living Without Spouse," *New York Times*, January 16, 2007.
17. US Census, "Families and Living Arrangements: Living Arrangements of Adults," Table UC-1, "Unmarried Couples of the Opposite Sex," www.census.gov/hhes/families/data/adults.html, accessed January 6, 2016.
18. Cynthia Robbins and colleagues, "Prevalence, Frequency, and Associations of Masturbation with Partnered Sexual Behaviors Among US Adolescents," *JAMA Pediatrics*, volume 165, pp. 1087–1093, 2011.
19. 請見 Jennifer Schneider 的「網路性行為者的質的研究：性別差異恢復議題和治療師的意義」（A Qualitative Study of Cybersex Participants: Gender Differences, Recovery Issues, and Implications for Therapists）刊登在二〇〇〇年的 *Sexual Addiction and Compulsivity* 七卷，二四九—二七八頁。Schneider 發現很多男性發現可以在網際網路上虛擬性交後，經驗過持續升高性慾和快感的強迫性網交。
20. Martin Kafk a and John Hennen, "The Paraphilia-Related Disorders: An Empirical Investigation of Nonparaphilic Hypersexuality Disorders in Outpatient Males," *Journal of Sex and Marital Therapy*, volume 25, pp. 305–319, 1999.
21. Najah S. Musacchio、Molly Hartrich 和 Robert Garofalo 合著的「勃起障礙和威而鋼使用：大學男生是怎麼回事？」（Erectile Dysfunction and Viagra Use: What' s Up with College-Age Males?）刊登在二〇〇六年 *Journal of Adolescent Health* 期刊三九卷四五二—四五四頁。這些作者調查十八歲到二十五歲男生的性行為。這篇文章的摘要寫的很不清楚，令人迷惑，他們說「13% 報告說有勃起困難……，25% 報告說使用保險套有勃起困難」，但是在文本中，作者解釋二百三十四名男性中有二十九名報告有勃起困難，而五十八名報告在使用保險套時，有勃起困難：陰莖在戴保險套時變軟，二十個人是既有勃起困難也有戴保險套時勃起困難，所以總共有七十八名男性有勃起困難（不管有沒有用保險套），假如你做一點數學（七十八除以二三四），你得到 0.333，即 33.3%，三個裡面就有一個。
22. Amado Bechara and colleagues, "Recreational Use of Phosphodiesterase Type 5 Inhibitors by Healthy Young Men," *Journal of Sexual Medicine*, volume 7, pp. 3736–3742, 2010.
23. 我在二〇〇六年三月三十一日寫了一篇文章「男孩子怎麼了？」（What's Happening to Boys?）登在《華盛頓郵報》上，我引用的 e-mail 不是直接對我文章的反應，而是後來《華盛頓郵報》辦了一場這個題目的座談會時，對那個座談會的反應。
24. 這個專題是 net.seXXX: Readings on Sex, Pornography, and the Internet, edited by Dennis Waskul (New York: Peter Lang Publishing, 2004). 引文來自 Andreas Philaretou 對此一專題的評論：*Journal of Sex Research* under the title "Sexuality and the Internet," volume 42, pp. 180–181, 2005.
25. Andreas Philaretou, "Sexuality and the Internet."
26. 例如參見 Gail Gines, Pornland: How Porn Has Hijacked Our Sexuality (Boston: Beacon Press, 2011). See also Ariel Levy, Female Chauvinist

Pigs: Women and the Rise of Raunch Culture (New York: Free Press, 2005).
28.27. Erik Hedegaard, "The Dirty Mind and Lonely Heart of John Mayer," *Rolling Stone* (cover story), February 4, 2010.
You can read the full text of John Mayer's interview with Playboy (without the photos), at this link: http://dbeaumonte.com/2010/02/10/what-did-john-mayer-say-read-full-playboy-article-here.
30.29. 所有的對話在 www.washingtonpost.com/wp-dyn/content/discussion /2006/03/30/DI2006033001398.html。
這個節目的錄音（四十二分鐘），請看二〇〇六年四月四日 WBUR 電台跟「Tom Ashbrook」節目「賴家王老五」（Failure to Launch），http://onpoint.wbur.org/2006/04/04/failure-to-launch。
31. 例如參見 "Mammoni: The 'Mama's Boys' of Italy," *CBS News*, March 4, 2001, www.cbsnews.com/videos/mammoni-the-mamas-boys-of-italy.
32. 關於 hikikomori，可參見 Michael Zielenziger 的著作 *Shutting Out the Sun: How Japan Created Its Own Lost Generation* (New York: Nan A. Talese, 2006).

第七章　第五個因素：被遺棄神祇的復仇

1. 我很感謝我以前的病患 Anders Eklof 建議的這個副題。
2. J. R. Moehringer, The Tender Bar (New York: Hyperion, 2005), p. 39.
3. David Brooks, "Virtues and Victims," *New York Times*, April 9, 2006.
4. David Gilmore, Manhood in the Making: Cultural Concepts of Masculinity (New Haven, CT: Yale University Press, 1990), pp. 14–15. 5. Gilmore, Manhood in the Making, p. 25.
6. Elisabeth Griffith, PhD, personal communication, November 6, 2003.
7. Gary Leupp, Male Colors: *The Construction of Homosexuality in Tokugawa Japan* (Berkeley: University of California Press, 1996).
8. Thorkil Vanggaard, Phallos: A Symbol and Its History in the Male World (New York: International Universities Press, 1972). For more about the status of homosexuality among the Spartans and other ancient Greeks, see chapter 3 of Vanggaard's book, "Phallic Worship in Ancient Greece," pp. 59–70.
9. 事實上，記錄中有兩個文化打破了這個規矩：大溪地和馬來西亞的 Semai 文化，在這兩個文化中，勇敢的人並沒有比懦弱的人更受尊敬，努力工作的人也不被看好，Semai 的文化沒有傳統的男性主義，沒有競爭，沒有私人擁有的土地，也沒有保護女人不受男人侵害的概念，Gilmore 在他的《製造男人》（*Manhood in the Making*）一書中（二一二頁）說：「Semai 文化沒有任何男性的榮耀或作為父親的光榮去激勵他們，Semai 男人不抵抗，簡單地說，Semai 男人不擔心榮譽、為人父或社交界線，」「他們的生活中沒有什麼性別差異，所有東西都共享，他們完全沒有『我的東西』的概念，我的、你的，對他們沒有意義。」（二一四頁）。假如你想研究 Semai 人，你得趕快，這個文化在以驚人的速度在消失中，雖然跟其他文化只有一點點的接觸，他們也完全沒有辦法存活在現在的社會裡。

第二個是大溪地的原住民文化，這個文化現在已經絕跡了，Gilmore 說大溪地原住民文化可能是最沒有性別差異的社會文化，即使今天，大溪地語言中仍然沒有男人和女人的詞彙，在傳統大溪地文化中，成年人的角色幾乎完全沒有性別差異，大溪地男人和女人一起負擔養育孩子、煮飯、做家務的責任。

是什麼因素使大溪地發展出這種中性的文化？第一個原因很可能是資源豐富，Gilmore 發現大溪地和它附近的島嶼幾乎不需要努力或風險就能拿到足夠的食物，而大部分的人類社區資源都是不足的。取之不盡，用之不絕的資源使得大溪地跟地球上其他地方不一樣，

Gilmore 在他二二四頁的結論中說：「環境越惡劣，資源越匱乏，成為男子漢大丈夫的壓力和動機越大」。

第二個因素是缺乏和其他文化交流，這點對 Semai 人也適用，Gilmore 認為在人類其他社群中，「真正的男人」的主要功能是跟別的社區交涉：或是透過打戰臣服於人，或是透過交涉和平共處，大溪地人一直到歐洲人於一八〇〇年來殖民，他們沒有跟外界聯絡，自從傳教士在一八一五年到達大溪地後，在短短的六十年間，大溪地自己的文化在 Pomare 女王四世駕崩後，整個文化便消失了，「在一個世代之間，傳統的大溪地文化更徹底毀滅掉了」，Jean-Bernard Carillet 在他的《大溪地和法國的波里尼西亞》（*Tahiti and French Polynesia*）一書（這本書二〇〇〇年在澳洲墨爾本出版）一三頁中說，Semai 文化除了在最遙遠的森林中，已經幾乎滅絕了。這兩個文化都無法在跟外界接觸以後存活下來，即使一個世代的時間都不可能，這個快速的崩潰顯示一個文化要持久，它需要有「真正的男人」才能在跟別的文化接觸後還能存活下來，沒有性別差異的文化無法持久。

10. 我指的是 Kinaaldá 儀式，對這個儀式的介紹，我推薦 Monty Roessel 的攝影文章「Kinaaldá：一個 A Navajo 女孩的成長」（Kinaaldá: A Navajo Girl Grows Up），裡面有些絕佳的圖片，此書在一九九三年由 Minneapolis 的 Lerner 公司出版。
11. Peggy Drexler, *Raising Boys Without Men: How Maverick Moms Are Creating the Next Generation of Exceptional Men* (Emmaus, PA: Rodale, 2006), p. 92.
12. 我的「吹牛的饒舌歌手或假裝是饒舌歌手」，但其實是判了罪的重刑犯是指 Lil Wayne 和 Akon，Lil Wayne 是攜帶武器的重刑犯，他使聽者想起他的歌是「Paint Tha Town」。但是至少 Lil Wayne 有誠實地說他的過去犯罪歷史，他其實有入監服刑，Akon 又名 Aliaume Thiam，是二十一世紀最成功的嘻哈藝術家，他有十首以上的歌銷售百萬張以上。他吹牛他是一個偷車集團背後的首腦，這個集團只偷保時捷和藍寶堅尼這種名貴車，宣稱曾為此入獄三年，從一九九九到二〇〇二年在喬治亞州的重刑監中服刑，這些後來都被戳破，是個謊言。他從來沒有因偷車而定罪，也沒有去過喬治亞州的監獄（雖然他曾因持有偷來的東西而被關過 DeKalb 郡的監獄，後來罪名被取消），根據現行犯（Smoking Gun）雜誌的故事，Akon 以為他的歌迷喜歡這種調調兒，所以過分渲染他的自傳，他所編造的故事顯然是他打廣告的一種手腕，他重複「惡名昭彰的偷車賊」太多次使得聽起來好似他在讀提示稿，請看「Akon 的騙術」（Akon' s Con Job），「The Smoking Gun」雜誌，二〇〇八年四月十六日，www.thesmokinggun.com/documents/crime/akons-con-job, accessed October 30, 2015。
13. Gilmore, *Manhood in the Making*, p. 11.
14. Gilmore, *Manhood in the Making*, p. 150.
15. Gilmore, *Manhood in the Making*, p. 95.
16. Jeffrey P. Hantover「童子軍和男子氣慨」（The Boy Scouts and the Validation of Masculinity），一九七八年刊載於 Journal of Social Issues 三四卷，一八四—一九五頁。也請看 Julia Grant 的文章「一個真正的男孩而不是膽小鬼：性別、童年和男子氣概，一八九〇—一九四〇」（A 'Real Boy' and Not a Sissy: Gender, Childhood, and Masculinity, 1890–1940），刊登在二〇〇四年的 *Journal of Social History* 三七卷，八二九—八五一頁。
17. Alfred Habegger, *Gender, Fantasy, and Realism in American Literature* (New York: Columbia University Press, 1982), pp. 199–200.
18. Gilmore, *Manhood in the Making*, p. 108.
19. Gilmore, *Manhood in the Making*, p. 136.
20. Gilmore, *Manhood in the Making*, p. 141.
21. Gilmore, *Manhood in the Making*, p. 145.
22. Gilmore, *Manhood in the Making*, p. 39.

23. 下面是一些文獻顯示剛剛移民到美國來的女孩，她們比較不像生長在美國本地的女孩那樣焦慮或沮喪憂鬱：

- Margarita Alegria and colleagues, "Prevalence of Mental Illness in Immigrant and Non-immigrant Latino Groups," *American Journal of Psychiatry*, volume 165, pp. 359–369, 2008, full text online at no charge at National Center for Biotechnology Information, US National Library of Medicine, National Institutes of Health (NIH), www.ncbi.nlm.nih.gov/pmc/articles/PMC2712949.
- Huong Nguyen, "Asians and the Immigrant Paradox," pp. 1–22 in *Asian American and Pacific Islander Children and Mental Health*, volume 1, edited by Frederick Leong and Linda Juang (New York: Praeger, 2011).
- Liza Suarez and colleagues, "Prevalence and Correlates of Childhood-Onset Anxiety Disorders Among Latinos and Non-Latino Whites in the United States," *Psicologia Conductual / Behavioral Psychology*, volume 17, pp. 89–109, 2009, full text available online at no charge at National Center for Biotechnology Information, US National Library of Medicine, NIH, www.ncbi.nlm.nih.gov/pmc/articles/PMC2800359.
- David Takeuchi and colleagues, "Immigration and Mental Health: Diverse Findings in Asian, Black, and Latino Populations," *American Journal of Public Health*, volume 97, pp. 11–12, 2007. This article is an introduction to a special issue of the American Journal of Public Health (AJPH) devoted to documenting and understanding the interaction between immigration status and mental health in the United States. Full text online at National Center for Biotechnology Information, US National Library of Medicine, NIH, www.ncbi.nlm.nih.gov/pmc/articles/PMC1716240. From that special issue of AJPH, see, for example, "Immigration-Related Factors and Mental Disorders Among Asian Americans," American Journal of Public Health, volume 97, pp. 84–90, full text at AJPH, http://ajph.aphapublications.org/doi/abs/10.2105/AJPH.2006.088401. This article documents a peculiar gender quirk in the immigrant paradox: while the immigrant-paradox effect was generally stronger for females than for males (i.e., being born outside of the United States was more protective for females than for males), English-language proficiency was a greater risk factor for males than for females. If you are male, and you were born in Asia, and you move to the United States, then mastering English puts you at greater risk of mental disorder; but that' s not true if you are female. Go figure. Here is some of the evidence that girls whose families have recently immigrated to the United States are less likely than American-born girls to engage in binge drinking or other forms of alcohol and/or substance abuse:
- Michele Allen and colleagues, "The Relationship Between Spanish Language Use and Substance Use Behaviors Among Latino Youth," *Journal of Adolescent Health*, volume 43, pp. 372–379, 2008.
- Donald Hernandez and colleagues, "Children in Immigrant Families: Demography, Policy, and Evidence for the Immigrant Paradox," *in The Immigrant Paradox in Children and Adolescents: Is Becoming American a Developmental Risk?* edited by Cynthia Garcia Coll and Amy Kerivan Marks (Washington, DC: American Psychological Association, 2011).
- Guillermo Prado and colleagues, "What Accounts for Differences in Substance Use Among U.S.-Born and Immigrant Hispanic Adolescents? Results from a Longitudinal Prospective Cohort Study," *Journal of Adolescent Health,* volume 45, pp. 118–125, 2009. Prado and his colleagues document that foreign- born Hispanic adolescents are significantly less likely to engage in drug abuse than similarly situated US-born Hispanic adolescents. They conclude that the key difference is that the US-born Hispanic teens are looking to their same-age peers for guidance, while the foreign-born Hispanic teens are looking to their parents and to other adults for guidance.
- William Armando Vega and colleagues, "Illicit Drug Use Among Mexicans and Mexican Americans in California: The Effects of Gender and Acculturation," *Addiction*, volume 93, pp. 1839–1850, 1998. 關於移民孩子的青少年性行為，尤其是十五歲以前的性交，請看 Marcela Raffaelli、Hyeyoung Kang 和 Tristan Guarini 合著的「探索青少年移民的性行為悖論：從生態的觀點」(Exploring the

Immigrant Paradox in Adolescent Sexuality: An Ecological Perspective）在 Coll 和 Marks 編輯的《兒童與青少年移民的悖論》（*The Immigrant Paradox in Children and Adolescents*）書中第五章，同時請看 Tristan Guarini 等人合著之「拉丁美洲裔青少年移民在性行為風險上的悖論：移民世代和性別差異的影響」（*The Immigrant Paradox in Sexual Risk Behavior Among Latino Adolescents: Impact of Immigrant Generation and Gender*）刊登在二〇一一年的 *Applied Developmental Science* 一五卷，二〇一一二〇九頁。

24. 在美國出生的男孩，比在美國之外的地方出生的男孩罹患精神病的風險較高的文獻，請見註 23。下面是一些關於第一代移民的男孩比較不像美國出生男孩會去做犯罪的行為，如在街上賽車或暴力犯罪：

- Xi Chen and Hua Zhong, "Delinquency and Crime Among Immigrant Youth—An Integrative Review of Theoretical Explanations," *Laws*, volume 2, pp. 210–232, 2013.
- Donald Hernandez and colleagues, "Children in Immigrant Families: Demography, Policy, and Evidence for the Immigrant Paradox," in Coll and Marks, editors, *The Immigrant Paradox in Children and Adolescents*, cited above. These researchers find that "the immigrant paradox holds true regarding delinquency, both before and after controlling for [socioeconomic status], for most groups across the first and second generations but not across the second and third generations. The first generation of nearly all groups is less likely than Whites in native-born families [in the USA] to have engaged in delinquent behaviors."
- John MacDonald and Jessica Saunders, "Are Immigrant Youth Less Violent? Specifying the Reasons and Mechanisms," *Annals of the American Academy of Political and Social Science*, volume 641, pp. 125–147, 2012. The boy who says "School is a stupid waste of time" is a boy who is not academically engaged. Here are some of the studies demonstrating that boys born in the United States are less academically engaged compared with boys who have immigrated to the United States:
- Emily Greenman, "Educational Attitudes, School Peer Context, and the Immigrant Paradox in Education," *Social Science Research*, volume 42, pp. 698–714, 2013.
- Lingin Hao and Yingyi Ma, "Immigrant Youth in Postsecondary Education," chapter 12 in Coll and Marks, editors, *The Immigrant Paradox in Children and Adolescents*, cited above.
- Carola Suarez-Orozco and colleagues, "Unraveling the Immigrant Paradox: Academic Engagement and Disengagement Among Recently Arrived Immigrant Youth," *Youth and Society*, volume 41, pp. 151–185, 2009.
- Vivian Tseng, "Family Interdependence and Academic Adjustment in College: Youth from Immigrant and U.S.-Born Families," *Child Development*, volume 75, pp. 966–983, 2004. Tseng finds that the key factor explaining the immigrant paradox in her study of 998 youth with Asian Pacific, Latino, African /Afro-Caribbean, and European backgrounds was the sense of "family obligation" that many of the immigrant youths felt, but that many of the US-born youths did not feel.

25. 對一九六〇年以前移民所遭受到不平等及刁難的待遇，請看 Milton Gordon 的單行本《融入美國生活：種族、宗教和原國籍所扮演的角色》（*Assimilation in American Life: The Role of Race, Religion, and National Origins*），紐約市牛津出版社，一九六四年出版。

26. Coll and Marks, editors, *The Immigrant Paradox in Children and Adolescents*, cited above.

27. 見前註 23、24。

28. Sherry Benton and associates, "Changes in counseling center client problems across 13 years," *Professional Psychology: Research and Practice,* volume 34, p. 69, 2003.

29. The experts convened at Dartmouth wrote a monograph entitled Hardwired to Connect: The New Scientific Case for Authoritative

Communities (New York: Broadway, 2003). This quotation is from p. 10 of that monograph.
30. Alison Cooper, "One Mazda, Two Mishaps, and a Couple of Lessons in Parenting," *Washington Post*, November 19, 2006, p. B8, www.washingtonpost.com/wp-dyn/content/article/2006/11/17/AR2006111701421.html.
31. Hardwired to Connect, pp. 23, 24.
32. Harvey Mansfield, *Manliness* (New Haven, CT: Yale University Press, 2006), p. 17.
33. Mansfield, *Manliness*, p. 23.
34. Mansfield, *Manliness*, p. 20.
35. Mansfield, *Manliness*, p. 20.

第八章　解藥：讓男孩重拾動機

1. Rhea Borja, "Nebraska Tangles with U.S. over Testing," *Education Week*, February 21, 2007.
2. Rhea Borja, "Nebraska Swims Hard Against Testing's Tides," *Education Week*, February 21, 2007, pp. 32, 33, 34.
3. Betsy Stahler and Jill Renn spoke at the National Association for Single Sex Public Education (NASSPE) Midwest Regional Conference in Lisle, Illinois, on October 14, 2006.
4. Roland Gorges 的「Der Waldkindergarten」，二〇〇〇年春季於 Unsere Jugend，二七五—二八一頁。請看 Amanda Kane 和 Judy Kane 的「Waldkindergarten in Germany」，刊載於二〇一一年 *Green Teacher* 九四卷，一六—一九頁。
5. 關於一千五百個森林幼兒園以及引用 Schulte-Ostermann 的話來自 Rupert Neate 在 Der Spiegel 的國際網站上的英文文章「營火孩子：回到自然和森林幼兒園」(Campfire Kids: Going Back to Nature with Forest Kindergartens)。二〇一三年十一月二十二日在 www.spiegel.de/international /zeitgeist/forest-kindergartens-could-be-the-next-big-export-from -germany-a-935165.html。
6. 有少數美國學校現在實施森林幼兒園的教學，請見 Kathy Boccella「進入森林：在 Chesco 學校，他們強調的是戶外」(Into the Woods: At Chesco School, the Emphasis Is on Outdoors) 刊登在二〇一五年十一月八日的 *Philadelphia Inquirer* 報 B1 和 B2 版。也請看 Ruth Wilson 的文章「在樹木中間教書」(Teaching Among the Trees)，刊載於二〇一二年冬季的 *American Forests*，www.americanforests.org/ magazine/article/teaching-among-the-trees。
7. Ernesto Londono and Ruben Castaneda, "Driver Who Hit Race Crowd Tried to Stop, Uncle Says," *Washington Post*, February 19, 2008.
8. 這兩段文章中所引用的話全部來自 George P. Blumberg 在《紐約時報》所寫的文章："Full Throttle and Fully Legal," September 17, 2004.
9. Bill Center, "RaceLegal Praised for Contributing to Decline in Street Racing," *San Diego Union-Tribune*, December 22, 2005.
10. 參見我的文章："Teens Will Speed: Let' s Watch Them Do It," *Washington Post*, November 28, 2004, p. B8.
11. Charles Moore, "Give Car Racers a Chance," *Halifax Daily News* (Nova Scotia), August 13, 2007, p. 11.
12. Valerie Kalfrin, "Police Offer Racers Chance to Beat Heat," *Tampa Tribune*, December 18, 2006, Metro, p. 1.
13. Moore, "Give Car Racers a Chance," p. 11.
14. 在這個句子中的五個賽車選項來自 Guyspeed 貼出的十個項目，http://guyspeed.com/10-wild-places-to -legally-race-your-car/，二〇一五年十一月二日查詢。
15. Elizabeth Roberts, "A Rush to Medicate Young Minds," *Washington Post*, October 8, 2006, p. B7.

16. Dr. Kathleen Salyer, personal communication, November 3, 2015.
17. Rhoda Miel, "With 1 Billion Pounds of PLA Sold, Nature-Works Sees Rapid Growth to 2 Billion," *Plastics News*, March 6, 2014.
18. Amanda Datnow, Lea Hubbard, and Elisabeth Woody, Is Single Gender Schooling Viable in the Public Sector? Ford Foundation, 2001, p. 51. Full text available at http://files.eric.ed.gov/fulltext/ED471051.pdf, accessed November 20, 2015.
19. Datnow and colleagues, Is Single Gender Schooling Viable in the Public Sector? (cited above), p. 7.
20. Centers for Disease Control and Prevention, National Center for Health Statistics, "Data Brief 162: Recent Declines in Nonmarital Childbearing in the United States. Data Table for Figure 1: Number, Percentage, and Rate of Births to Unmarried Women: United States, 1940–2013," online at www.cdc.gov/nchs/data/databriefs/db162_table.pdf, accessed October 23, 2015.
21. 美國人口調查局二〇一五年十一月的最新報告是 Jonathan Vespa 和他人合寫的「美國家庭和生活方式：二〇一二」（America's Families and Living Arrangements: 2012）由該局二〇一三年出版，可見網站 www.census.gov/prod/2013pubs /p20-570.pdf，這些圖片來自該篇文章的前言。
22. 這兩段文章中所引用的話全部來自 Lonnae O'Neal Parker's article for the *Washington Post*, "The Old Kinship Team 33 Laments Disintegration of Traditional Values, Ties," December 29, 2006, pp. A1, A10.
23. 事實上，二〇一五年有兩位女士在耶路撒冷成為猶太教的教士（rabbot），但是東正教的規定是不准女性成為教士，請見 Rabbi Yehoshua Looks 的「為什麼在以色列的東正教猶太人可以成為女性的 Rabbi，但是在 Diaspora 的不可以」（Why Orthodox Jews in Israel Can Ordain Women as Rabbis, but Those in the Diaspora Won't），二〇一五年六月十八日於 Haaretz。
24. 關於康寶的意見，可參見 Bill Moyers 的著作：*The Power of Myth* (New York: Anchor, 1991).
25. 根據 Alice Rains Trulock 的傳記 *In the Hands of Providence: Joshua L. Chamberlain and the American Civil War* (Chapel Hill: University of North Carolina Press, 1992)。亦請參見 Edward Longacre 所著的 *Joshua Chamberlain: The Soldier and the Man, reprint edition* (New York: Da Capo Press, 2003).
26. Glenn LaFantasie 挑戰一般人對小圓丘戰役的看法，尤其是關於刺刀衝刺的部分。他認為阿拉巴馬第十五軍團本來就沒有準備做第六次攻擊，而且可能已經準備撤退了，這可以解釋為什麼緬因州第二十軍團一衝下來，他們就馬上投降了。請見他的書 Twilight at *Little Round Top*: July 2, 1863—*The Tide Turns at Gettysburg* (Hoboken, NJ: John Wiley and Sons, 2005). 至於大部分的人的看法，見 Michael Shaara 普立茲獎的作品 *The Killer Angels* (New York: Ballantine, 1974)，電影 Gettysburg 就是根據這本書拍的，Shaara 以張伯倫做為蓋茲堡戰役中的主角。他的資訊來自參戰者的家信、日記，同時請見 Stephen W. Sears 所著的 *Gettysburg* (New York: Houghton Mifflin, 2003)。
27. LaFantasie, *Twilight at Little Round* Top, p. 172.
28. LaFantasie, *Twilight at Little Round* Top, p. 189.
29. Sears, *Gettysburg*, p. 296.
30. 無數人目擊此事並留下記錄，歷史學家同意這個事件的真實性。請看 Trulock 的《在上帝的手中》（*In the Hands of Providence*），三〇四—三〇六頁。

國家圖書館出版品預行編目 (CIP) 資料

浮萍男孩 / 利奧納德 · 薩克斯 (Leonard Sax) 著 ; 洪蘭譯 .
-- 二版 . -- 臺北市 : 遠流 , 2020.11
面 ;　公分
譯自 : Boys Adrift. Revised and Updated Edition.
ISBN 978-957-32-8887-9 (平裝)
527.8　　109015427

親子館 A5053

浮萍男孩 全新增訂版

作　　者——利奧納德 · 薩克斯 (Leonard Sax, M.D., Ph.D.)
譯　　者——洪蘭

副總編輯——陳莉苓
特約編輯——張立雯
封面設計——唐壽南
排　　版——平衡點設計

發 行 人——王榮文
出版發行——遠流出版事業股份有限公司
100 臺北市南昌路二段 81 號 6 樓
電話 / 02-2392-6899 · 傳真 / 02-2392-6658
郵政劃撥 / 0189456-1
著作權顧問——蕭雄淋律師

2020 年 11 月 1 日　二版一刷
售價新台幣 350 元 (缺頁或破損的書，請寄回更換)

遠流博識網　http://www.ylib.com　e-mail:ylib@ylib.com